Clive Cussler est né aux États-Unis en 1931. Après avoir servi dans l'armée en tant qu'ingénieur mécanicien, il entame une carrière dans la publicité et se lance également dans l'écriture. Dès ses premiers romans, *Mayday !* et *Iceberg,* il donne naissance à son héros récurrent Dirk Pitt. Clive Cussler a également acquis une solide réputation de chasseur d'épaves, il est d'ailleurs président de l'Agence nationale maritime et sous-marine (NUMA). Cette activité inspire nombre de ses romans dont *Renflouez le Titanic !,* qui lui a valu un succès mondial.

Vétéran de l'US Navy, Grant Blackwood a passé trois ans à bord d'une frégate lance-missiles. Il vit aujourd'hui dans le Colorado où il se consacre à l'écriture de thrillers.

*Paru au Livre de Poche :*

ATLANTIDE
CYCLOPE
DRAGON
ICEBERG
L'INCROYABLE SECRET
MAYDAY !
ODYSSÉE
ONDE DE CHOC
L'OR DES INCAS
PANIQUE À
LA MAISON-BLANCHE
LA POURSUITE
RAZ DE MARÉE
RENFLOUEZ LE TITANIC !
SAHARA
TRÉSOR
VIXEN 03
VORTEX
WALHALLA

*Avec Grant Blackwood*
L'EMPIRE PERDU
L'OR DE SPARTE

*Avec Dirk Cussler*
LE COMPLOT DU CROISSANT
DÉRIVE ARCTIQUE
LE TRÉSOR DU KHAN
VENT MORTEL

*Avec Craig Dirgo*
BOUDDHA
CHASSEURS D'ÉPAVES II
PIERRE SACRÉE

*Avec Jack Du Brul*
CORSAIRE
CROISIÈRE FATALE
JUNGLE
LA MER SILENCIEUSE
QUART MORTEL
RIVAGE MORTEL

*Avec Paul Kemprecos*
À LA RECHERCHE
DE LA CITÉ PERDUE
GLACE DE FEU
MÉDUSE BLEUE
MORT BLANCHE
LE NAVIGATEUR
L'OR BLEU
SERPENT
TEMPÊTE POLAIRE

*Avec Justin Scott*
LA COURSE
L'ESPION
LE SABOTEUR

CLIVE CUSSLER
GRANT BLACKWOOD

# *Le Royaume du Mustang*

ROMAN TRADUIT DE L'ANGLAIS (ÉTATS-UNIS) PAR FLORIANNE VIDAL

GRASSET

*Titre original* :

THE KINGDOM
Publié par Putman, 2011

# Prologue

*Une terre oubliée*

Serais-je la dernière des cent quarante Sentinelles ? Telle était la pensée funeste qui tournait dans la tête de Dhakal.

Huit semaines plus tôt, des envahisseurs venus d'Orient avaient déferlé sur son pays avec une rapidité n'ayant d'égale que leur détermination. Dévalant les collines comme le flot d'un torrent, cavaliers et fantassins s'étaient répandus dans les vallées, rasant les villages et massacrant tous ceux qu'ils trouvaient sur leur passage.

Parmi ces hordes sanguinaires, on avait vu apparaître des troupes d'élite dont la seule et unique mission consistait à localiser le Theurang sacré et le rapporter à leur souverain. Aussi les Sentinelles chargées de sa sauvegarde avaient-elles retiré la sainte relique du sanctuaire où elle reposait pour la placer en lieu sûr.

Dhakal tira sur la bride. Son cheval passa au trot, quitta la piste et se faufila entre les arbres jusqu'à une petite clairière ombragée. Ayant mis pied à terre, Dhakal le laissa trotter vers le ruisseau qui coulait non loin de là. Pendant que la bête se désaltérait, il la rejoignit pour vérifier la solidité des lanières de cuir qui maintenaient le coffre cubique juché sur sa croupe. Le chargement était toujours bien arrimé.

Ce coffre était une vraie merveille. On l'avait conçu de telle sorte qu'il résistait à tout. Il aurait pu tomber sur les rochers au fond d'un précipice ou recevoir une volée de coups de bâton sans même se fendiller. Grâce à ses nombreuses serrures invisibles habilement façonnées, nul ne pouvait le forcer.

Aucune des dix Sentinelles composant le peloton de Dhakal ne possédait le sésame de ce coffre à nul autre pareil. De même, ses compagnons ignoraient s'il contenait le véritable Theurang ou bien un leurre. Dhakal était le seul à connaître la vérité. Était-ce un honneur ou une malédiction ? Pourquoi l'avait-on choisi pour accomplir cette terrible mission ? Il n'aurait pu le dire. Il savait seulement que le coffre sacré recelait bel et bien le divin Theurang. Bientôt, si la chance lui souriait, il lui trouverait une cachette pour le protéger de toutes les convoitises.

Il sillonnait les routes depuis presque neuf semaines. Ses compagnons et lui avaient quitté la capitale quelques heures avant l'arrivée des envahisseurs, et ils avaient galopé de concert deux jours durant, filant toujours vers le sud et laissant derrière eux la fumée s'élever des maisons et des champs incendiés. Le troisième jour, ils s'étaient séparés, chaque Sentinelle avait pris la direction qui lui avait été assignée. La plupart avaient poursuivi leur route pour accroître encore la distance entre eux et leurs ennemis, tandis qu'une poignée avait fait demi-tour, se précipitant sciemment dans la gueule du loup. À présent, ces valeureux soldats, s'ils n'étaient pas morts, avaient sans doute été capturés, et des bourreaux tentaient de leur soutirer une information qu'ils étaient incapables de fournir puisqu'ils ignoraient où se trouvait le précieux coffre.

Quant à Dhakal, il avait reçu ordre de filer vers le Levant, ce qu'il faisait depuis soixante et un jours. La contrée qu'il avait ainsi parcourue ne ressemblait guère à sa terre natale, si aride et montagneuse. Ici, les sommets étaient couverts de forêts touffues et les profondes vallées qui les séparaient abritaient de grands lacs. Bien qu'il ait ralenti sa progression, ce relief particulier fournissait nombre de cachettes. Mais il avait aussi un gros inconvénient car, à tout moment, l'ennemi pouvait surgir de nulle part et fondre sur lui.

Son entraînement militaire lui avait déjà permis d'échapper à plusieurs embuscades. À cinq reprises, il s'était caché pour regarder ses poursuivants passer à quelques mètres de lui. Deux fois, il avait affronté seul une troupe de cavaliers et, malgré son épuisement, avait fini par les vaincre. Leurs cadavres et leurs armes étaient enterrés quelque part, leurs chevaux éparpillés dans la nature.

Ces trois derniers jours, il avait cheminé sans rien voir ni entendre de suspect. Les habitants eux-mêmes se faisaient rares. Ceux qu'il croisait semblaient à peine le remarquer tant il leur ressemblait. Pourtant, son instinct lui dictait de poursuivre sa route. Il n'avait pas encore mis assez de distance entre lui et…

À une cinquantaine de mètres, de l'autre côté du ruisseau, une branche craqua. Un autre n'y aurait pas prêté attention, mais Dhakal reconnut le pas d'un cheval marchant à travers les broussailles. Le sien avait

cessé de boire pour dresser la tête, les oreilles frémis-
santes.

Du sentier lui parvint un autre bruit, le crissement
d'un sabot sur le gravier. Dhakal sortit l'arc du fourreau sanglé dans son dos, prit une flèche du carquois,
puis se tapit dans les hautes herbes aquatiques en coulant un regard sous le ventre de son cheval dont les
pattes le dissimulaient en partie. Rien de ce côté-là. Il
tourna la tête à droite. Entre les arbres, on n'apercevait
que l'étroit sentier. Il attendit sans bouger.

De nouveau, un sabot crissa sur le gravier.

Dhakal glissa la flèche dans l'encoche, leva son arc,
tira sur la cordelette.

Peu de temps après, un cheval au petit galop apparut sur le sentier, puis s'arrêta. Dhakal ne voyait que les
jambes de son cavalier et ses mains gantées de noir qui,
posées sur le pommeau de la selle, laissaient pendre la
bride. Soudain, l'homme tira légèrement sur les rênes.
Le cheval hennit en martelant le sol d'un sabot impa-
tient.

Un geste volontaire, comprit Dhakal. Pour détourner l'attention.

Les assaillants viendraient donc de la forêt.

D'un geste ferme, Dhakal leva son arc. La flèche partit et se ficha dans la jambe de l'homme, à la jointure
de la cuisse et de la hanche. Il hurla, referma ses doigts
sur la blessure et tomba. Dhakal comprit qu'il avait fait
mouche. Son trait venait de percer l'artère fémorale.
Dans quelques minutes, l'autre serait mort.

Toujours tapi dans les herbes, il pivota sur ses talons
et du même mouvement sortit trois autres flèches de
son carquois. Il en ficha deux en terre, devant lui, et

glissa la troisième dans son arc. Une dizaine de mètres plus loin, trois guerriers se faufilaient à travers les broussailles, l'épée au poing. Dhakal visa et tira. Le premier s'effondra. Les deux flèches suivantes touchèrent également leurs cibles, atteignant l'un en pleine poitrine, l'autre à la gorge. Un quatrième homme surgit des fourrés en poussant un cri de guerre. Lancé comme un taureau furieux, il allait franchir le ruisseau quand la flèche de Dhakal l'arrêta en pleine course.

Le silence s'abattit sur la forêt.

Quatre ? s'étonna Dhakal. Les fois précédentes, ils étaient plus d'une douzaine à fondre sur lui.

Sa surprise fut de courte durée, tout à coup il entendit une troupe de cavaliers galoper sur le sentier derrière lui. Dhakal fit volte-face. Les soldats et leurs montures défilèrent devant leur camarade mort, les uns après les autres, si bien qu'il put les compter : trois… quatre… sept… dix ; et il en venait encore. Voyant ses chances s'amenuiser au fur et à mesure, Dhakal enfourcha son cheval, glissa une flèche dans son arc et, se retournant sur sa selle, cibla le premier soldat à franchir les arbres bordant la piste. L'homme pénétrait dans la clairière quand la flèche de Dhakal se ficha dans son œil droit. La force du jet fut telle qu'elle le projeta en arrière. Il tomba sur le cheval qui suivait, lequel recula et bouscula ses congénères. Les bêtes s'affolèrent, renâclèrent, bouchèrent temporairement le passage.

Dhakal profita de ce court répit pour talonner sa monture et l'inciter à entrer dans l'eau du ruisseau. Quand il tira sur la bride, son cheval tourna la tête et partit au galop dans le sens du courant.

Cette embuscade n'était pas le fruit du hasard. Ses ennemis l'avaient suivi et s'étaient disposés autour de lui de manière à lui couper toute retraite.

L'eau qui jaillissait sous les sabots de son cheval ne l'empêchait pas d'entendre ce qui se passait dans son dos. Sur sa droite, une troupe de cavaliers galopait à travers la forêt ; à gauche, une autre longeait le sentier caillouteux.

S'incurvant vers la droite, le ruisseau plongeait dans l'épais sous-bois. Le rideau végétal encombrant ses berges était si épais qu'il masquait la lumière du soleil. Quand Dhakal pénétra dans cette pénombre, un cri retentit derrière lui. Quatre cavaliers l'avaient pris en chasse. À droite, les silhouettes sombres des chevaux passant de tronc en tronc suivaient une trajectoire parallèle à la sienne. Il comprit que ses ennemis tentaient de le pousser dans une certaine direction. Mais laquelle ?

La réponse ne se fit pas attendre car soudain, les arbres s'écartèrent, laissant place à une vaste prairie. Devant ses yeux, le ruisseau lui-même s'élargissait considérablement et sa couleur présageait une plus grande profondeur. D'instinct, il tira sur la bride. Son cheval s'élança vers la gauche, grimpa sur la rive sablonneuse tandis que cinq cavaliers émergeaient de la forêt, l'un derrière l'autre. Il en vit deux couchés sur l'encolure, lances tendues à l'horizontale ; les trois suivants, droits sur leur selle, s'apprêtaient à décocher leurs traits. Dhakal se baissa, voulut regagner le lit du ruisseau mais aperçut d'autres cavaliers en armes sortant des fourrés, sur la rive opposée. Et pour mieux refermer le piège, un dernier peloton apparut en amont.

Comme s'ils en avaient reçu l'ordre, les trois groupes passèrent du galop au trot puis s'arrêtèrent en braquant sur lui leurs lances et leurs arcs bandés, parfaitement immobiles.

*Pourquoi ne bougent-ils plus ?* se demanda Dhakal.

C'est alors qu'il entendit le fracas de l'eau s'écrasant sur les rochers.

*Des chutes.*

*Je suis coincé. Pris au piège.*

Il tira sur la bride et laissa son cheval avancer au pas. Le torrent qui roulait autour de lui gagnait toujours en profondeur, couronné cinquante mètres plus loin d'une brume tourbillonnante. Au-delà, il discerna les derniers bouillonnements de l'eau avant la chute.

Il se retourna sur sa selle.

Ses poursuivants n'avaient pas changé de position sauf un, le chef à en juger d'après son armure. L'homme s'arrêta à cinq mètres de Dhakal en levant les mains à hauteur des épaules pour montrer qu'il venait sans armes.

Puis il cria quelque chose dans une langue que Dhakal ne comprenait pas. Son inflexion toutefois laissait deviner le contenu du message : *C'est fini. Tu t'es bien battu, tu as fait ton devoir. Rends-toi et tu seras traité équitablement.*

C'était un mensonge. S'ils l'attrapaient, ils le soumettraient à la torture jusqu'à ce que mort s'ensuive. Dhakal n'avait aucune intention de se rendre. Il protégerait le Theurang le plus longtemps possible, puis il succomberait sous les coups de l'ennemi abhorré.

Dhakal fit demi-tour sur son cheval. Quand il fut face à ses poursuivants, il décrocha l'arc qui lui barrait le dos et, avec une lenteur extrême, le laissa tomber dans l'eau. Puis il procéda de même pour son carquois et ses deux épées, l'une longue, l'autre courte. En dernier, il jeta le poignard sanglé à sa ceinture.

Le chef ennemi lui adressa un respectueux signe de tête avant de pivoter sur sa selle pour aboyer un ordre à ses troupes. Quand les soldats eurent l'un après l'autre redressé leurs lances et rangé leurs arcs, il se retourna vers Dhakal et d'un geste lui enjoignit d'approcher.

Dhakal sourit, mais n'en fit rien. Il secoua la tête en signe de dénégation.

Puis brusquement il tira sur la bride ; son cheval fit volte-face et, stimulé par la talonnade martelant ses flancs, se cabra et partit au galop vers la brume qui s'élevait des profondeurs de la cascade.

*

*Aux confins de la province de Xizang,*
*Empire Qing, Chine, 1677.*

Giuseppe aperçut le premier le nuage de poussière ocre mêlé de sable qui avançait vers eux depuis l'horizon oriental. Il tenait toute la largeur de la vallée.

Fasciné par le spectacle, il tapota l'épaule de son frère aîné, agenouillé sur le sol. Francesco Lana de

Terzi, originaire de Brescia en Lombardie, était en train d'étudier une série de croquis. Il se tourna vers son cadet puis déporta son regard dans la direction indiquée.

Giuseppe murmura d'une voix inquiète : « Est-ce un orage ?

— Oui, en quelque sorte, répondit Francesco. Mais pas du genre que tu crois. » Ce nuage n'annonçait pas l'une de ces tempêtes de sable dont ils avaient fait souvent l'expérience ces six derniers mois. Le mur de poussière était produit par des centaines de sabots frappant le sol aride. Les sabots des chevaux sur le dos desquels étaient juchés de redoutables soldats d'élite.

Pour le rassurer, Francesco posa la main sur le bras de Giuseppe. « Ne t'inquiète pas, frère. Je les attendais – mais pas si tôt, je l'avoue.

— C'est lui ? gémit Giuseppe. Il arrive ? Tu ne m'as pas prévenu.

— Je ne voulais pas t'effrayer. Ne t'en fais pas. Nous avons encore le temps. »

Aveuglé par le soleil, Francesco mit sa main en visière pour mieux observer la troupe qui approchait. Il savait d'expérience que les distances s'estimaient mal dans cette région. L'immense Empire Qing s'étendait sur des centaines de lieues au-delà de l'horizon. Depuis deux ans qu'ils y séjournaient, Francesco et son frère avaient vu toutes sortes de paysages – jungles, forêts, déserts – mais cet endroit, ce territoire dont le nom s'écrivait et se prononçait de douze manières différentes, était le plus sauvage, le plus désolé d'entre tous.

Son relief montagneux où alternaient collines érodées et sommets déchiquetés ressemblait à un gigantesque décor peint. Deux couleurs dominaient : l'ocre et le gris. Même l'eau des torrents qui dévalaient les vallées environnantes donnait dans le gris terne. On eût dit que Dieu, dans son courroux, avait étendu sa divine main sur cette région maudite. Quand parfois les nuées s'entrouvraient sur un ciel étonnamment bleu, le soleil ne faisait qu'accentuer la tristesse du panorama.

En plus, le vent n'arrête pas de souffler, songea Francesco dans un frisson. Il hurlait en se glissant entre les rochers, soulevant des trombes de poussière dont l'aspect insolite faisait penser à des êtres humains. Les gens du coin les prenaient pour des fantômes venus ravir leur âme. Six mois auparavant, Francesco, homme de science convaincu, s'était moqué de ces superstitions. À présent, il ne savait plus quoi penser tant il avait entendu de bruits étranges déchirer la nuit.

Encore quelques jours, se consola-t-il, et nous obtiendrons ce dont nous avons besoin. Ce n'était pas une simple question de temps, bien sûr. Il avait peut-être passé un pacte avec le diable, mais jamais il ne l'aurait fait sinon pour servir une cause juste, porteuse d'un bien supérieur. Il espérait qu'au jour du Jugement dernier, le Seigneur en tiendrait compte.

Il regarda le mur de poussière quelques instants encore puis baissa la main et se tourna vers Giuseppe. « Ils sont à trente kilomètres. Nous avons une heure, au bas mot. Viens, terminons notre ouvrage. »

Francesco interpella l'un de ses aides, un homme charpenté vêtu d'une tunique et d'un pantalon noirs en toile grossière. Hao, interprète de son état et premier contact de Francesco dans ce pays, les rejoignit à petites foulées.

« Oui, Messire ! »

Francesco soupira. Malgré ses demandes répétées, Hao ne pouvait se résoudre à l'appeler par son prénom et s'obstinait en outre à user de formules cérémonieuses pour s'adresser à lui.

« Dis aux ouvriers de mettre les bouchées doubles. Notre hôte ne va pas tarder. »

Scrutant l'horizon, Hao vit ce que Giuseppe avait montré à son frère un peu plus tôt. Il écarquilla les yeux, hocha la tête et dit : « Ce sera fait, Messire ! » Puis il se mit à hurler des ordres aux douzaines d'ouvriers qui s'activaient dans la clairière juchée au sommet de la colline. Après cela, il courut les rejoindre.

En réalité, la clairière était le toit qui couvrait la cour intérieure d'un gompa. Sur le pourtour, les murailles de l'édifice, ponctuées de tourelles et de miradors, suivaient les pentes de la colline jusqu'à la vallée en contrebas, telles des écailles sur le dos d'un lézard.

Francesco avait cru comprendre qu'un gompa était à l'origine un monastère fortifié voué à l'enseignement. Pourtant, les occupants de celui-ci ne semblaient pratiquer qu'un seul métier : celui des armes. Ce qui n'était pas pour lui déplaire. À en juger par les fréquentes escarmouches et les razzias qui frappaient les zones de plaine alentour, il devinait sans peine qu'on se trouvait à la frontière du royaume. Voilà sans doute pourquoi on leur avait assigné ces lieux pour parachever la construction de la machine – que leur bienfaiteur surnommait le *Grand Dragon*.

La clairière retentissait à présent du bruit des maillets frappant le bois. Les ouvriers de Hao se hâtaient d'enfoncer les derniers pieux dans le sol rocheux, soulevant des panaches de poussière marron que le vent emportait et dispersait jusqu'à complète dissipation. Au bout de dix minutes, le silence se fit. Hao revint en courant vers Francesco et Giuseppe.

« On a fini, Messire. »

Francesco recula de quelques pas pour admirer la structure. Il parut enchanté. Tracer des plans sur une feuille de papier était une chose ; c'en était une autre de voir son œuvre se dresser devant ses yeux.

Couvrant les trois quarts de la clairière, une tente de soie blanche comme neige tenue par des tiges de bambou incurvées peintes en rouge sang s'élevait sur une hauteur de douze mètres. Dans son ensemble, la structure évoquait un gros nuage en forme de château.

« Beau travail, dit Francesco à Hao. Giuseppe, qu'en penses-tu ?

— Magnifique », murmura le jeune Lana de Terzi.

Francesco acquiesça et dit à mi-voix : « À présent, espérons que l'intérieur sera encore plus impressionnant. »


Avec leurs yeux d'aigle, les sentinelles postées dans le gompa avaient certainement repéré les visiteurs bien avant que Giuseppe ne les remarque. Toutefois, les cornes d'alarme ne résonnèrent qu'au moment où le cortège fut sur le point d'arriver sur les lieux. Une décision d'ordre tactique, supposa Francesco, tout comme l'itinéraire qu'avaient emprunté les cavaliers et le fait qu'ils débarquaient avant l'heure annoncée. La plupart des avant-postes ennemis s'étendaient vers l'ouest. En choisissant d'arriver par l'est, les soldats comptaient que l'ombre de la colline où se dressait le gompa dissimulerait le nuage de poussière soulevé par leurs chevaux, prenant ainsi de court les troupes itinérantes souvent postées en embuscade dans ces montagnes. Francesco connaissait assez bien leur bienfaiteur pour savoir que son escorte avait pris le temps d'observer de loin le gompa en attendant que le vent tourne et que les patrouilles ennemies s'éloignent.

Leur client était un homme intelligent, se rappela Francesco. Intelligent et dangereux.

Moins de dix minutes plus tard, Francesco entendit des semelles ferrées claquer sur le sentier cailouteux qui montait en spirale vers la clairière. Des panaches de poussière s'envolèrent sur son pourtour rocheux. Puis soudain, plus rien. Francesco avait beau s'y attendre, il fut quand même surpris par la suite des événements.

Une bouche invisible hurla un ordre rapide. Un escadron constitué d'une trentaine de gardes impériaux pénétra d'un pas martial dans la clairière, chacune de leurs enjambées ponctuée d'un grognement. La mine revêche, l'œil fixé sur l'horizon, les gardes prirent possession de l'espace et, du bout de leurs lances, entreprirent de rassembler les ouvriers frappés d'effroi dans le coin le plus éloigné de la clairière, derrière la tente. Ensuite, ils se postèrent à intervalles réguliers sur le périmètre, tournés vers l'extérieur, leur lance posée devant eux en diagonale.

De nouveau, on entendit un homme clamer un ordre sur le sentier en contrebas. Des sandales cloutées crissèrent sur le gravier. Apparut une cohorte de gardes impériaux revêtus d'armures en bambou noir et écarlate. La formation en diamant se dirigea droit sur Francesco et Giuseppe puis s'arrêta net. La première ligne s'entrouvrit, se rabattit à droite et à gauche, ménageant une ouverture juste assez large pour un seul homme.

Dépassant d'une tête le plus grand de ses soldats, l'empereur Kangxi, chef de la dynastie Qing et dépositaire du Mandat céleste, arborait une expression près de laquelle les mines de ses soldats pouvaient passer pour hilares.

Il rejoignit Francesco et, entre ses paupières mi-closes, prit le temps d'étudier le visage de l'Italien avant de prendre la parole. Francesco voulut héler son interprète mais ce dernier, déjà planté à ses côtés, lui chuchota : « L'empereur dit : "Êtes-vous surpris de me voir ?" »

— Surpris oui, mais néanmoins ravi, Votre Majesté. »

Francesco savait que cette question n'était pas anodine. L'empereur Kangxi était extrêmement soupçonneux. Si Francesco avait eu la mauvaise idée de cacher son étonnement, il l'aurait aussitôt accusé d'espionnage.

« Quel est cet édifice que je vois là ? demanda l'empereur Kangxi.

— C'est une tente, Votre Majesté, conçue par mes soins. Elle sert à protéger le *Grand Dragon* mais aussi à éviter les regards indiscrets. »

L'empereur Kangxi hocha la tête. « Vous remettrez les plans à mon secrétaire particulier. » L'index levé, il convoqua ledit secrétaire.

« Bien sûr, Votre Majesté, s'empressa de répondre Francesco.

— Les esclaves que je vous ai fournis ont-ils bien travaillé ? »

La question de l'empereur lui provoqua un léger frisson mais il n'en laissa rien paraître. Pendant six mois, Giuseppe et lui avaient travaillé et vécu avec ces hommes dans des conditions précaires. Ils étaient tous amis désormais. Ce qu'il se garda bien d'avouer à l'empereur, craignant avec raison qu'un tel sentimentalisme ne se retourne contre lui.

« Ils ont accompli un travail admirable, Votre Majesté. Mais hélas, quatre d'entre eux sont morts la semaine dernière, quand…

— Ainsi vont les choses. Si ces gens sont morts au service de leur souverain, leurs ancêtres seront fiers de les accueillir dans l'au-delà.

— Mon contremaître et interprète, Hao, nous a été d'une aide fort précieuse. »

L'empereur Kangxi posa son regard sur Hao puis revint vers Francesco. « La famille de cet homme sera libérée de prison. » L'empereur leva le doigt ; le secrétaire particulier griffonna quelque chose sur le parchemin qu'il tenait au creux du bras.

Francesco prit une profonde inspiration puis, d'une voix calme, dit en souriant : « Merci pour votre générosité, Votre Majesté.

— Dites-moi : Quand le *Grand Dragon* sera-t-il prêt ?

— Encore deux jours et…

— Vous avez jusqu'à demain à l'aube. »

Sur ces mots, l'empereur Kangxi tourna les talons et rejoignit d'un bon pas la cohorte qui se referma sur lui. Dans un ensemble parfait, la formation militaire effectua une volte-face et s'éloigna de la clairière, suivie par les soldats impériaux qui avaient monté la garde sur le pourtour. Giuseppe attendit que se dissipent les bruits de pas et les grognements cadencés pour s'exclamer : « Est-il fou ? Demain à l'aube ? Comment pourrons-nous…

— On y arrivera, répondit Francesco. On a plus de temps qu'il n'en faut.

— Comment cela ?

— Les finitions ne nous prendront que quelques heures. J'ai annoncé deux jours à l'empereur car je savais qu'il exigerait l'impossible. De cette manière, tout le monde y trouvera son compte. »

Giuseppe sourit. « Tu es sacrément malin, mon frère. Bravo.

— Viens, apportons la touche finale à ce *Grand Dragon*. »


À la lueur des torches fixées sur des poteaux et sous le regard attentif du secrétaire personnel de l'empereur, posté à l'entrée de la tente, les bras croisés sur sa tunique, ils travaillèrent toute la nuit avec Hao, leur loyal contremaître. Ce dernier joua son rôle à la perfection en haranguant ses hommes pour les contraindre à redoubler d'efforts. Quant à Francesco et Giuseppe, ils feignirent l'affolement, arpentant la tente, posant des questions, se penchant ici et là pour vérifier tel ou tel détail.

On détacha les haubans en tendons de bœuf, on les noua de nouveau puis on tira dessus pour vérifier leur solidité. À l'aide d'un maillet, on sonda les cales de bambou et les croisées de soutien à la recherche d'éventuelles fissures ; on inspecta le tissu de soie centimètre par centimètre ; on testa la résistance du châssis en rotin en simulant une attaque à coups de bâtons pointus (l'estimant encore trop fragile, Francesco demanda qu'on rajoute une couche de laque noire sur les parois et les cloisons). En dernier, l'artiste que Giuseppe avait embauché apporta la touche finale à la figure de proue : une gueule de dragon avec des yeux de verre, des crocs menaçants et une grande langue fourchue.

Comme le soleil pointait au-dessus des collines, Francesco ordonna qu'on en termine rapidement. Quand les ouvriers eurent posé leurs outils, il fit lentement le tour de la machine en commençant par la proue. Les mains sur les hanches, penchant la tête d'un côté puis de l'autre, Francesco examina chaque surface, chaque dispositif. N'ayant trouvé aucun défaut, il regagna la proue, se planta devant le secrétaire particulier de l'empereur et lui confirma d'un vigoureux signe de tête que tout était prêt.

L'homme plongea sous le rabat de la tente et s'en alla.


Une heure plus tard, le cortège impérial refaisait son apparition, toujours accompagné du vacarme habituel qui monta crescendo puis s'arrêta d'un coup. Cette fois vêtu d'une simple tunique en soie grise, l'empereur

Kangxi franchit l'entrée de la tente, suivi de son secrétaire et de son premier garde du corps.

L'empereur s'immobilisa devant le vaisseau, les yeux écarquillés.

Depuis deux ans qu'il le connaissait, Francesco ne lui avait jamais vu cet air ébahi.

La soie blanche de la tente filtrait si merveilleusement la clarté rose orangée du soleil levant que l'intérieur était baigné d'une lumière surnaturelle. On avait étalé sur le sol de terre battue plusieurs tapis d'un noir profond, donnant aux visiteurs l'impression de surplomber un abîme.

Francesco Lana de Terzi était certes un homme de science mais il ne boudait pas les artifices spectaculaires.

L'empereur Kangxi s'avança – en marquant une légère hésitation quand son pied toucha la limite du tapis noir – puis continua d'un pas ragaillardi en direction de la proue. La gueule du dragon parut le fasciner. Un sourire s'épanouit sur son visage.

Encore une primeur pour Francesco. En sa présence, l'empereur ne s'était jamais départi de sa célèbre mine renfrognée.

Le monarque se tourna vers Francesco. « C'est magnifique ! traduisit Hao. Détachez-le !

— Vos désirs sont des ordres, Majesté. »

Les ouvriers s'installèrent à leur poste autour de la tente. Sur ordre de Francesco, les haubans qui retenaient le tissu de soie furent tranchés. Leur ourlet supérieur étant lesté de plomb, les parois blanches s'écroulèrent d'un coup. En même temps, de l'autre côté de l'engin, une douzaine d'hommes tirèrent ensemble sur l'étoffe du toit qui s'éleva et se déploya telle une voile jusqu'à ce qu'on la rabatte pour l'emporter loin des regards.

Il y eut un grand silence. On entendait seulement le vent qui sifflait à travers les murailles crénelées et les fenêtres du gompa.

Dressée au centre de la clairière, venait d'apparaître la machine volante de l'empereur Kangxi, le *Grand Dragon*. Cette appellation n'impressionnait guère son concepteur, encore qu'il n'eût évidemment rien à y redire. L'homme de science qu'il était considérait avant tout ce chef-d'œuvre comme la réalisation d'un vieux rêve : fabriquer un vaisseau plus léger que l'air.

De quinze mètres de long sur quatre de large et dix de haut, la partie supérieure de l'engin comportait quatre sphères en soie épaisse, disposées de la proue à la poupe. Large de six mètres de diamètre, chacune était contenue dans un treillage constitué de fines tiges de bambous et de tendons d'animaux. Une valve placée dans leur région ventrale rejoignait un tuyau en cuivre vertical, lui-même protégé par un réseau de bambous et de tendons. Ce tuyau long d'un mètre vingt descendait vers une planchette fixée sur un brasero à charbon. Et pour finir, une nacelle en rotin laqué de noir, assez longue pour accueillir dix soldats alignés ainsi que des vivres, du matériel et des armes, sans oublier le pilote et le navigateur, était arrimée par des cordages en tendons aux sphères qui la surplombaient.

L'empereur Kangxi s'avança seul et, quand il se retrouva sous la sphère de proue, leva les mains au-dessus de sa tête comme pour saluer sa propre création. Ce fut du moins ainsi que Francesco interpréta son geste.

À cet instant, l'Italien mesura pleinement l'erreur qu'il avait faite en offrant sa machine au tyran. Une vague de tristesse mêlée de honte le submergea. Effectivement, il avait passé un pacte avec le diable. Ce cruel monarque allait utiliser son *Grand Dragon* pour détruire des vies humaines, et pas seulement celles des soldats ennemis.

Grâce au *huŏ yào* – poudre à canon –, un produit que l'Europe ne maîtrisait pas encore à la perfection mais d'usage ancestral en Chine, l'empereur Kangxi pourrait faire pleuvoir sur ses adversaires un déluge mortel. Il avait le choix des armes puisqu'il disposait de mousquets à culasse mobile, de bombes en tout genre et autres machines infernales. Tout cela sans craindre pour la sauvegarde de ses troupes qui se déplaceraient dans le ciel à une vitesse surpassant le galop des plus rapides coursiers.

Cette révélation vient un peu tard, se dit Francesco. Désormais, le vaisseau appartenait à l'empereur Kangxi. On ne pouvait rien y changer. Peut-être, un jour, s'il parvenait à réaliser son Vaisseau sous vide, pourrait-il racheter sa faute et compenser les malheurs qu'il sentait poindre. Mais hélas, il lui faudrait attendre le jour du Jugement dernier pour le savoir.

Francesco sortit de sa rêverie quand il réalisa que l'empereur se tenait devant lui. « Je suis enchanté, dit Kangxi. Lorsque vous aurez enseigné à mes généraux la manière d'obtenir d'autres engins tels que celui-ci, je vous accorderai tout ce qui vous manque pour continuer votre aventure.

— Merci, Majesté.

— Est-il prêt à voler ?

— Donnez-en l'ordre et ce sera fait.

— J'en donne l'ordre. Mais d'abord, je souhaite modifier notre accord. Comme prévu, maître Lana de Terzi, c'est vous qui piloterez le *Grand Dragon* pour son premier vol. Mais votre frère restera ici auprès de nous.

— Pardonnez-moi, Majesté. Pourquoi cela ?

— Eh bien, c'est évident. Pour m'assurer que vous reviendrez. Et pour vous épargner la tentation de remettre le *Grand Dragon* entre les mains de mes ennemis.

— Majesté, loin de moi l'idée…

— Ainsi, nous en aurons la certitude.

— Majesté, Giuseppe est mon copilote et mon navigateur. J'ai besoin de lui…

— J'ai des yeux et des oreilles partout, maître Lana de Terzi. Le dénommé Hao, votre si précieux contremaître, est tout aussi habile que votre frère. Hao vous accompagnera donc, de même que six soldats de ma garde personnelle, au cas où vous auriez besoin… d'assistance.

— Je proteste, Majesté…

— Vous auriez grand tort, maître Lana de Terzi », répondit froidement l'empereur Kangxi. L'avertissement était clair.

Francesco respira calmement. « Où voulez-vous que j'aille, pour ce premier vol ?

— Vous voyez ces montagnes au sud, celles qui se dressent jusqu'aux cieux ?

— Je les vois.

— C'est là que vous irez.

— Votre Majesté, elles sont en territoire ennemi !

— Quoi de mieux pour tester une arme de guerre ? »
Francesco ouvrit la bouche pour répliquer mais l'empereur Kangxi reprit aussitôt. « Sur les contreforts de ces montagnes, le long des cours d'eau, pousse une fleur dorée – Hao sait de quoi je parle. Ramenez-moi cette fleur avant qu'elle ne se fane et vous serez récompensé.

— Votre Majesté, ces cimes sont – à soixante kilomètres d'ici, songea Francesco, voire soixante-dix – trop lointaines pour un voyage inaugural. Peut-être que…

— Vous ramènerez la fleur avant qu'elle ne soit fanée ou vous retrouverez la tête de votre frère au bout d'une pique. Vous comprenez ?

— Je comprends. »

Francesco se tourna vers son jeune frère qui n'avait rien perdu de la conversation. Il était livide, son menton tremblait. « Frère, je… j'ai peur.

— Tu n'as aucune raison d'avoir peur. Je serai de retour très bientôt. »

Giuseppe serra les mâchoires et bomba le torse. « Oui. Je sais que tu as raison. Le vaisseau est une merveille et personne ne le pilotera mieux que toi. Avec de la chance, nous dînerons ensemble ce soir.

— À la bonne heure », dit Francesco.

Ils s'étreignirent longuement, puis Francesco se tourna vers Hao et dit : « Ordonne qu'on allume les braseros. Nous décollons dans dix minutes ! »

# 1

*Détroit de la Sonde, Sumatra, de nos jours*

Sam Fargo rabattit la manette des gaz et passa au point mort. Le hors-bord ralentit puis s'immobilisa dans une dernière glissade. Quand il coupa les moteurs, le bateau se mit à rouler doucement.

À quatre cents mètres de la proue, une île surgissait de l'eau. Ils étaient arrivés. Une végétation luxuriante entourait les reliefs escarpés formant le centre de cette terre où des sommets pointus surplombaient des vallées encaissées abritant une épaisse forêt pluviale. En contrebas, des centaines de criques en forme de poche ou de goulet découpaient le rivage.

Sur le siège arrière, Remi Fargo leva le nez de son livre – une petite « bluette » intitulée *Les Codes aztèques : une histoire orale de la conquête et du génocide* –, repoussa ses lunettes de soleil sur son front et lança un regard insistant à son mari. « Des problèmes ? »

Sam lui décocha une œillade admirative. « Je profite juste du paysage. » Puis il remua les sourcils de manière comique.

Remi sourit. « Beau parleur. » Elle ferma le livre et le posa sur le siège d'à côté. « Tu te prends pour Magnum ? »

Sam désigna l'ouvrage d'un geste du menton. « Intéressant ?

— Pas facile à lire mais les Aztèques étaient un peuple fascinant.

— Plus qu'on ne l'imagine. Dans combien de temps l'auras-tu terminé ? C'est le prochain sur ma liste de lecture.

— Demain ou après-demain. »

Ces derniers temps, ils avaient abattu l'un comme l'autre une somme de travail proprement hallucinante, en étroite relation avec l'île où ils s'apprêtaient à accoster. Dans un autre contexte, ce caillou posé entre Sumatra et Java aurait pu constituer un lieu de villégiature paradisiaque mais, depuis quelques mois, il avait vu débarquer une foule de scientifiques – archéologues, historiens, anthropologues – sans parler des fonctionnaires indonésiens qui fourmillaient dans les parages, bien entendu. Comme tous ces visiteurs, chaque fois que Sam et Remi débarquaient sur l'île, ils devaient emprunter le réseau de cordes – genre cabane dans les arbres – que les ingénieurs avaient tendu au-dessus du site, de peur que le sol ne s'écroule sous les pieds de ceux qui tentaient de le préserver.

Les trouvailles que Sam et Remi avaient faites sur Pulau Legundi apportaient un éclairage totalement nouveau tant sur l'histoire des Aztèques que sur celle de la guerre de Sécession. En tant que directeurs de ce chantier de fouilles – et de trois autres ailleurs – ils devaient se tenir au courant des données qui ne cessaient d'affluer.

Ils le faisaient pour l'amour de l'art. La chasse au trésor était leur passion – résolument pragmatiques, ils menaient leurs investigations sur le terrain en se fiant aussi bien à leur instinct qu'aux techniques de recherche les plus pointues – mais ils avaient l'un comme l'autre une solide formation universitaire. Sam était sorti de Caltech avec un diplôme d'ingénieur et Remi possédait un doctorat d'anthropologie et d'histoire de l'université de Boston.

Sam était un enfant de la balle. Son ingénieur de père, aujourd'hui décédé, avait étroitement participé aux programmes spatiaux de la NASA. Quant à sa mère, Eunice, âgée de soixante et onze ans, elle vivait à Key West et possédait un bateau de plongée et de pêche en haute mer dont elle assurait seule le commandement, l'entretien et tout ce qui allait avec. Les parents de Remi – sa mère architecte, son père pédiatre et écrivain – profitaient de leur retraite dans le Maine en élevant des lamas.

Sam et Remi s'étaient rencontrés par le plus pur des hasards à Hermosa Beach dans un bar de jazz, le Phare, où Sam était entré pour s'offrir une bière. Remi et quelques collègues archéologues s'y détendaient autour d'un verre, après avoir passé plusieurs semaines à rechercher un galion englouti au large d'Abalone Cove.

Comme ils n'étaient pas fleur bleue, ils n'auraient jamais parlé de coup de foudre pour qualifier leur première rencontre et pourtant, ce soir-là, le courant était passé. Ils avaient continué à rire et à discuter jusqu'à la fermeture du club. Six mois plus tard, c'est au Phare qu'ils réunirent leurs proches pour partager un repas de mariage à la bonne franquette.

À l'époque, Remi avait encouragé Sam à finaliser l'une de ses inventions : un laser à argon capable de détecter et d'identifier les métaux à distance, aussi bien sous terre que dans la mer. Peu de temps après, l'engin trouva preneurs. Chasseurs de trésor, universités, sociétés privées, compagnies minières, sans parler du ministère de la Défense, tous se bousculèrent au portillon en brandissant leur carnet de chèques pour acquérir les droits d'exploitation. Si bien qu'en l'espace de deux ans, le Groupe Fargo réalisa un bénéfice à sept chiffres. Quatre ans plus tard, ayant accepté une offre de rachat, les Fargo devinrent assez riches pour vivre confortablement jusqu'à la fin de leurs jours. Au lieu de s'endormir sur leurs lauriers, ils prirent un mois de vacances puis, dans la foulée, créèrent la Fondation Fargo et lancèrent leur première expédition commune. L'argent qu'ils tiraient de leurs trouvailles était distribué à toute une série d'institutions caritatives.

À présent, les Fargo observaient en silence l'île qui se dressait devant eux. « C'est encore un peu difficile à concevoir, n'est-ce pas ? murmura Remi.

— En effet », confirma Sam.

Ni les livres ni leurs propres expériences ne les avaient préparés à la découverte qu'ils avaient faite sur Pulau Legundi. Tout avait commencé au large de Zanzibar, quand ils étaient tombés sur une cloche de navire. Ce premier événement n'avait été qu'un signe avant-coureur. En réalité, le site était assez riche pour occuper plusieurs générations d'archéologues, d'historiens et d'anthropologues.

Le double hurlement d'une corne de marine tira Sam de sa rêverie. Il regarda vers bâbord ; à une distance de huit cents mètres, un bateau de trente-six pieds voguait dans leur direction. C'était un patrouilleur de la baie de Sumatra.

« Sam, aurais-tu oublié de payer l'essence tout à l'heure, à l'agence de location ? plaisanta Remi.

— Non. J'ai même utilisé les fausses roupies qui traînaient dans ma poche.

— C'est peut-être pour ça, alors. »

Ils regardèrent le bateau approcher. Quand il fut à quatre cents mètres, il vira sur tribord puis sur bâbord, en décrivant un arc de cercle qui s'acheva à une trentaine de mètres de leur propre embarcation. Par l'intermédiaire d'un haut-parleur, un Indonésien leur demanda en anglais : « Vous là-bas, vous êtes Sam et Remi Fargo ? »

Sam leva le bras pour signifier que oui.

« Nous avons un passager pour vous. »

Sam et Remi échangèrent des regards interloqués ; ils n'attendaient personne.

Le patrouilleur décrivit plusieurs cercles concentriques autour de leur vedette. Quand il fut à un mètre d'eux, le pilote passa au point mort puis coupa le moteur.

« Au moins, ceux-là ont une tête sympathique », murmura Sam.

Leur dernier abordage par un patrouilleur étranger remontait à leur séjour à Zanzibar ; équipé de canons de 12.7 mm, il transportait des marins à l'allure peu amène, armés de fusils AK-47.

« Pour l'instant », répliqua Remi.

Sur le pont arrière, ils virent une petite femme aux traits asiatiques d'une quarantaine d'années flanquée de deux officiers de police en uniforme bleu. Une coupe de cheveux presque militaire encadrait son petit visage anguleux.

« Permission de monter à bord ? » demanda-t-elle dans un anglais correct, presque sans accent.

Sam haussa les épaules. « Permission accordée. »

Les deux policiers s'avancèrent pour l'aider à franchir l'espace entre les deux bateaux mais elle les ignora et, avec une impressionnante souplesse, passa d'une seule enjambée sur le pont de la vedette. Elle se reçut comme un chat puis se tourna vers Sam et Remi, laquelle venait de rejoindre son mari. Les yeux noirs de l'inconnue se posèrent sur eux. Les ayant froidement dévisagés, elle leur tendit une carte de visite où, pour toute inscription, on lisait : « Zhilan Hsu. »

« Que pouvons-nous faire pour vous aider, madame Hsu ? demanda Remi.

— Mon employeur, Charles King, serait ravi de vous recevoir.

— Acceptez toutes nos excuses mais nous ne connaissons pas de M. King.

— Il vous attend à bord de son jet privé sur le terminal réservé aux avions d'affaires, à Palembang. Il souhaite vous parler. »

Certes, Zhilan Hsu maîtrisait parfaitement la langue anglaise, mais elle s'exprimait avec une déconcertante raideur d'automate.

« Oui, nous l'avions compris, rétorqua Sam en lui rendant le bristol. Dites-nous plutôt qui est Charles King et de quoi il veut nous entretenir.

— Monsieur King m'a autorisée à vous dire que cette entrevue possède un rapport avec l'une de vos relations, monsieur Frank Alton. »

En entendant cela, Sam et Remi redoublèrent d'attention. Alton n'était pas juste une relation. C'était un vieil ami qui avait fait carrière dans la police de San Diego avant de devenir détective privé. Sam l'avait rencontré dans un cours de judo. Depuis lors, les Fargo, Frank et sa femme Judy se retrouvaient chaque mois autour d'un dîner.

« Que lui arrive-t-il ? demanda Sam.

— Monsieur King souhaite vous en parler lui-même.

— Vous faites bien des mystères, madame Hsu, dit Remi. Pourriez-vous nous dire pourquoi ?

— Monsieur King souhaite vous en…

— … parler lui-même, termina Remi.

— Tout à fait. »

Sam vérifia sa montre. « Veuillez informer monsieur King que nous le rejoindrons à 7 heures.

— C'est dans quatre heures, fit Zhilan. Monsieur King…

— … va devoir attendre, l'interrompit Sam. Nous n'avons pas que ça à faire. »

L'espace d'un bref instant, le visage inexpressif de Zhilan Hsu se contracta sous le coup de la colère. Lorsqu'elle retrouva son flegme, elle hocha la tête en disant : « 7 heures donc. Ne soyez pas en retard, je vous prie. »

Sans autre forme de procès, elle fit volte-face et s'élança comme une gazelle sur le plat-bord du patrouilleur. Puis elle fila droit dans sa cabine non sans bousculer les policiers qui encombraient le passage. L'un d'eux salua les Fargo en portant la main à sa casquette. Dix secondes plus tard, le bateau s'éloignait dans un grondement de moteur.

« Eh bien, voilà qui est intéressant, dit Sam.

— Cette femme est d'une amabilité rare, lança Remi. As-tu remarqué le choix de ses mots ? »

Sam acquiesça. « Monsieur King m'a autorisée. Si elle a employé cette expression en toute connaissance de cause, il faut s'attendre à ce que monsieur King soit aussi aimable qu'elle.

— Tu la crois ? Au sujet de Frank ? Si quelque chose s'était passé, Judy nous aurait appelés. »

Bien que leurs aventures les placent fréquemment dans des situations délicates, leur vie quotidienne était relativement calme. Pourtant, la visite impromptue de Zhilan Hsu et sa mystérieuse invitation ne leur disaient rien qui vaille. Aussi improbable que cela paraisse, ils ne pouvaient raisonnablement exclure l'éventualité d'un piège.

« Nous verrons bien », conclut Sam.

Il s'agenouilla près du poste de pilotage, récupéra le sac à dos glissé sous le tableau de bord, sortit le téléphone satellite rangé dans une poche latérale et composa un numéro. Une voix féminine résonna bientôt dans son oreille : « Oui, monsieur Fargo ?

— Je croyais que cette fois-ci serait la bonne », dit Sam. Il avait parié avec Remi qu'un jour, il prendrait Selma Wondrash par surprise et qu'elle les appellerait par leur prénom.

« Encore raté, monsieur Fargo. »

Même si elle vivait aux États-Unis depuis plusieurs dizaines d'années, leur documentaliste en chef, experte en logistique et gardienne de leur sanctuaire californien, conservait de ses origines hongroises un accent, léger mais suffisant pour donner à sa voix une intonation à la Zsa Zsa Gabor.

Selma avait dirigé le département des Collections spéciales de la bibliothèque du Congrès jusqu'à ce que Sam et Remi la débauchent en lui promettant un équipement ultramoderne et une totale liberté de mouvement. En plus de son aquarium et de la collection de thés qui occupait la totalité d'une armoire vitrée dans la grande salle de travail, Selma n'avait qu'une seule passion : la recherche. Quand les Fargo lui donnaient à résoudre une énigme séculaire, elle était aux anges.

« Un jour, tu verras, tu m'appelleras Sam.

— Pas aujourd'hui.

— Quelle heure est-il là-bas ?

— Presque 11 heures du soir. » Selma se couchait rarement avant minuit pour se réveiller vers les 4 ou 5 heures du matin. Ce qui ne l'empêchait pas d'avoir toujours l'œil vif. « Vous avez quelque chose pour moi ?

— Trois fois rien, il faut espérer, répondit Sam avant de lui relater la visite de Zhilan Hsu. Charles King m'a tout l'air d'un grand manitou.

— J'ai entendu parler de lui. Un homme richissime.

— Fouille un peu dans sa vie privée, histoire de dénicher un truc pas net.

— Autre chose ?

— As-tu des nouvelles d'Alton ?

— Non, aucune, répondit Selma.

— Appelle Judy et tâche de savoir si Frank est à l'étranger en ce moment, insista Sam. Sois discrète. Si jamais il y a un problème, il vaut mieux ne pas l'inquiéter.

— Quand devez-vous rencontrer King ? demanda Selma.

— Dans quatre heures.

— Entendu, s'esclaffa Selma. Dans quatre heures, je connaîtrai la taille de ses chemises et son parfum de crème glacée préféré. »

## 2

*Palembang, Sumatra*

Vingt minutes avant l'heure du rendez-vous, Sam et Remi rangèrent leurs scooters près de la barrière anti-ouragan qui bordait le terminal privé de l'aéroport de Palembang. Comme Selma l'avait prédit, le tarmac devant les hangars était occupé par plusieurs avions d'affaires avec une ou deux hélices, sauf un : un Gulfstream G650. Pour un coût de 65 millions de dollars, le G6 n'était pas seulement le jet privé le plus cher au monde mais aussi le plus rapide puisqu'il frisait Mach 1 en vitesse de pointe. Son rayon d'action avoisinait les 8 000 miles et il pouvait voler à 51 000 pieds – soit 10 000 pieds de plus que les avions commerciaux.

Les quelques renseignements fournis par Selma au sujet du mystérieux monsieur King les avaient préparés à cette luxueuse vision. « King Charlie », comme l'appelaient ses bons amis tout autant que ses ennemis, figurait en onzième position sur la liste des milliardaires établie par le magazine *Forbes*, avec un patrimoine évalué à 23,2 milliards de dollars.

Il avait fait ses débuts à l'âge de seize ans, en 1964, dans les champs pétroliers du Texas. Après quelques années de prospection plus ou moins sauvage, King avait réussi à fonder sa propre compagnie de forage, King Oil. Il avait alors vingt et un ans. À vingt-quatre, il était millionnaire ; à trente, milliardaire. Dans les années 1980 et 1990, King s'était également attaqué aux secteurs minier et bancaire. Selon *Forbes*, si King choisissait de passer le restant de ses jours à jouer aux dames dans son bureau panoramique de Houston, il continuerait à engranger cent mille dollars de l'heure rien qu'avec les intérêts de ses placements.

Malgré sa fabuleuse réussite, King était la discrétion même. On le voyait circuler dans Houston au volant de son pick-up Chevy de 1968. Il se restaurait dans une gargote où il avait ses habitudes. Et même s'il ne pouvait rivaliser avec Howard Hughes sur ce plan, la rumeur disait qu'il se comportait en reclus et défendait jalousement sa vie privée. King se faisait rarement photographier en public et, quand il participait à des événements professionnels ou mondains, il le faisait en général par le biais d'une webcam.

Remi regarda Sam. « Le numéro inscrit sur la queue de l'appareil correspond aux indications de Selma. À moins que quelqu'un ne lui ait volé son jet, on dirait que nous allons rencontrer King en chair et en os.

— La question est : pourquoi ? »

Selma ne s'était pas contentée de leur donner une brève biographie de King, elle avait fait l'impossible pour retrouver la trace de Frank Alton, lequel était parti à l'étranger pour une mission, aux dires de sa secrétaire. Bien qu'elle n'ait pas de nouvelles de lui depuis trois jours, elle ne nourrissait aucune inquiétude, sachant que son patron était coutumier du fait. Il lui arrivait de couper tout contact pendant une semaine ou deux quand le travail s'avérait particulièrement complexe.

Entendant une brindille craquer derrière eux, ils se retournèrent et aperçurent Zhilan Hsu à moins de deux mètres, de l'autre côté de la barrière, le bas de son corps caché par des feuillages. Elle posa sur eux son regard noir avant d'articuler : « Vous êtes en avance » sur un ton à peine moins coupant que celui d'un procureur.

« Et vous terriblement discrète, lui renvoya Remi.

— Je vous surveillais.

— Votre mère ne vous a pas appris que c'était très vilain d'espionner les gens ? » fit Sam dans un demi-sourire.

Le visage de Zhilan demeura impassible. « Je n'ai pas connu ma mère.

— Je suis désolé…

— Monsieur King est prêt à vous recevoir ; il devra repartir très vite, à 19 h 30. Rejoignez-moi là-bas, à la porte est. Et préparez vos passeports. »

Sur ces bonnes paroles, Zhilan fit demi-tour et disparut dans les buissons.

Remi la regarda partir en plissant les yeux. « OK, c'est officiel : cette femme me donne la chair de poule.

— Je confirme, dit Sam. Allons-y. Ne faisons pas attendre King Charlie. »

Ils garèrent leurs scooters devant la porte grillagée et marchèrent jusqu'au petit bâtiment où Zhilan les attendait près d'un homme en uniforme. Elle fit un pas vers eux, s'empara de leurs passeports et les donna au garde qui les leur rendit après y avoir jeté un coup d'œil.

« Par ici, je vous prie », dit Zhilan en les guidant vers la porte réservée aux passagers, d'où elle les emmena au pied de la passerelle du Gulfstream. Là, elle s'effaça en leur indiquant le haut des marches. Une fois à bord, ils entrèrent dans une cuisine de petite taille mais bien équipée. À droite, derrière une arcade, s'ouvrait la cabine principale dont les cloisons lambrissées de châtaignier poli étaient incrustées d'étoiles en argent aussi grosses que des tasses à thé. L'emblème du Texas. Une épaisse moquette bordeaux garnissait le sol. Il y avait deux coins salons, l'un comprenant quatre fauteuils inclinables en cuir autour d'une table basse, l'autre en queue composé de trois canapés profonds. La climatisation marchait à fond. Des haut-parleurs invisibles diffusaient en sourdine une chanson de cow-boy interprétée par l'artiste de country Willy Nelson.

« J'y crois pas », marmonna Remi.

Quelque part, au bout de l'appareil, une voix mâle chargée d'un accent sudiste à couper au couteau déclara : « Les gens chics trouvent que ça fait un peu "cliché", comme ils disent, mam'zelle Fargo, mais nom de nom, moi ça me plaît ! »

L'homme se leva d'un fauteuil inclinable dont on ne voyait que le dossier. Il mesurait plus d'un mètre quatre-vingt-dix, devait peser dans les cent kilos – du muscle pour une bonne moitié – avec un visage bronzé et charnu et des cheveux platine impeccablement peignés. Sam et Remi avaient beau savoir que Charles King avait soixante-deux ans, ils lui en donnèrent dix de moins. Le grand sourire qu'il leur adressa découvrit une dentition très régulière et d'un blanc éclatant.

« Une fois qu'on a le Texas dans le sang, dit King, il est quasi impossible de s'en débarrasser. Croyez-moi, mes quatre épouses ont fait l'impossible pour y arriver. Sans succès. »

King avança vers eux, la main tendue. Il portait un jean, une chemise en denim bleu délavé et des Nike, à la grande surprise de Sam et Remi qui s'étaient attendus à des santiags.

King remarqua leur expression étonnée : « J'ai jamais aimé ces bottes de cow-boy. Sacrément inconfortables et pas pratiques. En plus, j'ai que des chevaux de course dans mon écurie et je suis loin d'avoir la taille jockey. » Il serra d'abord la main de Remi, puis celle de Sam. « Merci beaucoup d'être venus. J'espère que Zee vous a pas trop embêtés. Elle est pas très douée pour la conversation.

— Elle ferait une bonne joueuse de poker, affirma Sam.

— *C'est* une bonne joueuse de poker, figurez-vous. Elle m'a piqué six mille dollars en dix minutes la première – et la dernière – fois qu'on a joué ensemble. Mais venez donc par ici, asseyez-vous. On va vous apporter un truc à boire. Qu'est-ce qui vous ferait plaisir ?

— Un verre d'eau, s'il vous plaît », dit Remi. Sam fit signe qu'il souhaitait la même chose.

« Zee, sois gentille. Pour moi ce sera comme d'habitude. »

Derrière Sam et Remi, Zhilan répondit : « Oui, monsieur King. »

Leur hôte les précéda dans le coin salon, au fond de l'appareil. Quand ils furent assis, Zhilan réapparut avec un plateau, déposa les verres d'eau devant Sam et Remi et tendit à King un whisky avec glace. Au lieu de le prendre, King se contenta de le lorgner en fronçant les sourcils. Puis il regarda Zhilan et secoua la tête. « Combien de glaçons y a-t-il dans ce verre, chérie ?

— Trois, monsieur King, répondit hâtivement Zhilan. Je suis désolée, je…

— Zee, cesse de t'excuser, dépêche-toi d'en rajouter un et tout ira bien. » Zhilan repartit à toute vitesse dans la cuisine. « Ça fait des centaines de fois que je lui répète mais il lui arrive encore d'oublier, commenta King. Le Jack Daniel est un alcool capricieux ; il lui faut une quantité de glace très précise ou c'est gâché.

— Je suivrai votre conseil, dit Sam.

— Vous êtes un homme avisé, monsieur Fargo.

— Sam.

— Comme vous voulez. Alors, appelez-moi Charlie. »

Un sourire aimable plaqué sur le visage, King garda les yeux fixés sur eux le temps que Zhilan revienne avec son whisky. Elle se planta près de lui et attendit qu'il goûte. « Voilà comme je l'aime, dit-il. Allez, disparais maintenant. Comment se passent les fouilles sur cette petite île ? Quel est son nom, déjà ? demanda-t-il aux Fargo.

— Pulau Legundi, répondit Sam.

— Ouais, c'est ça. Un genre de…

— Monsieur King…

— Charlie.

— Zhilan Hsu a fait allusion à l'un de nos amis, Frank Alton. Nous pourrions éviter les mondanités et aborder tout de suite le cœur du sujet ?

— Un homme avisé qui n'y va pas par quatre chemins. J'imagine que vous partagez cette qualité, Remi ? »

Les Fargo se gardèrent de répondre, mais Remi lui adressa un sourire doucereux.

King haussa les épaules. « Bon, très bien. J'ai embauché Alton voilà quelques semaines pour qu'il débrouille une affaire. Et tout d'un coup, il a disparu. *Pffut !* Comme vous me semblez très forts pour dénicher des trucs introuvables, et qu'il fait partie de vos amis, je me suis dit qu'il fallait que je vous en touche un mot.

— Quand avez-vous eu de ses nouvelles pour la dernière fois ? s'enquit Remi.

— Il y a dix jours.

— Frank est plutôt autonome dans sa manière de travailler, fit remarquer Sam. Pourquoi pensez-vous…

— Parce qu'il devait me présenter son rapport chaque jour. Cela faisait partie de notre accord, et il a respecté cette règle, au début.

— Avez-vous une quelconque raison de croire à une disparition ?

— Vous voulez dire, en dehors du fait qu'il n'a pas tenu ses engagements ? répondit King d'une voix légèrement agacée. En dehors du fait qu'il est parti avec l'argent que je lui avais remis ?

— Si vous deviez émettre une supposition.

— Eh bien, disons que la région où il se trouve peut se révéler périlleuse.

« — De quelle région s'agit-il ? demanda Remi.

— Du Népal.

— Je vous demande pardon ? Vous avez dit…

— Eh ouais. Aux dernières nouvelles, il était à Katmandou. Il peut vous arriver des bricoles là-bas si on fait pas attention.

— Qui d'autre est au courant ? renchérit Sam.

— Une poignée de gens.

— La femme de Frank ? »

King hocha négativement la tête, but une gorgée de whisky et fit la grimace. « Zee ! »

Zhilan accourut. « Oui, monsieur King ? »

— La glace fond trop vite, dit-il en lui rendant le verre. Débarrasse-moi de ça.

— Oui, monsieur King. »

Elle s'éclipsa dans la seconde.

King la regarda s'éloigner d'un air soucieux, puis se retourna vers les Fargo. « Désolé. Vous disiez ?

— En avez-vous parlé à la femme de Frank ?

— J'ignorais qu'il était marié. Il n'a pas indiqué de personne à prévenir en cas d'urgence. En plus, pourquoi l'inquiéter ? Si ça se trouve, Alton a branché une fille du coin et il se paie du bon temps à mes frais.

— Frank Alton ne ferait jamais une chose pareille, dit Remi.

— Peut-être que non, peut-être que si.

— Avez-vous contacté le gouvernement népalais ? demanda Sam. Ou l'ambassade américaine à Katmandou ? »

King fit un geste évasif. « Ces péquenots ? Ces fonctionnaires corrompus ? Enfin, je veux parler des locaux, bien sûr. Quant à l'ambassade, j'y ai songé, mais il leur faudra des mois pour commencer à se remuer le derrière, et j'ai pas le temps. Il y a bien des gens à moi qui travaillent sur un projet là-bas, mais ils ont d'autres chats à fouetter. Et comme je le disais, vous avez la réputation de trouver facilement ce que d'autres passent des siècles à chercher.

— Avant tout, Charlie, il y a une grande différence entre les objets et les êtres humains. Ensuite, la recherche des personnes disparues n'est pas notre spécialité. » King ouvrit la bouche pour parler mais Sam le coupa d'un geste : « Cela étant dit, comme Frank est un ami proche, nous acceptons.

— Fantastique ! hurla King en claquant la main sur son genou. Maintenant, passons aux détails pratiques : combien ça va me coûter ? »

Sam eut un sourire crispé. « Vous plaisantez, je présume.

— Je ne plaisante jamais quand il s'agit d'argent.

— Étant donné notre amitié avec Frank, nous vous ferons grâce de la note, rétorqua Remi sans grande aménité. En revanche, nous aurons besoin de toutes les informations dont vous disposez.

— Zee a déjà constitué un dossier. Elle vous le remettra quand vous sortirez d'ici.

— Faites-nous déjà un résumé, réclama Sam.

— La situation est un peu embrouillée, dit King. J'ai embauché Alton pour rechercher une personne qui a disparu dans la région en question.

— Qui cela ?

— Mon père. Au moment de sa disparition, j'ai envoyé tout un tas de gens sur place, sans résultat. On aurait dit qu'il s'était volatilisé. Alors, la toute dernière fois qu'on l'a aperçu, j'ai remué ciel et terre pour trouver le meilleur détective privé. Alton m'a été chaudement recommandé.

— La "toute dernière fois qu'on l'a aperçu" ? s'étonna Remi. Qu'entendez-vous par là ?

— Régulièrement, on entend des rumeurs sur mon père, comme s'il refaisait surface de temps en temps : ça s'est produit une douzaine de fois au cours des années 70 et quatre dans les années 80... »

Sam l'interrompit. « Charlie, depuis combien de temps exactement votre père n'a-t-il pas donné de nouvelles ?

— Trente-huit ans. Il a disparu en 1973. »


Lewis « Bully » King, si l'on en croyait son fils Charles, était un archéologue au long cours dans le style d'Indiana Jones bien avant la lettre. Cet universitaire globe-trotter passait onze mois sur douze à fouiller des sites dans une ribambelle de pays dont certains demeuraient inconnus du grand public. Charles King ignorait le thème de ses recherches au moment de sa disparition.

« Qui étaient ses correspondants ? demanda Remi.

— Que voulez-vous dire ?

— Travaillait-il pour une université, un musée ? Une fondation peut-être ?

— Pas du tout. C'était un électron libre, mon vieux. Il se fichait de tous ces trucs.

— Dans ce cas, comment finançait-il ses expéditions ? »

King leur sourit modestement. « Il avait un mécène aussi généreux que crédule. Mais disons les choses comme elles sont : il ne m'a jamais réclamé de grosses sommes : cinq mille dollars par-ci par-là. Comme il travaillait seul, il n'avait pas beaucoup de frais et il savait se contenter de peu. Dans la plupart des pays où il se rendait, on vit avec quelques dollars par jour.

— Il n'avait pas de maison à lui ?

— Une petite baraque à Monterey. Je ne l'ai jamais vendue. En fait, je n'y ai pas touché. Elle est restée dans l'état où il l'a laissée, plus ou moins. Eh ouais, je sais ce que vous allez me demander maintenant. En 1973, j'ai envoyé des gars sur place pour chercher des indices mais ils n'ont rien trouvé. Cela dit, rien ne vous empêche d'aller y jeter un coup d'œil. Zee vous donnera l'adresse.

— Frank l'a-t-il visitée ?

— Non, il estimait que c'était inutile.

— Parlez-nous de cette dernière fois où on l'a aperçu, dit Sam.

— Il y a environ six semaines, une équipe du *National Geographic* effectuait un reportage sur une ville ancienne, au Népal. Lo Manta ou un truc dans le genre…

— Lo Manthang, proposa Remi.

— Ouais, c'est ça. La capitale du Mustang, autrefois.

— Il faut prononcer Mous-tong, corrigea Remi. On disait aussi le Royaume de Lo avant son annexion par le Népal, au XVIII$^e$ siècle.

— Comme vous voudrez. J'ai jamais trop raffolé de ces machins-là. Je tiens pas de mon paternel, sur ce plan. En tout cas, sur l'une des photos qu'ils ont prises, on voit un type dans le fond. Le sosie de mon père, enfin j'imagine qu'il aurait cette tête-là aujourd'hui.

— Un peu mince comme point de départ, dit Sam.

— C'est tout ce que j'ai. Ça vous tente quand même ?

— Bien entendu. »

Sam et Remi se levèrent pour partir. Des poignées de main furent échangées, puis on leur remit le fameux dossier. « Zee a inscrit mes coordonnées là-dedans. Vous la tiendrez au courant au fur et à mesure. J'aimerais recevoir des rapports réguliers. Bonne chasse, les Fargo. »

Depuis la porte de son Gulfstream, Charles King les regarda repasser la barrière, enfourcher leurs scooters et s'éloigner le long de la route. D'un pas sautillant, Zhilan Hsu remonta la passerelle et s'arrêta devant King.

« Je ne les aime pas, dit-elle.

— Pour quelle raison ?

— Ils ne vous montrent pas assez de respect.

— Ça m'est bien égal, chérie. Tant qu'ils sont à la hauteur de leur réputation. Je me suis laissé dire que ces deux-là étaient des as.

— Et s'ils outrepassaient la mission que nous leur avons confiée ?

— Eh bien quoi, bon sang ? C'est à cela que tu sers, n'est-ce pas ?

— Oui, monsieur King. Dois-je m'y mettre tout de suite ?

— Non, laisse les choses se faire naturellement. Bigophone à Russ, veux-tu ? »

De retour au fond de l'avion, King se laissa tomber dans un fauteuil en poussant un grognement. Une minute plus tard, la voix de Zhilan résonnait dans l'interphone. « Il attend vos ordres, monsieur King. Ne quittez pas, je vous prie. »

King guetta le gazouillis indiquant que la ligne satellite était ouverte. « Russ, c'est toi ?

— J'écoute.

— Où en sont les recherches ?

— Ça avance. On a eu des problèmes avec un type du coin qui faisait des histoires mais on s'est occupés de lui. Marjorie est sur les dents.

— Ça ne m'étonne pas, la connaissant ! Tenez-les à l'œil, ces inspecteurs. Ils ne sont pas censés se ramener sans qu'on les y invite. Je paie déjà assez cher comme ça. Tout ce qui dépassera le budget sera retenu sur votre salaire.

— J'ai la situation sous contrôle.

— Parfait. Maintenant, annonce-moi un truc agréable. Tu as trouvé quelque chose d'intéressant ?

— Pas encore. Mais nous sommes tombés sur des traces fossiles prometteuses, selon notre expert.

— Ouais, eh bien, c'est une chanson que j'ai déjà entendue. Tu as oublié cet escroc, à Perth ?

— Non, monsieur.

— Celui qui prétendait posséder un fossile d'hippopotame nain de Madagascar. C'était un soi-disant expert, lui aussi.

— Et je me suis occupé de lui, n'est-ce pas ? »

King s'accorda une pause. Son visage se détendit. « Ça, je te crois, dit-il en gloussant. Mais écoute-moi, fiston. Je veux l'un de ces *Calico* machin chose. Un vrai de vrai.

— Un *Chalicotherium*, corrigea Russ.

— Je me contrefiche de son nom ! Trouve-m'en un, c'est tout ce que je veux. J'ai dit à ce bon à rien de Don Mayfield que je compte en recevoir un spécimen et que j'ai de la place pour lui. On est d'accord ?

— Oui, monsieur, on est d'accord.

— Parfait. Autre chose : je viens de rencontrer nos nouvelles recrues. Deux cadors. J'imagine qu'ils ne perdront pas de temps. Avec un peu de chance, ils vont sûrement aller fureter à Monterey, alors dépêche-toi. Je vous préviendrai quand ils s'envoleront.

— Oui, monsieur.

— Et ne les quittez pas des yeux, tu m'entends ? S'ils vous échappent, vous aurez affaire à moi. »

## 3

*Goldfish Point, La Jolla près de San Diego, Californie*

Après avoir quitté King, Sam et Remi étaient retournés sur Pulau Legundi où les attendait le professeur Stan Dydell, de l'université de Boston, qui veillait sur le chantier. L'ancien professeur de Remi avait pris un congé sabbatique pour participer aux fouilles. Quand ils l'eurent informé de la disparition d'Alton, Dydell accepta de poursuivre sa mission jusqu'à ce qu'ils reviennent ou lui trouvent un remplaçant.

Trente-six heures et trois correspondances plus tard, ils atterrirent à San Diego à midi, heure locale. Sam et Remi commencèrent par se rendre au domicile d'Alton pour annoncer la nouvelle à sa femme, puis ils gagnèrent leur propre maison où ils déposèrent leurs bagages avant de descendre dans la grande pièce où Selma avait établi son territoire.

Sur une surface de 185 mètres carrés, cette salle haute accueillait en son centre une table de travail en érable longue de six mètres, éclairée par des lampes halogènes et entourée de tabourets de bar à dossier. Le long d'un mur s'ouvraient trois box équipés d'ordinateurs Mac Pro 12-core reliés à des moniteurs HD de trente pouces – deux bureaux vitrés, pour Sam et

Remi, un coffre à archives à environnement contrôlé, une petite salle de projection et une bibliothèque de recherche. Le mur d'en face était entièrement occupé par un aquarium de quatre mètres de long, l'orgueil de Selma, dans lequel nageaient toutes sortes de poissons multicolores. Le discret gargouillis qui en émanait conférait à la salle une ambiance apaisante.

Au-dessus de cet espace de travail situé en rez-de-chaussée, la maison des Fargo, bâtie dans le style espagnol, s'élevait sur trois niveaux pour une superficie totale de onze cents mètres carrés, avec de vastes espaces ouverts, des plafonds voûtés ornés de poutres, et un si grand nombre de baies vitrées qu'on allumait rarement l'électricité plus de deux heures par jour. Un bel ensemble de panneaux solaires récemment installés sur le toit fournissait le peu d'énergie dont ils avaient besoin.

Les appartements de Sam et Remi se trouvaient au dernier étage. En dessous, étaient aménagés quatre suites pour les invités, un salon, une salle à manger, et une grande pièce qui tenait lieu de cuisine surplombait la falaise et l'océan. Au premier niveau, un gymnase garni d'appareils en tout genre, un sauna, une piscine d'entraînement, un mur d'escalade et un espace parqueté où Remi prenait des leçons d'escrime et Sam de judo.

Sam et Remi s'installèrent en bout de table ; Selma les rejoignit. Elle portait son habituelle tenue de travail : pantalon kaki, tennis, tee-shirt tie-dye, lunettes à monture d'écaille assorties d'une chaînette. Ses assistants, Pete Jeffcoat et Wendy Corden, se rapprochèrent pour écouter. Leur blondeur, leur teint bronzé, leur allure sportive et décontractée les désignaient comme des Californiens pur jus et pourtant ils ne passaient pas leur temps à lézarder sur les plages. Pete était diplômé d'archéologie et Wendy de sciences sociales.

« Elle se fait du souci, dit Remi. Mais elle ne le montre pas, pour épargner les enfants. Elle sait que nous la tiendrons régulièrement au courant. Selma, si tu pouvais l'appeler tous les jours pendant notre absence…?

— Bien entendu. Comment s'est passée votre audience auprès de Son Altesse ? »

Sam lui raconta leur rencontre avec Charlie King. « Remi et moi en avons discuté dans l'avion. Il a l'air réglo et on pourrait facilement le prendre pour un bouseux, mais il y a quelque chose qui cloche chez lui.

— Son assistante, pour commencer », dit Remi avant de décrire Zhilan Hsu. Hors de la présence de King, cette femme se comportait comme un vrai dragon, mais à bord du Gulfstream, elle avait changé radicalement d'attitude. L'histoire des glaçons, la colère de King et la réaction soumise de Zhilan en disaient long sur leurs rapports. Non seulement son employeur lui faisait peur, mais ce type était à ranger dans la catégorie des sadiques dominateurs.

« Remi a sa petite idée au sujet de mademoiselle Hsu, ajouta Sam.

— C'est sa maîtresse, affirma Remi. Sam en doute mais moi j'en suis sûre. Et King exerce une terrible emprise sur elle.

— Je suis en train de préparer une biographie de la famille King, intervint Selma, mais pour l'instant je n'ai rien sur Zhilan. Je continue à creuser. Avec votre permission, je pourrais appeler Rube. »

Rube Haywood, un autre ami de Sam, travaillait au siège de la CIA à Langley, en Virginie. Ils s'étaient rencontrés dans la tristement célèbre unité d'entraînement pour agents secrets de Camp Peary. À l'époque, Sam collaborait avec la DARPA (l'Agence pour les projets de recherche avancée de défense) et Rube était un officier plein d'avenir. Ce séjour à « La Ferme » entrait dans le programme de formation obligatoire de Rube ; Sam en revanche participait seulement à un projet expérimental de coopération : plus les ingénieurs parvenaient à appréhender les méthodes des agents de terrain, plus ils étaient en mesure de leur fournir l'équipement adapté.

« Si c'est nécessaire, n'hésite pas. Autre chose, ajouta Sam. King prétend tout ignorer du domaine d'activités de son père. À l'en croire, cela fait presque quarante ans qu'il le recherche et, malgré cela, il ne sait toujours rien de ses motivations. Je n'y crois pas une seconde.

— En plus, il prétend n'avoir pas pris la peine de contacter le gouvernement népalais ou l'ambassade américaine, renchérit Remi. Pourtant, un personnage aussi puissant que lui n'aurait eu qu'à passer quelques coups de téléphone.

— Toujours d'après King, Frank ne s'intéressait pas à la maison de son père, à Monterey. Cela m'étonne fort, connaissant sa rigueur professionnelle. Si King lui en a parlé, Frank s'est forcément rendu sur place.

— Pourquoi King mentirait-il sur ce point ? s'étonna Pete.

— Aucune idée, répondit Remi.

— Que dois-tu conclure de tout cela ? demanda Wendy.

— Quelqu'un a quelque chose à cacher, répondit Selma.

— C'est aussi notre avis, dit Sam. La question est : de quoi s'agit-il ? King manifeste également une certaine tendance à la paranoïa. À dire vrai, un homme aussi riche doit attirer les escrocs.

— Ces choses-là sont secondaires, déclara Remi. Frank Alton a disparu. Ce doit être notre priorité.

— Par où commence-t-on ? s'enquit Selma.

— Par Monterey. »

*

*Monterey, Californie*

Sam négociait les virages à une allure prudente, tandis que ses phares sondaient le brouillard qui tourbillonnait au-dessus du macadam et la végétation bordant la route en lacet. En contrebas, les lumières des maisons s'étageant le long des pentes scintillaient dans la pénombre. Sur l'horizon, les feux des bateaux de pêche perçaient la nuit noire. Comme Remi avait baissé sa vitre, de temps à autre ils entendaient tinter au loin la cloche lugubre d'une bouée de navigation.

Malgré la fatigue, Sam et Remi avaient hâte de résoudre le mystère qui entourait la disparition de Frank. Ils avaient pris la navette du soir entre San Diego et le petit aéroport péninsulaire de Monterey où ils avaient loué un véhicule.

Avant même d'apercevoir la maison, ils comprirent que la propriété de Lewis « Bully » King, ou plus exactement le terrain où elle était bâtie, valait des millions. La vue sur la baie de Monterey était un luxe hors de prix. D'après Charlie King, son père l'avait achetée au début des années 1950. Depuis, les prix de l'immobilier avaient tellement grimpé qu'une vieille cabane de prospecteur coûtait autant qu'une mine d'or.

L'écran de navigation encastré dans le tableau de bord émit un léger carillon, signalant le prochain virage. Dans le faisceau des phares, les Fargo aperçurent une boîte aux lettres solitaire juchée sur un piquet.

« On y est », dit Remi en lisant le numéro.

Sam s'engagea dans une allée bordée de petits conifères et d'une barrière en bois branlante, autrefois blanche, qui ne tenait debout que grâce aux plantes grimpantes entrelacées sur ses piquets. Sam laissa la voiture s'arrêter devant une maison en bois de cent mètres carrés, coiffée d'un toit en pente. Deux petites fenêtres condamnées flanquaient la porte d'entrée, dominant quelques marches en ciment délabrées. Le vert foncé de la façade d'origine tirait aujourd'hui sur le caca d'oie.

Au bout de l'allée, en partie collé à l'arrière de la maison, on apercevait un garage avec un auvent de guingois.

« C'est bien une villa des années 1950, dit Remi. Le strict minimum.

— Il doit bien y avoir huit mille mètres carrés de terrain. C'est un miracle qu'il ait échappé aux promoteurs.

— Mais cette propriété n'appartient pas à n'importe qui.

— Exact, dit Sam. Je dois avouer que cet endroit me fiche un peu la chair de poule.

— Sacrément, tu veux dire. On y va ? »

Sam éteignit les phares et coupa le moteur. Pour seule lumière, ils se contentèrent dans un premier temps du clair de lune qui perçait difficilement le rideau de brume. Sam prit une valise en cuir posée sur la banquette arrière, puis ils descendirent de voiture et claquèrent les portières. Dans le silence ambiant, ce bruit leur parut incongru. Sam sortit une minitorche LED de la poche de son pantalon et l'alluma.

Ils longèrent l'allée jusqu'au perron dont Sam, du bout du pied, vérifia d'abord la solidité des marches. D'un signe de tête, il invita Remi à le suivre, puis glissa dans la serrure la clé que Zhilan leur avait remise. Le mécanisme résista un peu puis s'ouvrit. Sam poussa doucement la porte qui grinça, comme il s'y attendait, et franchit le seuil, Remi sur ses talons.

« Donne-moi un peu de lumière », dit-elle.

Sam se tourna pour éclairer le mur près du chambranle. Remi trouva un interrupteur. Zhilan leur avait affirmé que l'électricité fonctionnait et, sur ce point, elle n'avait pas menti. Disposés aux trois coins du vestibule, des luminaires projetèrent des cônes jaunâtres sur les murs.

« Cette baraque n'est pas aussi abandonnée que King le laissait entendre », observa Sam. Non seulement les ampoules marchaient mais on ne voyait de poussière nulle part. « Il doit la faire nettoyer régulièrement.

— Cela ne te paraît pas bizarre ? demanda Remi. Il ne s'est pas débarrassé de cette maison que son père n'occupe plus depuis presque quarante ans, il l'a laissée dans son état d'origine et il s'arrange pour qu'elle reste propre alors que le jardin ressemble à une jungle.

— Charlie King est tellement bizarre que cela ne me surprend guère. Il m'a tout l'air d'un excentrique à la Howard Hughes, mis à part qu'il a les ongles courts et ne semble pas redouter les microbes. »

Remi éclata de rire. « Eh bien, il y a au moins une bonne nouvelle : les lieux sont si exigus que notre tournée d'inspection sera rapide. »

Elle avait raison. La maison de Bully se réduisait à presque rien. Depuis l'endroit où ils se tenaient, on apercevait une pièce de six mètres de côté tenant à la fois du bureau et de la tanière. Sur les murs est et ouest, de hautes bibliothèques bourrées de livres, de bibelots et de photos encadrées alternaient avec des vitrines contenant des fossiles et des pièces d'artisanat.

Au centre, une table de cuisine en forme de billot de boucher servait apparemment de bureau ; posés dessus, une vieille machine à écrire portable, des stylos, des crayons, des blocs de sténo et des livres empilés. Trois ouvertures dans le mur sud donnaient respectivement accès à une kitchenette, une salle de bains et une chambre. Sous les odeurs de naphtaline et de désodorisant, on percevait des relents de moisissure et de vieille colle pour papiers peints.

« À toi de jouer, Remi. Bully faisait – ou fait – partie de tes confrères. Pendant ce temps, je vais inspecter les autres pièces. Tu n'auras qu'à crier si jamais tu vois une chauve-souris.

— C'est pas drôle, Fargo. »

Remi était le courage incarné et ne rechignait devant aucune difficulté, mais elle détestait les chauves-souris. Leurs ailes de peau, leurs petites pattes griffues, leur minuscule groin de cochon éveillaient en elle des accès de peur primale. Chaque année, elle vivait la période d'Halloween comme une épreuve et, chez les Fargo, les vieux films de vampires étaient frappés d'interdiction.

Sam revint vers elle, lui souleva le menton du bout de l'index et l'embrassa. « Désolé.

— Excuses acceptées. »

Pendant que Sam visitait la kitchenette, Remi passa en revue les étagères chargées de livres, tous antérieurs aux années 1970, comme il fallait s'y attendre. Lewis King avait des goûts éclectiques. La plupart des ouvrages traitaient d'archéologie ou de disciplines connexes – anthropologie, paléontologie, géologie, etc. – mais parmi eux se glissaient des volumes de philosophie, de cosmologie, de sociologie, de littérature classique et d'histoire.

Sam réapparut en disant : « Rien d'intéressant dans les autres pièces. Et ici ?

— J'ai l'impression qu'il était… » Elle s'arrêta et se retourna vers son mari. « Il faudrait décider si nous devons parler de lui au passé. Crois-tu qu'il soit encore de ce monde ?

— Supposons que oui. C'était l'avis de Frank. »

Remi hocha la tête. « J'ai l'impression que Lewis est un homme fascinant. Je parierais qu'il a lu tous ces ouvrages, ou presque.

— S'il passait sa vie sur le terrain, comme disait King, je me demande comment il aurait pu en trouver le temps.

— C'est peut-être un lecteur rapide ? suggéra Remi.

— Possible. Qu'y a-t-il dans les vitrines ? »

Sam dirigea sa torche sur le meuble le plus proche, derrière Remi. Elle jeta un œil à l'intérieur. « Des pointes de Clovis », commenta-t-elle. Cette dénomination universellement admise désignait les pointes de javelot et de flèches fabriquées en pierre, en ivoire ou en os. « Bel assortiment. »

Ils entreprirent d'examiner le reste des vitrines. Aussi éclectique que sa bibliothèque, la collection archéologique de Lewis regroupait un grand nombre d'artefacts – tessons de poterie, bois de cervidés gravés, outils en pierre, éclats de bois pétrifié – mais également des pièces relevant des sciences historiques comme des fossiles, des pierres, des dessins de plantes et d'insectes disparus ou encore des fragments de manuscrits anciens.

Remi tapota la vitre d'un meuble contenant un parchemin écrit dans une langue qui ressemblait au devanagari, alphabet voisin du népalais. « C'est intéressant. Je suppose qu'il s'agit d'une reproduction. J'aperçois une inscription, comme une note de traducteur : *A. Kaalrami, université de Princeton*. Mais pas de traduction.

— Je vérifie », dit Sam en sortant son iPhone. Il lança le moteur de recherche Safari et attendit que l'icône du réseau 4G apparaisse dans la barre de menu. À sa place, une boîte de messages s'afficha :

Le front soucieux, Sam considéra un instant son écran puis ferma Safari et lança une application permettant la prise de notes. « Je n'arrive pas à me connecter. Regarde. »

Remi se tourna vers lui. « Quoi ? »

Il lui fit un clin d'œil et répéta : « Regarde. »

Elle s'approcha de l'écran et déchiffra la ligne que Sam venait de taper sur son iPhone :

Fais comme moi.

Remi comprit aussitôt. « Ça ne m'étonne pas que tu n'aies pas de réseau. Nous sommes en pleine cambrousse.

— À ton avis, est-ce qu'on a tout vu ?

— Je pense que oui. Maintenant, cherchons un hôtel pour la nuit. »

Ils éteignirent les lumières, repassèrent la porte d'entrée et donnèrent un tour de clé.

« Que se passe-t-il, Sam ? s'inquiéta Remi.

— J'ai capté un réseau sans fil avec cette adresse : 1651 False Pass Road. » Sam ralluma son écran et le montra à Remi.

« Ce ne serait pas un voisin ? demanda-t-elle.

— Non, le signal domestique moyen ne porte pas au-delà de cinquante mètres.

— De plus en plus bizarre, dit Remi. Je n'ai pas vu de modem, ni de routeur. Pourquoi une maison prétendument abandonnée aurait-elle besoin d'un réseau sans fil ?

« — Je ne vois qu'une seule raison et, si l'on considère la personne de King, elle n'est pas aussi fantaisiste qu'elle paraît : la surveillance.

— Des caméras ?

— Et/ou des micros.

— King nous espionne ? Pourquoi ?

— Je l'ignore mais j'ai très envie de le savoir. Il faut qu'on refasse un tour à l'intérieur. Allons jeter un œil à côté.

— Et s'il y avait des caméras extérieures ?

— Elles sont difficiles à cacher. Nous ferons attention. »

Tout en se dirigeant vers le garage, il fit courir le faisceau de sa torche sur la façade de la maison et les corniches du toit. Au coin, il s'arrêta et passa la tête. « Rien », dit-il en reculant. Arrivé devant la porte latérale du garage, il tenta d'actionner la poignée. Le verrou était mis. Sam ôta son coupe-vent, l'entoura autour de son poing droit et pressa sur la vitre au-dessus de la poignée. Il insista jusqu'à ce que le verre se brise avec un petit bruit assourdi, nettoya les bouts coupants qui restaient en place et glissa la main à l'intérieur pour déverrouiller la porte.

Il ne lui fallut qu'une minute pour trouver le panneau électrique dont il ouvrit le couvercle. C'était un vieux disjoncteur, mais certains fusibles avaient l'air relativement neufs.

« Et maintenant ? demanda Remi.

— Je ne tripote pas les fusibles. »

Il fit glisser le rayon de sa torche vers le bas et tomba sur le compteur. À l'aide de son canif, il coupa le fil de plomb, ouvrit le coffrage et abaissa la manette d'alimentation.

« Si King n'a pas caché un générateur ou des batteries quelque part, ça devrait marcher », dit Sam.

Ils remontèrent sur le perron. Remi sortit son iPhone pour voir s'il captait le réseau sans fil. Il avait disparu. « Dégagé, dit-elle.

— Allons voir ce que Charlie King dissimule là-dedans. »

Remi fila droit vers la vitrine qui contenait le parchemin devanagari. « Sam, passe-moi mon appareil photo, veux-tu ? »

Sam ouvrit la mallette qu'il avait posée sur un fauteuil, sortit le Canon G10 de Remi et le lui tendit. Quand elle eut photographié la première vitrine, elle passa à la suivante. « Je vais en profiter pour tout répertorier. »

Sam approuva d'un hochement de tête. Les mains sur les hanches, il examina les bibliothèques et effectua un rapide calcul mental : cinq cents à six cents volumes, estima-t-il. « Je vais les regarder de plus près. »

Sam comprit très vite que la personne embauchée par Charles King pour nettoyer la maison avait négligé ces rayonnages. Le dos des livres était propre mais la tranche supérieure était couverte d'une épaisse couche de poussière. Avant de retirer chaque volume, Sam inspectait les plats sous le rayon de sa torche pour vérifier la présence d'éventuelles empreintes. Mais apparemment, personne n'y avait touché depuis au moins dix ans.

Deux heures et une centaine d'éternuements plus tard, ils replaçaient le dernier livre dans sa fente. Après avoir terminé sa couverture photographique, Remi avait aidé son mari à feuilleter les derniers volumes.

« Rien de mon côté, dit Sam en s'essuyant les mains sur son pantalon. Et toi ?

— Rien non plus. Mais j'ai trouvé quelque chose d'intéressant dans l'une des vitrines. »

Elle ralluma son appareil photo et fit défiler les images. Sam examina le cliché sur lequel elle s'était arrêtée. « Qu'est-ce que c'est que ça ?

— Je n'en suis pas tout à fait sûre, mais je pencherais pour des fragments d'œuf d'autruche.

— Et ces signes gravés dessus ? Des caractères d'écriture ? Des dessins ?

— Je l'ignore. Je les ai tous sortis de la vitrine pour les photographier un par un.

— Que signifient-ils ?

— Pour nous, probablement rien. Dans un contexte plus vaste… » Remi haussa les épaules. « Peut-être beaucoup. »

En 1999, quelque part en Afrique du Sud, sur un site nommé Diepkloof Rock Shelter, expliqua-t-elle, une équipe d'archéologues français avait découvert dans un abri sous roche 270 fragments de coquilles d'œufs d'autruche gravés de motifs géométriques. Ces vestiges vieux de 55 000 à 65 000 ans appartenaient à ce qu'on appelle la culture lithique d'Howiesons Poort.

« Les spécialistes ne s'accordent pas sur le sens de ces inscriptions, poursuivit Remi. Pour certains, il s'agit de simples dessins ; pour d'autres, ce sont des cartes ; pour d'autres encore, une forme de langage écrit.

— Ceux-ci leur ressemblent-ils ?

— Comme ça, j'aurais du mal à l'affirmer. Mais ils sont du même type que les fragments sud-africains, conclut Remi, bien que leur découverte précède celle de Diepkloof d'au moins trente-cinq ans.

— Peut-être que Lewis ignorait leur valeur scientifique.

— J'en doute. Tout archéologue digne de ce nom est capable de les identifier. Une fois que nous aurons trouvé Frank et que la situation sera redevenue normale » – comme Sam ouvrait la bouche pour parler, Remi corrigea – « normale pour nous, je creuserai la question. »

Sam soupira. « Donc pour l'instant, le seul objet qui ait un lien avec le Népal est ce parchemin devanagari. »

# 4

Sam et Remi se réveillèrent en entendant le pilote annoncer leur prochain atterrissage à Tribhuvan, l'aéroport international de Katmandou. Ils venaient de passer trois jours à sauter d'un avion à l'autre, aussi mirent-ils au moins trente secondes à émerger. Leur vol United-Cathay Pacific-Royal Nepal avait duré presque trente-deux heures.

Sam se redressa, étira les bras au-dessus de sa tête, puis régla sa montre sur la pendule digitale affichée sur l'écran devant lui. À ses côtés, Remi avait du mal à soulever les paupières. « Je donnerais tout pour une bonne tasse de café, murmura-t-elle.

— L'avion atterrit dans vingt minutes. »

Remi réussit enfin à ouvrir les yeux. « Ah, j'avais presque oublié. »

Ces dernières années, le Népal s'était mis à produire du café et les Fargo savaient que les fèves qui poussaient dans la région d'Arghakhanchi donnaient le meilleur petit noir du monde.

Sam lui sourit. « Je t'en achèterai autant que tu voudras.

— Mon héros. »

L'avion s'inclina fortement sur l'aile. Ils en profitèrent pour admirer le paysage derrière le hublot. Dans l'imaginaire de la plupart des touristes, le nom de Katmandou est associé à des visions exotiques : temples bouddhistes, moines en robe orange, randonneurs, alpinistes, encens, épices, cabanes en planches, vallées ombragées entre les hauts sommets de l'Himalaya. Le voyageur qui débarque pour la première fois ne s'attend bien sûr pas à découvrir une métropole fourmillante de 750 000 habitants bénéficiant d'un taux d'alphabétisation de 98 %.

Quand on la voit du ciel, on a l'impression que la ville de Katmandou est tombée au beau milieu d'une vallée en forme de cratère, encadrée par quatre hauts massifs : le Shivapuri, le Phulchowski, le Nagarjun et le Chandragiri.

Sam et Remi, qui avaient déjà visité la région à deux reprises pour des vacances, savaient que malgré sa démographie, Katmandou n'était en réalité qu'un aggloméat de villages de taille moyenne traversés par des courants de modernité. Au cœur du même pâté de maisons, on pouvait trouver un temple millénaire dédié au dieu Shiva et une boutique de téléphones portables ; dans les plus grandes avenues, des taxis hybrides flambant neufs et des rickshaws multicolores se faisaient concurrence ; sur une place, on voyait face à face une brasserie munichoise et une échoppe à l'ancienne proposant des bols de *chaat* aux passants. Sans oublier les centaines de temples et de monastères agglutinés au flanc des montagnes et au sommet des crêtes escarpées qui entouraient la cité, dont certains étaient plus anciens qu'elle.

Forts de leur expérience, Sam et Remi franchirent sans trop de difficultés les services de douane et d'immigration, et se retrouvèrent bientôt à l'extérieur du terminal, à attendre un taxi sous un auvent incurvé de style contemporain. Un enduit immaculé à base de terracotta recouvrait la façade du bâtiment dont le toit incliné était orné de centaines de niches rectangulaires.

« Quel hôtel Selma nous a-t-elle réservé ?

— Le Hyatt Regency. »

Remi approuva d'un signe de tête. Lors de leur dernière visite, afin de s'immerger dans la culture népalaise, ils avaient pris un hôtel au hasard pour découvrir ensuite qu'il côtoyait un enclos de yacks, ruminants fort peu enclins à respecter le calme et le sommeil des humains.

Sam s'avançait pour héler un taxi quand, derrière eux, une voix masculine retentit : « Seriez-vous monsieur et madame Fargo ? »

Sam et Remi firent volte-face et découvrirent un homme et une femme âgés d'une petite vingtaine d'années. Non seulement ils se ressemblaient comme deux gouttes d'eau, mais ils étaient les copies conformes de Charles King, à un détail près. En effet, si les enfants King avaient les cheveux pâles de leur père, ses yeux bleus et son sourire éclatant, on devinait également sur leur visage une subtile mais indéniable ascendance asiatique.

Remi jeta un regard discret à Sam, qu'il interpréta spontanément et avec exactitude : elle avait deviné juste à propos de Zhilan Hsu, encore que sa relation avec King dépassât le cadre d'une simple liaison.

« C'est bien possible », répondit Sam.

Le jeune homme, auquel son père avec légué sa stature mais pas sa corpulence, les gratifia d'une vigoureuse poignée de main. « Je suis Russell. Et voici ma sœur Marjorie.

— Sam… Remi. Nous ne nous attendions pas à une telle réception.

— C'est une initiative personnelle, expliqua Marjorie. Nous sommes ici pour nous occuper des affaires de papa, alors cela ne nous dérange pas.

— Si vous n'êtes jamais venus à Katmandou, dit Russell, vous risquez d'être un peu déphasés. Nous avons une voiture. Laissez-nous vous conduire à votre hôtel. »

Le Hyatt Regency se situait à trois kilomètres au nord-ouest de l'aéroport. La berline Mercedes-Benz des enfants King roulait sans heurts mais assez lentement. Son habitacle insonorisé et ses vitres teintées donnaient au trajet un côté surréaliste. Russell conduisait adroitement dans les ruelles encombrées tandis que Marjorie, assise à côté, leur présentait la ville en débitant son commentaire sur le ton monotone d'un guide touristique blasé.

Quand ils s'arrêtèrent enfin devant la porte à tambour du Hyatt, Sam et Remi eurent à peine le temps de poser la main sur les poignées que déjà Russell et

Marjorie descendaient de voiture et se précipitaient pour leur ouvrir.

Comme celle du terminal de l'aéroport, l'architecture du Hyatt Regency conjuguait modernisme et tradition : une façade en terracotta, haute de six étages, surmontée d'un toit en pagode. Magnifiquement entretenu, le terrain occupait huit hectares autour du bâtiment.

Dès qu'un groom s'approcha de la Mercedes, Russell aboya quelques mots en népalais. L'homme hocha vigoureusement la tête avec un sourire forcé, puis sortit les bagages du coffre et disparut dans le vestibule de l'hôtel.

« Nous vous laissons vous installer, dit Russell en leur tendant à chacun une carte de visite. Appelez-moi plus tard. Nous discuterons de la manière dont vous comptez procéder.

— Procéder ? » répéta Sam.

Marjorie sourit. « Désolée, papa a probablement oublié de vous en parler. Il nous a demandé de vous servir de guides pendant que vous chercherez monsieur Alton. On se voit demain ! »

Avec des sourires identiques et des gestes d'adieu quasiment synchronisés, les enfants King remontèrent dans la Mercedes.

Sam et Remi les regardèrent s'éloigner, puis Remi murmura : « Y a-t-il quelqu'un de normal dans la famille King ? »

Quarante-cinq minutes plus tard, confortablement installés dans leur suite, ils savouraient un délicieux café.

Après un après-midi de repos au bord de la piscine, ils regagnèrent leurs appartements pour l'apéritif. Sam commanda un Sapphire Bombay Gin Gibson et Remi un Ketel One Cosmopolitan. Puis ils terminèrent la lecture du dossier que Zhilan leur avait remis à l'aéroport de Palembang. Bien qu'il parût exhaustif à première vue, ils n'y trouvèrent pas de quoi orienter leurs premières recherches.

« Je dois admettre que la combinaison des gènes de Zhilan Hsu et de Charlie King a produit… des résultats intéressants, dit Remi.

— C'est la version diplomatique, Remi. Soyons honnêtes : Russell et Marjorie sont effrayants. Si l'on combine leur obséquiosité et leur froideur, on obtient un couple de tueurs en série à la sauce hollywoodienne. As-tu décelé une quelconque ressemblance avec Zhilan ?

— Non, et j'espère presque qu'ils n'en ont pas. Si Zhilan est leur mère, cela signifie qu'elle avait dix-huit ou dix-neuf ans à leur naissance.

— Et King une quarantaine d'années.

— As-tu remarqué qu'ils n'ont pas l'accent du Texas ? Je trouve même qu'ils prononcent les voyelles comme s'ils sortaient des meilleures universités de Nouvelle-Angleterre.

— Ce qui veut dire que papa les a expédiés loin du Texas pour leurs études. Je me demande comment ils ont su quel vol nous prenions.

— Charlie King veut nous en mettre plein la vue. Et nous montrer qu'il a le bras long.

— Probablement. Cela expliquerait aussi pourquoi il ne nous a pas avertis de leur présence ici. Un type aussi puissant que lui doit adorer prendre les gens au dépourvu.

— Je ne saute pas de joie à l'idée que Ken et Barbie vont nous suivre partout.

— Moi non plus, mais faisons bonne figure demain et voyons ce qu'ils connaissent des activités de Frank. Je soupçonne vaguement les King d'en savoir beaucoup plus qu'ils ne le disent.

— Je suis bien d'accord, répondit Remi. D'où qu'on prenne le problème, on aboutit à la même conclusion : King essaie de nous manipuler. La question est : pourquoi ? Parce que c'est un maniaque doublé d'un despote ou parce qu'il cache quelque chose ? »

On sonna à la porte. Sam alla récupérer l'enveloppe qui venait d'être glissée dessous. « Ah, c'est la confirmation de notre réservation pour le dîner.

— Vraiment ?

— Enfin, si tu peux être prête dans trente minutes, ajouta Sam.

— Où allons-nous ?

— Chez Bhanchka et Ghan.

— Tu t'en es souvenu ?

— Comment peut-on oublier une nourriture aussi mémorable ! Et l'ambiance. Rien de tel que la cuisine népalaise au Népal ! »

Vingt-cinq minutes plus tard, Remi s'était changée. Vêtue d'un chemisier et d'un pantalon Akris, elle tenait une veste assortie pliée sur le bras. Rasé de frais, Sam avait passé une chemise bleue Robert Graham et un pantalon gris foncé. Il l'entraîna hors de la chambre.

Remi ouvrit un œil à 4 heures du matin et ne fut pas vraiment étonnée de voir son mari installé dans le salon. Quand il tournait un problème dans sa tête, Sam Fargo ne dormait guère. Sous une lumière tamisée, il compulsait le dossier remis par Zhilan. D'un petit coup de hanche, Remi écarta l'enveloppe en papier kraft et s'assit sur ses genoux en serrant autour d'elle son déshabillé en soie La Perla.

« Je pense avoir trouvé ce qui cloche, dit-il.

— Montre-moi. »

Il chercha parmi plusieurs feuillets attachés par un trombone. « Voici les e-mails que Frank envoyait chaque jour à King. Ça commence le jour de son arrivée ici et ça se termine le matin de sa disparition. Les trois derniers messages diffèrent des autres. Tu ne remarques rien ? »

Remi les parcourut du regard. « Non, rien de particulier.

— Il les a signés Frank. Maintenant, regarde les précédents. »

Remi s'exécuta en pinçant les lèvres. « Il a juste marqué FA.

— C'est comme ça qu'il signe quand il m'écrit.

— Qu'est-ce que ça veut dire ?

— Soit Frank n'est pas l'auteur des trois derniers e-mails, soit il a voulu envoyer un signal de détresse.

— Il aurait utilisé un code plus élaboré.

— Ce qui nous laisse la première option. Il a disparu plus tôt que King ne le croit.

— Et quelqu'un s'est fait passer pour lui », conclut Remi.

*Quarante-cinq kilomètres
au nord de Katmandou, Népal*

Dans le crépuscule annonçant l'aurore, la Range Rover quitta la route principale et s'engagea sur une voie en lacet descendant vers la vallée. Ses phares balayèrent les cultures en terrasses, puis elle bifurqua et emprunta une étroite piste boueuse où elle roula en cahotant sur plusieurs centaines de mètres avant de franchir un pont. En dessous, coulait une rivière tumultueuse dont les eaux noires léchaient le bas des piliers. Sur la rive opposée, les feux de la Rover éclairèrent un bref instant une pancarte portant une inscription en népalais : « Trisuli ». Quatre cents mètres plus loin, le véhicule s'arrêta devant un bâtiment trapu en briques grises, surmonté d'un toit en zinc rapiécé. Près de la porte d'entrée en bois, une lumière jaune brillait à la fenêtre.

Russell et Marjorie King descendaient de voiture quand deux silhouettes apparurent de chaque côté de l'édifice et les interceptèrent. Les deux hommes portaient une arme automatique sanglée en travers du torse. Des torches s'allumèrent, éclairèrent le visage des jumeaux, puis s'éteignirent. L'un des gardes leur fit signe d'entrer.

À l'intérieur, un homme seul était assis derrière une table à tréteaux, sous la clarté d'une méchante lampe à pétrole.

« Colonel Zhou, marmonna Russell King.

— Bienvenue, chers amis américains dont j'ignore le nom. Veuillez vous asseoir. »

Ils s'installèrent sur le banc en face de Zhou. « Vous n'êtes pas en uniforme, fit remarquer Marjorie. Ne me dites pas que vous redoutez les patrouilles de l'armée népalaise. »

Zhou eut un petit rire. « Pas vraiment. Je suis sûr que mes hommes aimeraient s'exercer au tir sur eux, mais je doute que mes supérieurs apprécient que je traverse la frontière sans passer par le canal officiel.

— C'est vous qui avez fixé ce rendez-vous, dit Russell. Pourquoi nous avoir convoqués ici ?

— Il faut qu'on discute des permis que vous avez demandés.

— Des permis que nous avons payés, vous voulez dire ? répondit Marjorie.

— Autre façon de s'exprimer. Le périmètre dans lequel vous souhaitez pénétrer est lourdement gardé…

— Toute la Chine est lourdement gardée, observa Russell.

— Une partie seulement de ce périmètre est placée sous mon commandement.

— Cela n'a jamais posé de problème dans le passé.

— Les choses changent.

— Vous nous prenez pour des vaches à lait ? » dit Marjorie. Son visage était inexpressif mais ses yeux brillaient de colère.

« Je ne connais pas cette expression.

— Et "pot-de-vin", vous connaissez ? »

Le colonel Zhou se renfrogna. « C'est exagéré. Mais vous avez raison : j'ai déjà été payé. Malheureusement, mon service a subi une restructuration et je me retrouve avec davantage de bouches à nourrir, si vous voyez ce que je veux dire. Si je ne les nourris pas, elles se mettront à parler avec les mauvaises personnes.

— Peut-être devrions-nous discuter avec ces bouches plutôt qu'avec vous, dit Russell.

— Ne vous gênez pas. Mais en avez-vous le temps ? Si je me rappelle bien, il vous a fallu huit mois pour me trouver. Voulez-vous tout recommencer au début ? Vous avez eu de la chance avec moi. La prochaine fois, vous pourriez vous faire arrêter pour espionnage. Vous n'êtes à l'abri de rien.

— Vous jouez un jeu dangereux, colonel, gronda Marjorie.

— Pas plus dangereux que de traverser illégalement la frontière chinoise.

— Et pas plus dangereux, j'imagine, que d'omettre de vérifier si nous sommes armés. »

Zhou plissa les yeux et lança un regard vers la porte avant de revenir sur les jumeaux King. « Vous n'oseriez pas, dit-il.

— Elle en est capable, dit Russell. Et moi aussi. Ne vous faites pas d'illusions. Mais pas maintenant. Pas cette nuit. Colonel, si vous nous connaissiez mieux, vous réfléchiriez à deux fois avant d'essayer de nous extorquer de l'argent.

— J'ignore peut-être vos noms mais je vois quel genre de personnes vous êtes. Et j'ai ma petite idée sur ce que vous recherchez.

— Combien vous faut-il pour nourrir ces bouches supplémentaires ? demanda Russell.

— Vingt mille – en euros, pas en dollars. »

Les jumeaux se levèrent. « L'argent sera viré sur votre compte avant la fin de la journée, dit Russell. Nous vous contacterons quand nous serons prêts à traverser. »

La fraîcheur de l'air nocturne, l'absence totale de bruits de circulation et le tintement des cloches au cou des yacks étaient pour lui autant de signes révélateurs. Il se trouvait donc quelque part en altitude, sur les contreforts de l'Himalaya. Comme on lui avait bandé les yeux après l'avoir poussé dans la camionnette, il n'avait aucun moyen de savoir à quelle distance de Katmandou ces gens l'avaient emmené. Dix ou cent kilomètres, cela revenait au même, de toute manière. Une fois qu'on avait quitté la vallée où se nichait la ville, n'importe qui pouvait disparaître sans laisser de traces – ce ne serait certainement pas la première fois. Avec tous ces ravins, ces grottes, ces dolines, ces crevasses… des cachettes pour certains, des tombes pour d'autres.

Le sol et les murs de la cabane où on l'avait enfermé étaient faits de planches grossièrement sciées. Son lit de camp aussi, dont le matelas de paille sentait vaguement le crottin. Quant au poêle, il l'imaginait vétuste et ventripotent. Chaque fois que ses ravisseurs venaient raviver le feu, sa trappe se refermait en claquant. Par-dessus les odeurs de fumée, il reniflait parfois les émanations de l'essence servant à l'allumer, cette même essence qu'utilisent les randonneurs et les alpinistes.

On le détenait dans un ancien gîte pour trekkeurs, trop éloigné des sentiers balisés pour recevoir des visites.

Depuis son enlèvement, ses ravisseurs n'avaient pas prononcé plus d'une vingtaine de mots devant lui. Ils lui donnaient des ordres dans un anglais à couper au couteau : assis, debout, manger, toilettes… Le deuxième jour, néanmoins, il avait surpris des bribes de conversation à travers la cloison. Il n'en avait pas compris le sens mais avait reconnu des mots népalais. Il avait été kidnappé par des gens de la région. Mais qui ? Des terroristes ou des guérilleros ? Aucun groupuscule de ce genre n'opérait sur le territoire népalais. De simples malfrats ? Peu probable. On ne lui avait fait enregistrer aucune demande de rançon, ni écrire aucune lettre. On ne l'avait pas maltraité non plus. Il mangeait à sa faim, buvait abondamment, et son sac de couchage était adapté aux températures négatives. Quand ils le saisissaient, c'était d'une main ferme mais pas brutale. Pour la énième fois, il se demanda à qui il avait affaire. Et ce qu'il faisait là.

Pour l'instant, ils n'avaient commis qu'une seule grosse erreur. Ils lui avaient fermement lié les poignets, avec une corde d'escalade sans doute, en omettant de vérifier s'il y avait des arêtes coupantes à l'intérieur de la cabane. Très vite, il en avait trouvé quatre : les montants de son lit dépassaient de quelques centimètres au-dessus du matelas. Le bois n'était pas raboté. Rien à voir avec la lame d'une scie, mais c'était déjà un début.

# 5

*Katmandou, Népal*

Comme ils l'avaient annoncé, Russell et Marjorie passèrent la porte à tambour du Hyatt à 9 heures tapantes, le lendemain matin. L'œil vif, le sourire aux lèvres, les jumeaux gratifièrent Sam et Remi d'une nouvelle tournée de poignées de main, avant de les guider en toute hâte vers la Mercedes. Le ciel était d'un bleu lumineux, l'air piquant.

« Où allons-nous ? demanda Russell en s'écartant du trottoir.

— Si nous allions sur les lieux que Frank Alton a le plus explorés ? proposa Remi.

— Pas de problème, répondit Marjorie. Dans les e-mails qu'il adressait à papa, il parlait beaucoup des gorges de Chobar, à quelques kilomètres d'ici, au sud-est. C'est à cet endroit que la rivière Bagmati quitte la vallée. »

Ils roulèrent en silence durant quelques minutes.

« Si c'est votre grand-père qui a été photographié à Lo Manthang…, dit Sam.

— Vous n'y croyez pas ? le coupa Russell en lui jetant un coup d'œil dans le rétroviseur. Papa y croit, lui.

— Je tiens le rôle de l'avocat du diable, c'est tout. Si c'est votre grand-père, que faisait-il dans les parages, d'après vous ?

— Aucune idée, répondit Marjorie avec désinvolture.

— Votre père ne semble pas très au courant des recherches de Lewis. Et vous ?

— Des trucs d'archéologue, j'imagine, répliqua Russell. Nous ne l'avons pas connu. On sait juste ce que papa nous a raconté.

— Ne le prenez pas mal, mais avez-vous seulement songé à vous renseigner sur les projets de Lewis ? Cela aurait pu faciliter les recherches.

— Papa nous donne beaucoup de travail à faire, dit Marjorie. En plus, c'est à cela que servent les experts qu'il engage, les gens comme vous deux et monsieur Alton. »

Sam et Remi échangèrent un regard. Pas plus que leur père, les jumeaux King ne semblaient passionnés par la vie de Lewis. Leur détachement avait même quelque chose de pathologique.

« Quelle école avez-vous fréquentée ? demanda Remi pour changer de sujet.

— Aucune, répondit Russell. Papa nous payait des précepteurs.

— Qu'avez-vous fait de votre accent du Texas ? »

Marjorie ne répondit pas tout de suite. « Oh, je vois ce que vous voulez dire. À l'âge de quatre ans, il nous a envoyés chez notre tante dans le Connecticut. Nous y sommes restés jusqu'à la fin de notre scolarité, puis nous sommes revenus à Houston pour travailler avec lui.

— Donc vous ne l'avez pratiquement jamais vu pendant votre enfance ? s'étonna Sam.

— C'est un homme très occupé. » Dans la réponse de Marjorie, on ne percevait aucune trace de rancœur. À l'entendre, on aurait pu croire parfaitement normal d'envoyer ses enfants dans un autre État pendant quatorze ans et de confier leur éducation à des précepteurs et d'autres membres de la famille.

« Vous posez beaucoup de questions, dit Russell.

— Nous sommes horriblement curieux, répondit Sam. Déformation professionnelle. »


Sam et Remi n'attendaient pas grand-chose de leur visite aux gorges de Chobar, si bien qu'ils ne furent pas déçus. Russell et Marjorie leur montrèrent quelques endroits remarquables en leur resservant les mêmes discours lénifiants, dignes des pires guides touristiques.

De retour à la voiture, Sam et Remi demandèrent à voir un autre site : l'épicentre historique de la ville, autrement dit la place Durbar qui abritait quelque cinquante temples.

Comme c'était prévisible, cette visite se révéla aussi inutile que la précédente. Suivis comme leurs ombres par les jumeaux King, Sam et Remi arpentèrent la place et ses environs pendant une heure en faisant semblant de prendre des photos et des notes tout en consultant leur carte. Finalement, peu avant midi, ils voulurent regagner leur hôtel.

« Vous avez fini ? s'enquit Russell. Vous en êtes sûrs ?

— Sûrs et certains, dit Sam.

— Nous serions ravis de vous conduire là où vous souhaitez vous rendre, renchérit Marjorie.

— Nous devons effectuer quelques recherches avant de continuer, précisa Remi.

— Pour cela aussi, nous pouvons vous aider. »

Sam prit un ton sévère. « À l'hôtel, s'il vous plaît. »

Russell haussa les épaules. « Comme vous voudrez. »


Depuis le hall de l'hôtel, ils regardèrent la Mercedes s'éloigner. Sam sortit son iPhone et vérifia ses messages. « Selma a appelé. » Il écouta un instant puis dit : « Elle a déterré une info au sujet de la famille King. »

De retour dans leur chambre, Sam mit son téléphone sur haut-parleur et appuya sur la touche de rappel. Après une série de craquements, ils entendirent un déclic. « Pas trop tôt, s'écria Selma.

— Nous étions en balade avec les jumeaux King.

— Des résultats ?

— Dans un sens oui. Nous avons plus que jamais envie de leur fausser compagnie, dit Sam. Et de ton côté ?

— Pour commencer, j'ai trouvé une personne capable de traduire le parchemin devanagari que vous avez photographié chez Lewis.

— Fantastique, dit Remi.

— Et les bonnes nouvelles ne s'arrêtent pas là. C'est cette même personne qui a traduit le document à l'époque – la fameuse A. Kaalrami de Princeton. Elle se prénomme Adala, elle aura bientôt soixante-dix ans et elle enseigne à… Vous voulez deviner ?

— Non, trancha Sam.

— À l'université de Katmandou.

— Selma, tu es un vrai génie, s'exclama Remi.

— En règle générale, c'est parfaitement vrai, madame Fargo, mais cette fois-ci, il s'agit simplement d'un coup de chance. Je vous envoie les coordonnées du professeur Kaalrami. Bon, passons à la suite : la famille King. Après avoir tourné en rond un certain temps, j'ai fini par recourir à Rube Haywood. Il me transmettra les infos dès qu'il mettra la main dessus. Mais je peux d'ores et déjà vous donner du grain à moudre. King n'est pas leur véritable patronyme. C'est la version anglicisée de l'allemand Konig. Et à l'origine, Lewis se prénommait Lewes.

— Pourquoi ces changements ? demanda Remi.

— Nous n'en sommes pas sûrs à cent pour cent, mais une chose au moins est avérée : Lewis a émigré en Amérique en 1946 et a obtenu un poste de professeur à l'université de Syracuse. Deux ans après, il est parti courir le monde en laissant derrière lui sa femme et son fils Charles, âgé de quatre ans.

— Quoi d'autre ?

— J'ai découvert quel genre d'affaires Russell et Marjorie traitent au Népal. L'année dernière, l'une des compagnies minières de King – SRG, soit Strategic Ressources Group – a obtenu du gouvernement népalais l'autorisation d'entreprendre, je cite : "des études exploratoires liées à l'exploitation de métaux industriels et précieux".

— Ce qui signifie quoi, précisément ? intervint Remi. Cet intitulé est terriblement vague.

— Volontairement vague, renchérit Sam.

« — La compagnie n'est pas cotée en Bourse, répondit Selma. Donc il est difficile d'obtenir des renseignements sur elle. Néanmoins, je sais que SGR a loué deux sites, situés au nord-est de la ville.

— Ça se complique, dit Remi. Reprenons : les jumeaux King supervisent une opération minière familiale à l'endroit même et au moment précis où Frank disparaît en enquêtant sur le père de Charles, lequel père a peut-être – ou peut-être pas – passé les quarante dernières années à hanter les massifs himalayens. Est-ce que j'oublie quelque chose ?

— Ça me paraît correct, dit Sam.

— Voulez-vous des détails sur les sites exploités par SRG ? demanda Selma.

— Pour l'instant, garde cela par-devers toi, répondit Sam. À première vue, je ne fais pas le lien avec notre affaire mais, connaissant Charlie King, on ne sait jamais. »

Après avoir demandé au concierge du Hyatt de leur louer une voiture, ils prirent la route à bord d'une Nissan X-Trail. Sam était au volant et Remi, qui jouait les copilotes, avait étalé un plan de Katmandou sur le tableau de bord.

L'une des leçons qu'ils avaient apprises (et aussitôt oubliées) lors de leur dernier séjour à Katmandou, quelque six années auparavant, leur revint en mémoire peu après leur départ.

En dehors des grandes artères comme Trivedi et Ring Road, la plupart des rues de Katmandou ne portaient pas de nom. Quand les autochtones vous indiquaient le chemin, ils vous donnaient des points de repère, en général des intersections ou des places – respectivement *chowks* et *toles* – et, de temps en temps, des temples ou des marchés. Les gens qui ne connaissaient pas ces points de repère devaient se contenter d'une carte et d'une boussole.

En l'occurrence, Sam et Remi eurent de la chance. L'université de Katmandou se trouvait à une vingtaine de kilomètres de leur hôtel, sur les contreforts à l'est de la ville. Après avoir tourné pendant vingt minutes à la recherche de l'autoroute Arniko, ils poursuivirent leur chemin sans encombre et pénétrèrent sur le campus au bout d'une heure seulement.

Guidés par les pancartes écrites en népalais et en anglais, ils tournèrent à gauche dès l'entrée puis s'engagèrent sur une allée arborée, jusqu'à un bâtiment en briques et en verre, qui donnait sur une parcelle ovale garnie de fleurs sauvages. Ils garèrent la voiture, franchirent des portes vitrées et se présentèrent au bureau d'information.

La jeune femme indienne assise au comptoir parlait l'anglais d'Oxford. « Bonjour, bienvenue à l'université de Katmandou. Que puis-je faire pour vous aider ?

— Nous cherchons le professeur Adala Kaalrami, dit Remi.

— Oui. Un moment, je vous prie. » La femme tapa sur un clavier posé sous le comptoir, puis étudia son écran. « Le professeur Kaalrami reçoit un doctorant dans la bibliothèque. Le rendez-vous se termine à 15 heures. » La femme produisit un plan du campus sur lequel elle pointa leur emplacement actuel et celui de la bibliothèque.

« Merci », dit Sam.

De taille modeste, le campus de Katmandou comportait une douzaine de grands bâtiments rassemblés au sommet d'une butte. En contrebas, des cultures en terrasses et des zones densément boisées s'étendaient sur des kilomètres carrés. Au loin, on apercevait l'aéroport international Tribhuvan, au nord duquel se dessinaient, à peine visibles, les toits en pagode de l'hôtel Hyatt Regency.

Après avoir emprunté un trottoir bordé de haies sur une centaine de mètres, ils se retrouvèrent devant la porte de la bibliothèque. Une fois à l'intérieur, un membre du personnel leur indiqua une salle de conférences située au premier étage. En arrivant devant la porte, ils virent sortir un étudiant. Dans la salle, une Indienne d'un certain âge, dont le sari rouge et vert enveloppait les formes rebondies, était assise à une grande table ronde.

« Pardon de vous déranger, dit Remi, mais seriez-vous le professeur Adala Kaalrami ? »

La femme leva la tête et les observa à travers une paire de lunettes à monture sombre. « Oui, c'est bien moi. » Elle s'exprimait avec un fort accent et cette légère inflexion mélodieuse commune à la plupart des Indiens anglophones.

Remi fit les présentations, puis demanda s'ils pouvaient s'asseoir. Kaalrami leur désigna les deux chaises en face d'elle.

« Le nom de Lewis King vous évoque-t-il quelque chose ? attaqua d'emblée Sam.

— Bully ? répondit-elle sans l'ombre d'une hésitation.

— Oui. »

Un grand sourire éclaira son visage, laissant apparaître un bel espace entre ses incisives. « Oh oui, je me souviens parfaitement de Bully. Nous étions… amis. » L'étincelle qui s'alluma dans son regard leur apprit que cette relation avait outrepassé la simple amitié. « À l'époque, j'enseignais à Princeton. J'ai rejoint l'université Tribhuvan dans le cadre d'un échange. L'université de Katmandou n'existait pas encore. Bully et moi nous sommes rencontrés lors d'une réception officielle. Pourquoi cette question ?

— Nous sommes à la recherche de Lewis King.

— Tiens ! Vous êtes des chasseurs de fantômes, alors.

— J'en conclus que d'après vous, il est mort, répliqua Remi.

— Oh, je n'en sais rien. Bien sûr, j'ai entendu dire qu'il réapparaissait périodiquement, mais personnellement, je ne l'ai jamais revu et les quelques photos que j'ai eues sous les yeux m'ont laissée dubitative. Cela remonte à quarante ans. Je me plais à penser que s'il était encore vivant, il m'aurait rendu visite. »

Sam retira une enveloppe en papier kraft de sa serviette, sortit une copie du parchemin devanagari et la fit glisser sur la table. « Vous reconnaissez ceci ? »

Elle prit le temps d'observer le document. « Oui. C'est ma signature. J'ai traduit ce texte pour Bully en… » Kaalrami réfléchit en pinçant les lèvres. « 1972.

— Que pouvez-vous nous apprendre sur ce parchemin ? demanda Sam. Lewis vous a-t-il dit où il l'avait trouvé ?

— Non.

89

— Pour moi, cette écriture ressemble à du devanagari, fit Remi.

— Très bien, ma chère. Vous n'êtes pas tombée loin. En fait, c'est du lowa. Une langue rare, bien qu'elle soit encore parlée. Selon les dernières estimations, seules quatre mille personnes l'utilisent encore. Surtout au nord du Népal, le long de la frontière chinoise, dans une région qu'on appelait…

— Le Mustang, proposa Sam.

— Oui, c'est exact. Et vous l'avez prononcé correctement. Un bon point pour vous. La plupart des locuteurs lowa vivent à Lo Manthang ou dans ses environs. Le saviez-vous ou est-ce un heureux hasard ?

— Une supposition. La seule piste dont nous disposons pour l'instant est une photo de groupe où Lewis King est censé figurer. Elle a été prise voilà un an à Lo Manthang. Nous avons trouvé ce parchemin dans la maison de Lewis.

— Avez-vous cette photo sur vous ?

— Non », dit Remi en jetant un coup d'œil à Sam. Leur expression disait clairement : pourquoi ne pas en avoir demandé un exemplaire ? Erreur de débutants. « Je crois néanmoins que nous pourrons l'obtenir.

— Si cela ne vous ennuie pas trop. Si c'est vraiment lui, je le reconnaîtrai sûrement.

— Quelqu'un d'autre vous a-t-il interrogée récemment au sujet de King ? »

Kaalrami replongea dans ses souvenirs en se tapotant la lèvre du bout de l'index. « Il y a un an, peut-être un peu plus, deux jeunes gens étaient assis là, à votre place. Un couple plutôt bizarre physiquement…

— Des jumeaux ? Cheveux blonds, yeux bleus, traits asiatiques ?

— Oui ! Je ne les ai pas trouvés sympathiques. Je sais que ce n'est pas très gentil mais, pour être honnête, il y avait quelque chose en eux… » Kaalrami haussa les épaules.

« Vous rappelez-vous ce qu'ils vous ont demandé ?

— Ils m'ont posé des questions d'ordre général au sujet de Bully – si j'avais gardé ses lettres, si je me rappelais ce qu'il disait sur ses travaux dans la région. Je n'ai pas pu les aider.

— Vous ont-ils montré une copie de ce parchemin ?

— Non.

— Nous ne possédons pas la traduction d'origine. Cela vous ennuierait-il de… ?

— Je peux vous résumer le texte, mais une traduction écrite prendra un petit bout de temps. Je pourrai m'y mettre ce soir, si vous voulez.

— Merci, dit Remi. Nous vous en sommes très reconnaissants. »

Le professeur Kaalrami ajusta ses lunettes, posa le parchemin bien en face d'elle, et suivit lentement les lignes avec le doigt. Ses lèvres remuaient en silence.

Au bout de cinq minutes, elle leva les yeux et s'éclaircit la gorge.

« C'est un genre d'édit royal. La phrase lowa se transpose difficilement en anglais mais il s'agit d'un ordre officiel. Aucun doute là-dessus.

— Est-il daté ?

— Non, mais si vous regardez ici, dans le coin en haut à gauche, vous verrez qu'il manque du texte. Le document original était-il complet ?

— Je l'ai photographié en l'état. Vous rappelez-vous s'il y avait une date sur l'original que vous avez eu entre les mains ?

— Non hélas.

— Pourriez-vous hasarder une estimation ?

— Ne me croyez pas sur parole, mais je dirais que ce texte est vieux de six cents ou sept cents ans.

— Poursuivez, je vous prie, l'encouragea Sam.

— Comme je disais, il vous faudra attendre la version écrite…

— Nous comprenons.

— C'est un ordre donné à un groupe de soldats… des soldats particuliers, appelés Sentinelles. On leur commande d'accomplir une certaine mission – son contenu détaillé doit être consigné dans un autre document, je présume. Cette mission consiste à retirer un objet, le Theurang, de sa cachette et à le mettre en lieu sûr.

— Pour quelle raison ?

— À cause d'un événement particulier. Une invasion ennemie.

— Ce Theurang est-il décrit dans le texte ?

— Je ne crois pas. Je suis désolée, mais mes souvenirs sont vagues. Ma traduction remonte à quarante ans. Si j'ai gardé ce nom en mémoire c'est qu'il est inhabituel, mais je ne pense pas l'avoir décrypté, à l'époque. J'enseigne les lettres classiques, voyez-vous. En revanche, je peux vous garantir que l'un ou l'autre de mes collègues sera en mesure de vous aider. Je peux leur poser la question, si vous le souhaitez.

— Ce serait très aimable à vous, répondit Sam. Comment Lewis a-t-il réagi quand vous lui avez remis la traduction ? »

Kaalrami sourit. « Il était aux anges, si je me souviens bien. Mais il faut dire que Bully était l'enthousiasme incarné. Il croquait la vie à pleines dents, cet homme.

— A-t-il dit où il avait trouvé le parchemin ?

— C'est possible mais je ne m'en souviens pas. Peut-être que ce soir d'autres idées me reviendront, pendant que je le traduirai.

— Une dernière question, dit Remi. Vous rappelez-vous le jour où Lewis a disparu ?

— Oh oui, comme si c'était hier. Nous avons passé la matinée ensemble et pique-niqué au bord d'une rivière. La Bagmati, au sud-ouest de la ville. »

D'un même mouvement, Sam et Remi se penchèrent vers elle. « Les gorges de Chobar ? » demanda Sam.

Le professeur Kaalrami sourit en inclinant la tête vers lui. « Oui. Comment le saviez-vous ?

— Encore un coup de chance. Et après le pique-nique ?

— Lewis avait emporté son sac à dos – comme toujours. Il ne restait jamais au même endroit très longtemps. C'était une belle et douce journée, sans un nuage dans le ciel. J'ai pris des photos avec un tout nouvel appareil. L'un des premiers polaroïds à développement instantané. Ceux qui se dépliaient. À l'époque, c'était une merveille technologique.

— S'il vous plaît, dites-nous que vous avez conservé ces photos !

— C'est possible. Tout dépend des talents informatiques de mon fils. Veuillez m'excuser. » Le professeur Kaalrami se leva, marcha vers une table basse, prit le téléphone posé dessus et composa un numéro. Elle parla en népalais pendant quelques minutes, puis se tourna vers Sam et Remi et couvrit le micro. « Vos portables reçoivent-ils les e-mails ? »

Sam lui donna son adresse de messagerie.

Kaalrami discuta encore trente secondes avec son interlocuteur, puis elle revint s'asseoir. « Mon fils, dit-elle en soupirant. Il me répète qu'il est temps pour moi d'entrer dans l'ère numérique. Depuis un mois, il scanne – c'est le bon terme, n'est-ce pas ? – tous mes vieux albums-photos. La semaine dernière, il a terminé les clichés du pique-nique. Il vous les envoie.

— Merci, dit Sam. Et merci à votre fils.

— Vous disiez à propos du pique-nique… ? reprit Remi.

— Nous avons mangé, profité de la compagnie de l'autre, discuté et puis – en début d'après-midi, je crois – nous nous sommes séparés. J'ai repris le volant et je suis partie. La dernière fois que je l'ai aperçu, il traversait le pont qui enjambe les gorges de Chobar. »

# 6

*Katmandou, Népal*

Il leur fallut peu de temps pour arriver aux gorges de Chobar. Ils prirent d'abord vers l'ouest en direction de Katmandou par l'autoroute Arniko. Avant d'entrer dans la ville, ils virèrent au sud sur Ring Road, puis entrèrent dans le secteur de Chobar où ils dépassèrent deux panneaux indicateurs. Une heure après avoir quitté le professeur Kaalrami, ils pénétraient dans le parc Manjushree surplombant la paroi nord de la gorge. Il était 17 heures.

Ils descendirent de voiture, se dégourdirent un peu les jambes, puis Sam sortit son iPhone. Depuis une heure, il ne cessait de vérifier sa messagerie. « Toujours rien », marmonna-t-il en branlant du chef.

Les mains sur les hanches, Remi inspectait les alentours. « Que cherchons-nous ? dit-elle.

— J'aimerais pouvoir te répondre : une enseigne au néon géant avec "Bully était ici" inscrit dessus. Mais ce serait beaucoup demander. »

En réalité, l'un comme l'autre auraient été bien en peine de dire par où commencer. Ils étaient venus jusqu'ici sur la foi d'une simple coïncidence : avant leurs disparitions respectives, Frank Alton et Lewis

King avaient passé quelques heures en ces lieux. Connaissant Alton, il avait certainement eu une bonne raison pour traîner dans le coin.

Deux hommes partageaient un dîner précoce sur un banc voisin. Mais à part cela, le parc – un bout de colline couvert de broussailles et de bambous, avec un sentier en spirale – était désert. Sam et Remi s'engagèrent dans la grande allée en gravier, puis sur la piste qui menait vers les hauteurs. Alors que le pont principal construit en béton était assez large pour permettre le passage des voitures, on n'accédait aux parties basses de la gorge et à la rive opposée que par l'intermédiaire de trois passerelles en bois suspendues par des câbles métalliques, placées à des hauteurs différentes et prolongées par des sentiers de randonnée. Sur les deux versants, on apercevait de petits temples à moitié enfouis dans la végétation. Quinze mètres plus bas, les eaux écumeuses de la Bagmati se fracassaient contre les rochers.

Remi se planta devant le panneau d'information cloué à l'entrée du pont, et lut à haute voix la version anglaise :

« "Chovar Guchchi est le nom de l'étroite vallée creusée par la rivière Bagmati, unique débouché de la vallée de Katmandou. Celle-ci aurait autrefois abrité un immense lac. Quand Manjusri a découvert cet endroit, voyant un lotus à la surface du lac, il a fendu la colline en deux pour que l'eau s'écoule, créant ainsi un passage vers la ville de Katmandou."

— Qui est Manjusri ? demanda Sam.

— Sauf erreur de ma part, je crois qu'il s'agit d'un bodhisattva – un sage ayant atteint l'illumination. »

Sam hocha la tête, tout en vérifiant ses e-mails. « Ça y est. Le fils du professeur Kaalrami vient d'envoyer les photos. »

Ils allèrent se réfugier à l'ombre d'un arbre et Sam fit défiler les cinq images. Leur numérisation semblait d'assez bonne qualité mais les clichés conservaient cette teinte propre aux vieux Polaroïd : légèrement délavée et manquant un peu de naturel. Sur les quatre premiers, on voyait tantôt Lewis King, tantôt Adala Kaalrami, avec quarante ans de moins, allongés ou assis sur une couverture devant des assiettes, des verres et diverses victuailles.

« On ne les voit pas ensemble, remarqua Remi.

— Pas de retardateur », répondit Sam.

La cinquième photo montrait Lewis King debout, aux trois quarts de face. Sur ses épaules, un sac à dos du style de l'époque.

Ils se repassèrent les images. Sam poussa un long soupir. « Il ne fallait pas s'attendre à grand-chose.

— Ne conclus pas trop vite, dit Remi en se rapprochant de l'écran. Tu vois ce qu'il tient dans la main droite ?

— Un pic à glace.

— Non, regarde mieux. »

Sam s'exécuta. « Un piolet.

— Et maintenant, regarde l'objet qui pend dans son dos, à la gauche du sac de couchage. On aperçoit seulement l'arrondi. »

Les yeux fixés sur l'iPhone, Sam se fendit d'un grand sourire. « Comment ai-je pu rater ça ? Honte à moi. C'est un casque. »

Remi confirma d'un hochement de tête. « Équipé d'une lampe frontale. Lewis King comptait explorer une grotte. »

Sans savoir exactement ce qu'ils devaient chercher, ils espéraient malgré tout être sur la bonne piste. Dix minutes plus tard, ils trouvèrent sur la rive opposée, près de l'entrée du pont, un kiosque couvert, avec des présentoirs en bois remplis de brochures touristiques, dont une carte des gorges répertoriant les diverses curiosités à ne pas manquer, chacune marquée d'un chiffre et d'un cartouche explicatif.

Quinze cents mètres en amont, sur la rive nord, les « grottes de Chobar » étaient fermées au public. Accès interdit.

« C'est un pari risqué, dit Remi. Tout ce qu'on sait c'est que Lewis est parti en direction de la montagne. Quant à Frank, il a pu se perdre, tout simplement.

— On a l'habitude des paris risqués, lui rappela Sam. Et puis, soit on y va, soit on passe encore une journée avec Russell et Marjorie. »

L'argument eut l'effet escompté. « Tu crois qu'on peut trouver un magasin de sport à Katmandou ? »

Comme on pouvait s'y attendre, ce genre de magasin n'existait pas. En revanche, à quelques pâtés de maisons à l'ouest de la place Durbar, ils dénichèrent un surplus de l'armée népalaise où ils firent emplette d'un équipement, certes démodé mais d'une qualité convenable. Cette expédition dans les grottes de Chobar ne

98

les transportait pas de joie. Ils n'y trouveraient sans doute rien de bien utile, mais le simple fait d'entreprendre quelque chose leur redonnait du baume au cœur. En cas de flottement, la meilleure réponse c'est l'action, quelle qu'elle soit. Telle était leur devise.

Peu avant 19 heures, ils se garèrent sur le parking du Hyatt. À peine descendu de voiture, Sam repéra la présence de Russell et Marjorie sous la marquise, à l'entrée de l'hôtel.

Il marmonna : « Ennemis à 3 heures.

— Oh, zut.

— N'ouvre pas le coffre. Sinon, ils ne nous lâcheront pas. »

Les jumeaux les rejoignirent au petit trot. « Salut, dit Russell. On se faisait du souci pour vous. On venait prendre de vos nouvelles mais le concierge a dit que vous aviez loué une voiture et que vous étiez partis.

— Tout va bien ? s'enquit Marjorie.

— Nous nous sommes embourbés à deux reprises, répondit Remi en restant de marbre.

— Moi, je crois que j'ai épousé une chèvre déguisée en femme », ajouta Sam.

Après un temps d'hésitation, les enfants King esquissèrent un sourire. « Ah, c'est une plaisanterie ! fit Russell. D'accord. Sérieusement, vous n'auriez pas dû partir à l'aventure comme ça… »

Sam l'interrompit. « Russell, Marjorie, écoutez-moi bien. Ai-je toute votre attention ? »

Les jumeaux opinèrent du bonnet.

« Remi et moi ne sommes pas nés de la dernière pluie. À nous deux, nous avons séjourné dans plus de pays que vous ne pourriez en nommer. Nous apprécions les efforts que vous faites pour nous aider et votre… enthousiasme. Mais désormais, on se débrouillera seuls. Pour mener à bien notre mission, nous avons besoin de tranquillité. »

Russell et Marjorie King le dévisagèrent, bouche bée, puis se tournèrent vers Remi qui se contenta de hausser les épaules. « Il est parfaitement sérieux.

— Est-ce clair ? insista Sam.

— Oui monsieur, mais c'est notre père qui nous a demandé…

— Ça, c'est votre problème. Si votre père veut nous parler, il sait comment nous joindre. D'autres questions ?

— Je n'aime pas cela, dit Russell.

— Nous voulions simplement vous aider, ajouta Marjorie.

— Et nous vous avons dit merci. À présent, ne nous forcez pas à devenir impolis. Vous avez sûrement d'autres choses à faire, tous les deux. En cas de problème insoluble, nous vous appellerons, promis. »

Toujours réticents, les enfants King finirent par rejoindre leur Mercedes et démarrer. Quand ils passèrent au ralenti devant Sam et Remi, Russell les observa longuement par sa fenêtre, puis appuya sur l'accélérateur.

« C'est ce qu'on appelle un regard assassin », dit Remi.

Sam hocha la tête. « Je crois que les jumeaux King ont enfin montré leur vrai visage. »

## 7

*Gorges de Chobar, Népal*

Le lendemain matin, ils se mirent en route avant 4 heures, dans l'espoir d'arriver à destination avant le lever du soleil. Comme ils ignoraient si l'interdiction d'entrer dans les grottes s'appliquait de manière impérative ou non – et si des gardes patrouillaient ou non dans le secteur –, ils préféraient ne pas prendre de risques.

À 5 heures, ils franchissaient l'entrée du parc Manjushree. Après avoir garé la Nissan sous un arbre invisible depuis la route, ils éteignirent les phares et restèrent deux minutes à écouter le cliquetis du moteur qui refroidissait. Puis ils sortirent leur équipement du coffre.

« Tu crois vraiment qu'ils nous auraient suivis ? demanda Remi en ajustant son sac sur les épaules.

— Je ne sais plus quoi penser. Mon petit doigt me dit de me méfier d'eux comme de la peste. King ne leur a sûrement pas demandé de nous aider, je dirais plutôt qu'il leur a ordonné de nous tenir à l'œil.

— Je suis de ton avis. Avec un peu d'espoir, ta diatribe d'hier les aura convaincus.

— Espérons-le », dit Sam avant de refermer le coffre d'un coup sec.

Guidés par la clarté diffuse du soleil levant, ils marchèrent jusqu'à l'entrée du pont. Comme leur carte l'indiquait, ils trouvèrent la piste vingt mètres à l'est, derrière un bouquet de bambous. Sam en tête, ils partirent vers l'amont.

Les premiers quatre cents mètres ne posèrent aucun problème, le sentier était recouvert de gravier bien tassé. Mais plus ils grimpaient, plus la déclivité augmentait. Le passage toujours plus étroit se mit à serpenter entre les arbres dont le feuillage épais se refermait au-dessus d'eux, comme un tunnel. À leur droite, ils entendaient le doux gargouillis de la rivière en contrebas.

Soudain, le sentier se divisa. Un bras partait vers l'est et s'éloignait de la rivière. L'autre, à droite, y descendait. Ils firent halte, le temps de consulter la carte et la boussole sur l'iPhone de Sam, optèrent pour la droite et, au bout de cinq minutes de marche, débouchèrent au sommet d'une pente à 45°. Des marches grossièrement taillées dans le sol facilitèrent leur descente. En bas, ils se retrouvèrent non pas sur une autre piste, mais face à une passerelle branlante, retenue sur la gauche par des boulons enfoncés dans la roche. Les plantes grimpantes qui l'envahissaient enlaçaient si étroitement les supports et les câbles que la structure vue dans son ensemble semblait résulter des efforts conjugués de l'homme et de la nature.

« J'ai vraiment l'impression d'être arrivée au bord du terrier du Lapin blanc, murmura Remi.

— Allons, dit Sam. C'est plutôt baroque comme situation.

— Avec toi, j'ai appris que cet adjectif est synonyme de dangereux.

— Là, tu me vexes.

— Est-ce que tu vois jusqu'où ça va ?

— Non. Agrippe-toi bien à la paroi. Si la travée lâche, les lianes tiendront probablement le choc.

— Probablement. Encore un mot qui me plaît. »

Sam fit un pas en avant et transféra son poids sur la première planche. On entendit un léger grincement mais le bois résista. Il posa l'autre pied, fit un deuxième pas, puis un troisième… et parcourut ainsi trois mètres.

« Jusqu'à présent tout va bien, cria-t-il par-dessus son épaule.

— À mon tour. »

En fait, le pont mesurait à peine trente mètres de long. De l'autre côté, la piste en lacet se poursuivait d'abord en descente puis en montée. Devant eux, les arbres commencèrent à s'espacer.

« Deuxième manche, dit Sam à Remi.

— Quoi ? fit-elle en s'arrêtant net derrière lui. Oh, non. »

Un autre pont suspendu.

« J'ai l'impression que c'est une mode chez eux », dit Remi.


Elle n'avait pas tort. Une fois passé le deuxième pont suivi d'une autre piste, ils en découvrirent un troisième.

Et ainsi de suite pendant quarante minutes : piste, pont, piste, pont. Ayant atteint le cinquième tronçon de piste, Sam ordonna une pause pour vérifier leur position. « On approche, murmura-t-il. L'entrée de la grotte doit se trouver quelque part sous nos pieds. »

Ils se séparèrent et se mirent à arpenter le sentier à la recherche d'un passage praticable. C'est Remi qui le trouva, sous la forme d'une échelle rouillée se balançant dans le vide, accrochée à un tronc d'arbre. Sam se mit à plat ventre et, pendant que Remi le retenait par la ceinture, il rampa à travers le sous-bois. Puis il recula en se tortillant.

« J'ai vu un genre de plateau creusé dans la roche, dit-il. L'échelle s'arrête deux mètres au-dessus. Il faudra sauter.

— C'est évident, répondit Remi avec un sourire crispé.

— Je passe le premier. »

Remi s'agenouilla et se pencha pour embrasser Sam. « Bully King ne t'arrive pas à la cheville. »

Sam sourit. « Je te retourne le compliment. »

Il se défit de son sac, le tendit à Remi, puis marcha en crabe à travers les broussailles, jusqu'au tronc autour duquel il enroula ses bras. Sa prise assurée, il lança les jambes dans le vide puis tâtonna avec le pied pour trouver le premier barreau de l'échelle.

« Je l'ai, dit-il à Remi. Je commence à descendre. »

Il disparut et, trente secondes plus tard, Remi l'entendit crier : « Je suis en bas. Balance les sacs. » Remi rampa vers le bord de la falaise et lâcha le premier sac.

« Je le tiens. »

Elle laissa tomber le deuxième.

« C'est bon. À toi de descendre, maintenant. Je te guiderai.

— OK, j'y vais. »

Quand ses mains eurent agrippé l'avant-dernier barreau, Sam attrapa Remi par les cuisses. « Je te tiens. »

Elle lâcha prise et Sam la déposa en douceur sur le plateau rocheux. Dès qu'elle eut ajusté la lampe de spéléo sur son front, elle regarda autour d'elle. Le promontoire sur lequel ils étaient perchés surplombait la rivière. La paroi de la falaise était percée d'une ouverture de forme ovale, fermée par un grillage vissé dans la roche. En bas, à gauche, le treillis métallique avait été arraché de son support. Une pancarte blanche marquée de lettres rouges annonçait en népalais et en anglais :

DANGER
DÉFENSE D'ENTRER

En dessous, on avait grossièrement peint un crâne et deux tibias croisés.

Remi sourit. « Regarde, Sam, voici le pictogramme universel pour "baroque".

— T'es une marrante, toi, répondit-il. Prête pour une balade au centre de la terre ?

— Ai-je jamais répondu non à cette question ?

— Jamais, c'est ça qui me plaît chez toi.

— Allons-y. »

Quelques secondes après s'être faufilés sous le grillage, ils comprirent que le panneau d'interdiction servait effectivement à éviter les accidents. Dès que les pieds de Sam trouvèrent un appui, son bras glissa à l'intérieur d'une étroite fissure. S'il avait avancé un peu plus vite, il se serait brisé un os ; s'il s'était mis debout, il se serait cassé la cheville.

« Mauvais présage ou simple avertissement ? demanda-t-il à Remi avec un demi-sourire pendant qu'elle l'aidait à se relever.

— J'opte pour la deuxième proposition.

— C'est la 640e raison que j'ai de t'aimer, répondit-il. Ton indéfectible optimisme. »

Ils balayèrent les parois du tunnel avec leur torche. Le boyau était assez large pour que Sam puisse écarter presque complètement les bras mais à peine plus haut que Remi. Sam devrait avancer courbé. Quant au sol, il semblait couvert de grains de sable cent fois plus gros que la normale.

Sam leva le nez en reniflant. « À l'odeur, l'endroit paraît sec. »

De la paume, Remi vérifia l'état des murs et du plafond. « Au toucher aussi. »

Avec un peu de chance, ils n'auraient pas à se préoccuper des infiltrations. Faire de la spéléologie dans une caverne sèche était déjà assez risqué ; mais quand il y avait de l'eau, les parois avaient tendance à s'écrouler pour un oui ou pour un non. Cela dit, des affluents de la Bagmati pouvaient très bien courir sous leurs pieds sans qu'ils le sachent. Par conséquent, il fallait s'attendre à des changements inopinés dans la structure de la grotte.

Sam prit la tête de la marche. Soudain, le tunnel fit un coude sur la gauche puis un autre sur la droite.

C'est alors qu'ils rencontrèrent leur premier obstacle : une rangée de barreaux métalliques encastrés dans le sol et le plafond leur bouchait le passage.

« Ils ne badinent pas avec la sécurité », dit Sam en éclairant l'acier rouillé. Combien de curieux avaient réussi à franchir le grillage d'entrée pour se retrouver coincés ici ? s'interrogea Sam.

Remi s'agenouilla devant les barreaux et les secoua l'un après l'autre. Au quatrième, entendant grincer le métal, elle se retourna vers Sam et dit en souriant : « L'oxydation n'a pas que des inconvénients. Donne-moi un coup de main. »

Ils joignirent leurs efforts pour ébranler le barreau qui, peu à peu, commença à donner des signes de faiblesse. Des cailloux mêlés de poussière dégringolèrent du plafond. Deux minutes plus tard, le barreau cédait et basculait en arrière avec un fracas métallique qui résonna dans tout le tunnel. Sam le ramena vers lui en passant le bras dans l'ouverture qu'ils venaient d'aménager et entreprit d'en examiner les deux extrémités.

« Il a été coupé, murmura-t-il en le tendant à Remi.
— Chalumeau ?
— Pas de traces de carbonisation. Je pencherais plutôt pour une scie à métaux. »

Il orienta le faisceau de sa torche vers la cavité laissée par le barreau et vit luire du métal tout au fond.

« Le mystère s'obscurcit, dit-il. Quelqu'un est déjà passé par là.
— Et ne voulait pas que ça se sache », ajouta Remi.

Après que Sam eut confirmé leur position avec sa boussole et tracé un plan rudimentaire dans son calepin, ils passèrent de l'autre côté, replacèrent le barreau et poursuivirent leur chemin le long d'une série de lacets. Le tunnel ne cessait de rétrécir, tant en hauteur qu'en largeur. Ils ne disposaient plus que d'un mètre vingt sous le plafond et leurs coudes heurtaient les parois. Quand ils virent que le sol descendait doucement, ils rangèrent les torches et allumèrent les lampes frontales. Comme la pente devenait de plus en plus raide, ils décidèrent de continuer en marchant de biais afin de prendre appui sur les pierres qui dépassaient.

« Stop, s'écria Remi. Écoute. »

De l'eau gargouillait tout près d'eux.

« La rivière », dit Sam.

La pente continua sur quelques mètres, puis le sol s'aplanit comme s'ils arrivaient sur un palier. Sam s'aventura jusqu'au point où le tunnel semblait replonger dans les entrailles de la montagne.

« Ça descend presque à la verticale, cria-t-il. À mon avis, si on fait bien attention, on peut le faire en varappe…

— Sam, regarde ce truc. » Il rejoignit Remi, occupée à examiner la paroi au-dessus d'elle. Sa lampe frontale éclairait un objet gros comme une pièce de cinquante centimes, fiché dans la pierre.

« On dirait du métal, dit Sam. Attends, je vais te faire la courte échelle. »

Sam s'agenouilla pour permettre à Remi de grimper sur ses épaules, puis se redressa lentement. Remi s'appuya contre le mur, rétablit son équilibre et annonça : « C'est un rivet de chemin de fer.

— Redis-moi ça ? »

Remi répéta. « Il est bien enfoncé dans la roche. Tiens bon… Je crois que je peux… Ça y est ! C'est pas facile mais j'ai réussi à l'extraire de quelques centimètres. Il y en a un autre au-dessus, Sam. Cinquante centimètres plus haut. Et un autre encore. Je vais me mettre debout. Prêt ?

— Vas-y. »

Elle se redressa. « Il y en a toute une série, dit-elle. Ils sont enfoncés à intervalles réguliers. On dirait qu'ils mènent à un genre de corniche. »

Sam réfléchit un instant. « Peux-tu faire sortir le deuxième ?

— J'essaie… C'est fait.

— OK, redescends », dit Sam. Quand elle eut regagné le sol, il ajouta : « Bien joué.

— Merci. Si on les a plantés à une telle hauteur, c'est pour une seule et bonne raison.

— Pour que personne ne les voie. »

Elle confirma d'un hochement de tête. « Ils ont l'air assez anciens.

— Dateraient-ils de 1973 ? songea Sam à haute voix en évoquant l'année de la disparition de Lewis King.

— Possible.

— Je me trompe peut-être, mais on dirait que Bully, ou un autre spéléologue fantôme, a voulu se construire une échelle. Mais pour aller où ? »

Alors qu'il prononçait ces derniers mots, Sam tenta d'éclairer la surface de la paroi jusqu'en haut.

« Il n'y a qu'un seul moyen de le savoir », répondit Remi.

## 8

*Gorges de Chobar, Népal*

La manière dont les rivets étaient disposés sur la hauteur de la paroi ne facilitait guère son escalade – à supposer même que Sam ait pu accéder au premier d'entre eux. Il choisit donc de contourner le problème et fit un nœud coulant au bout de sa corde. Ensuite, il passa deux minutes à tenter d'atteindre le deuxième rivet avec ce lasso improvisé. Quand il y parvint, il prit une cordelette en nylon, confectionna un étrier dans un nœud prussique, et compléta ainsi la corde d'escalade.

Quand il eut le pied posé sur le premier rivet et la main gauche sur le deuxième, il détacha le nœud coulant, récupéra son lasso et l'arrima à son harnais. Puis il leva la main, tira sur le troisième rivet et poursuivit son ascension. Au bout de cinq minutes de cet exercice, il atteignait le sommet.

« Loin de moi l'idée de vérifier, mais je crois pouvoir dire qu'à mains nues, il est quasiment impossible d'escalader cette paroi.

— Tout en installant les rivets par la même occasion.

— Sans parler de la force nécessaire pour les enfoncer dans la pierre.

— Qu'est-ce que tu vois ? » cria Remi.

Sam tendit le cou pour mieux éclairer le dessus de la corniche. « C'est étroit. Pas plus large que mes épaules. Tiens-toi prête. Je vais te lancer un filin. »

Il retira l'avant-dernier rivet et le remplaça par un coinceur à came qui se cala solidement au fond du trou. Sam y accrocha un mousqueton, fit passer la corde dans l'œillet et jeta les pans vers Remi.

« Je la tiens, dit-elle.

— Attends un peu. Je vais d'abord jeter un œil. Si c'est une impasse, pas besoin d'y aller à deux.

— Je te donne deux minutes, et après je te rejoins.

— À moins que tu n'entendes un cri suivi d'un bruit de chute. Ou l'inverse.

— Il est interdit de crier et de faire du bruit, l'avertit Remi.

— Je reviens tout de suite. »

Sam se redressa, posa ses deux pieds sur le plus haut rivet, attrapa le bord de la corniche à pleins bras, inspira une bonne goulée d'air, poussa sur les jambes et se hissa d'une seule traction. Quand son torse toucha la surface horizontale, il rampa jusqu'à ce que ses jambes rejoignent le reste de son corps sur la corniche.

Sa lampe frontale n'éclairait pas à plus de trois ou quatre mètres. Au-delà de cette distance, tout n'était que ténèbres. Il humecta son index et le leva pour vérifier les éventuels déplacements d'air. Rien. Ce n'était pas bon signe. Il était bien plus difficile de sortir d'une grotte que d'y entrer, raison pour laquelle tous les spéléologues dignes de ce nom passaient leur temps à chercher des issues secondaires. D'autant plus quand ils exploraient des boyaux non cartographiés comme celui-ci.

Sam approcha sa montre de son visage et enclencha le chronomètre. Remi lui avait donné deux minutes et, connaissant sa femme, à deux minutes et une seconde, elle commencerait à grimper vers lui.

Il se remit à ramper. En raclant le sol rocheux, son matériel produisait des bruits qui résonnaient dans l'espace exigu. « Tonnes. » Ce mot s'afficha dans son esprit. En ce moment même, des milliers de tonnes de roche surplombaient son corps. S'efforçant de penser à autre chose, il repartit, cette fois plus lentement, tandis que, du fond de son cerveau, lui parvenait cette injonction : *« Vas-y doucement, sinon le ciel te tombera sur la tête. »*

Au bout de six mètres, il s'arrêta pour regarder l'heure. Une minute s'était écoulée. Il reprit son avancée. Le tunnel tournait à gauche, puis à droite. Le sol d'abord plat se mit à monter, en pente douce au départ, puis la déclivité s'accentua au point qu'il dut adopter un mode de reptation différent, comme dans une cheminée. Il venait de parcourir dix mètres quand il vérifia de nouveau sa montre. Plus que trente secondes. Il franchit une bosse sur le sol et se retrouva dans un espace plat et plus vaste. Sa lampe éclaira une ouverture presque deux fois plus large que le boyau.

Il étira le cou et cria par-dessus son épaule : « Remi, tu es là ?

— Je suis là ! répondit-elle au loin.

— Je crois que j'ai trouvé quelque chose !

— J'arrive. »

Il l'entendit ramper derrière lui. Au même instant, la lampe frontale de Remi balaya de son faisceau les parois et le plafond. Elle posa la main sur le mollet de Sam et le serra gentiment. « Comment tu te sens ? »

Sam n'était pas claustrophobe mais parfois, surtout quand il se trouvait dans un espace réduit, il devait prendre sur lui pour éviter de paniquer. En ce moment, par exemple. D'après Remi, ce problème constituait l'inconvénient d'une imagination trop fertile. Les dangers possibles devenaient probables et une grotte banale un piège mortel susceptible de s'écrouler au moindre choc.

« Sam, tu m'entends ? s'inquiéta Remi.

— Ouais. J'étais en train de chanter dans ma tête *In the Midnight Hour* de Wilson Pickett. »

Sam était bon pianiste, Remi jouait du violon. De temps à autre, à leurs moments perdus, ils faisaient des duos. La musique de Pickett et les instruments classiques ne faisaient pas forcément bon ménage mais les Fargo aimaient tant la soul des années 60 qu'ils s'y essayaient quand même.

« Qu'as-tu découvert ? demanda Remi.

— Que je devrais m'exercer davantage. Et ma voix de blues a besoin de…

— Non, là-devant !

— Oh, une ouverture.

— Avançons. Ce boyau est trop étroit à mon goût. »

Sam sourit à la dérobée. Sa femme se montrait charitable. Son orgueil viril ne risquait pas grand-chose mais Remi estimait qu'en tant que femme et épouse, il lui revenait de l'aider à sauver la face.

« C'est parti », répondit Sam en se remettant à ramper.

Il ne lui fallut que trente secondes pour arriver devant la fameuse ouverture. Sam passa la tête à l'intérieur, inspecta l'espace autour de lui, et se retourna pour annoncer : « Un puits circulaire d'environ trois mètres de diamètre. Je ne vois pas le fond mais j'entends le bruit de l'eau – sans doute un bras souterrain de la Bagmati. Devant nous, il y a une autre ouverture mais elle est située trois mètres cinquante plus haut.

— Oh, joie ! Comment sont les parois ?

— Des stalagmites penchées. Les plus grosses sont aussi épaisses que des battes de base-ball, les autres moitié moins.

— Pas de rivets salvateurs, j'imagine ? »

Sam promena le faisceau de sa lampe sur toute la largeur des parois. « Non », cria-t-il. Sa voix lui revint en écho. « Mais je vois une lance, suspendue juste au-dessus de ma tête.

— Comment ? As-tu dit…

— Oui, une lance. Fixée à la paroi par un genre de cordelette en cuir. J'en vois un bout qui pend avec un morceau de bois attaché.

— Un piège à fil, supposa Remi.

— C'est aussi mon avis. »

Ils avaient déjà rencontré ce dispositif – dans certaines tombes, forteresses et autres bastions, les pièges à fil servaient à repousser les intrus. Quel que soit l'âge de cette lance, elle était certainement destinée à percer le cou d'un fouineur imprudent. Restait à découvrir ce que ce piège était censé protéger.

« Décris-moi l'objet, dit Remi.

— Je vais faire mieux que ça », répondit Sam en roulant sur le dos. Il colla ses pieds au plafond puis se tortilla pour glisser le haut de son torse par l'ouverture.

« Fais gaffe…, s'alarma Remi.

— … est mon deuxième prénom, termina Sam. Eh bien, voilà qui est intéressant. Je vois une seule lance mais deux points d'attache supplémentaires. Soit les deux autres lances sont tombées toutes seules, soit elles ont déjà servi. »

Il leva le bras, saisit la hampe de la lance au-dessus de la cordelette et tira. Malgré son aspect vétuste, le cuir tint bon. Sam dut faire plusieurs essais pour qu'il cède. Puis il fit tourner la lance comme un bâton de majorette et la glissa le long de son corps vers Remi.

« Je la tiens », dit-elle, et un instant plus tard : « Ça ne m'évoque rien. Certes, les armes ne sont pas ma spécialité, mais je n'ai jamais vu cette forme. En revanche, je peux te dire qu'il s'agit d'une antiquité – elle a au moins six cents ans, à mon avis. Je vais prendre des photos au cas où nous ne pourrions pas revenir ici. »

Remi récupéra l'appareil dans son sac et prit une douzaine de clichés. Pendant ce temps, Sam examina le puits plus attentivement. « Je ne vois pas d'autre piège. J'essaie de me figurer l'ambiance qui devait régner ici, à l'époque où on s'éclairait aux flambeaux.

— Terrifiant, je ne vois pas d'autre terme, répondit Remi. Imagine le tableau. Tu viens de voir l'un de tes compagnons – au moins – mourir d'un jet de lance dans la nuque. Il est tombé dans un puits sans fond et toi, tu disposes seulement d'un malheureux flambeau pour essayer de le retrouver.

— Cela suffirait à dissuader les plus courageux explorateurs, confirma Sam.

— Mais pas nous, répondit Remi avec un sourire que Sam devina. Quel est le plan ?

— Tout dépend de ces stalagmites. Tu as récupéré la corde qui nous a servi à grimper tout à l'heure ?

— Elle est ici. »

Sam tendit la main, toucha celle de Remi, identifia le mousqueton et ramena la corde vers lui. Pour commencer, il fit un nœud coulant au bout, puis un nœud d'arrêt où il accrocha le mousqueton pour qu'il serve de lest. Il se plaça de manière à sortir ses bras par l'ouverture et jeta la corde de l'autre côté du puits, en visant une grosse stalagmite qui pointait à un mètre sous le boyau d'en face. Il rata son coup, ramena la corde, recommença et, cette fois, le nœud atterrit pile sur la tête de la concrétion. Il agita la corde jusqu'à ce que le nœud glisse vers la base de la stalagmite, puis il serra.

« Tu veux bien m'aider à vérifier la solidité ? demanda Sam à Remi. À trois, tire de toutes tes forces. Un… deux… trois ! »

Ensemble, ils tirèrent sur la corde comme s'ils voulaient arracher la stalagmite de la roche. Rien ne bougea. « Je pense que ça ira, dit Sam. Trouve une fissure dans la paroi et…

— Je cherche… j'en ai une. »

Remi introduisit un coinceur à came dans la fente, passa la corde dans l'œillet, puis agrafa un mousqueton à cliquet. « À toi de tirer. »

Sam s'exécuta. Il tendit la corde pendant que Remi remontait le mousqueton vers le coinceur à came. Puis il donna une forte secousse pour voir si le dispositif tenait bon. « On dirait que ça marche.

— Pas besoin de te dire…

— De faire attention ?

— Oui.

— En effet. Mais j'apprécie quand même.

— Bonne chance. »

Sam enroula la corde autour de ses mains et testa sa résistance en portant son poids vers l'avant par à-coups. « Comment réagit la came ? demanda-t-il.

— Elle tient bon. »

Sam gonfla ses poumons, souleva les jambes, et se suspendit dans le vide, sans oser bouger, l'œil rivé sur la corde tendue, épiant le moindre craquement de roche. Dix secondes passèrent ainsi. Sam remonta les genoux, passa les chevilles au-dessus de la cordelette et entreprit la traversée du puits avec la plus grande prudence.

« De ce côté, tout va bien », lui lança Remi quand il fut à mi-chemin.

Lorsque Sam atteignit la paroi opposée, il commença par poser une main après l'autre sur la stalagmite, puis il lança les jambes vers le haut et cala son talon droit sur une protubérance. Après s'être assuré de la solidité de la concrétion, il se contorsionna de telle sorte qu'il se retrouva à califourchon au sommet de la stalagmite. Une fois qu'il eut récupéré son souffle, il se dressa jusqu'à l'ouverture dans la roche, prit appui sur le rebord et, d'une poussée, se hissa à l'intérieur du boyau.

« Je reviens de suite », dit-il à Remi avant de s'introduire en rampant dans l'orifice. Trente secondes plus tard, il réapparaissait. « Ça m'a l'air faisable. Le passage va en s'élargissant.

— J'arrive », répondit Remi.

Elle mit deux minutes pour traverser le puits. Sam l'aida à se hisser vers lui. Ils restèrent quelques instants allongés sans bouger, trop heureux de sentir la présence rassurante de la roche sous leur dos.

« Ça me rappelle notre troisième rendez-vous, dit Remi.

— Quatrième, corrigea Sam. Le troisième, c'était une balade à cheval. Au quatrième, nous avons fait de l'escalade. »

Remi sourit et l'embrassa sur la joue. « Dire qu'on prétend que les hommes n'ont aucune mémoire pour ces choses-là.

— Qui prétend cela ?

— Des gens qui ne te connaissent pas. » Remi tourna la tête pour éclairer leur environnement. « Pas de pièges, par ici ?

— Pas pour l'instant. Il faut rester vigilant, mais si cette lance a l'âge que tu dis, je doute que les autres pièges mécaniques – à supposer qu'il y en ait – soient encore en état de marche.

— Ce sont tes derniers mots ?

— Tu pourras les faire graver sur ma tombe. Allez, on y va. »

Sam repartit en rampant, Remi le suivit. Comme il l'avait annoncé, le goulet débouchait sur une sorte d'alcôve en forme de haricot. Encastrées dans la paroi du fond, ils comptèrent trois meurtrières verticales.

Ils se redressèrent autant qu'ils le purent et se diri-
gèrent vers la première fente. Sam pointa le rayon de
sa lampe vers l'intérieur. « Un cul-de-sac », dit-il. Remi
éclaira la suivante : autre cul-de-sac. La troisième fissure, bien que plus profonde que ses voisines, se terminait au bout de cinq ou six mètres.

« Eh bien, voilà ce qu'on appelle une douche froide,
dit Sam.

— Peut-être pas », murmura Remi en éclairant la
paroi de droite. Le faisceau mettait en évidence une
trace sombre dans la roche, comme une balafre qui
s'étirait à l'horizontale sous le plafond. Tandis qu'ils
s'en approchaient, la déchirure parut s'étirer vers le
haut jusqu'à percer le plafond. Ils venaient de découvrir un tunnel.

Debout côte à côte, Sam et Remi passèrent la tête
dans l'ouverture. Le boyau grimpait selon un angle de
45°. Au bout de six mètres, on apercevait une bosse
dans le sol.

« Sam, est-ce que tu vois ce que…

— Je crois que oui. »

Posée en évidence sur la bosse, ils venaient de reconnaître la semelle d'une botte.

# 9

*Gorges de Chobar, Népal*

L'absence de crampons antidérapants sur la semelle indiquait clairement que cette botte ne datait pas d'hier. Quant à l'orteil décharné qui dépassait du cuir fendu, il avait dû appartenir à un homme depuis longtemps décédé.

« C'est bizarre, mais ce genre de vision ne me choque plus guère, aujourd'hui, dit Remi en contemplant le pied.

— Ce n'est pas notre premier squelette, après tout », la rassura Sam. Ce type de découverte macabre était monnaie courante dans leur profession. « Tu vois un piège ?

— Non.

— Allons jeter un œil. »

Sam cala son dos et ses jambes contre les parois et tendit le bras pour aider Remi à se hisser jusqu'à l'ouverture. Puis il se coula vers le bas de la pente, franchit la protubérance et promena le rayon de sa lampe frontale sur l'espace qui s'étendait au-delà. « Dégagé, cria-t-il à Remi. Je suis sûr que ça va te plaire. »

Quand elle l'eut rejoint, ils s'agenouillèrent près du squelette.

À l'abri des éléments naturels et des prédateurs, le corps qui avait séjourné dans un environnement plutôt sec était à présent presque entièrement momifié. Ses vêtements en cuir épais n'avaient subi aucune dégradation majeure.

« Pas de blessure apparente, dit Remi.

— Quel âge ?

— Je ne fais que supposer mais… au moins quatre cents ans.

— Dans le même créneau que la lance.

— Exact.

— On dirait qu'il porte un uniforme, dit Sam en effleurant une manche.

— Ce qui expliquerait ceci », répondit Remi en désignant le poignard qui dépassait d'un fourreau de ceinture. Elle éclaira le tunnel avec sa lampe frontale et murmura : « Home sweet home.

— Home peut-être, répondit Sam, mais sweet… Tout est relatif. »

À quelques pas de la surface plane où gisait le squelette, le tunnel menait à une chambre circulaire d'une dizaine de mètres carrés. Des bouts de chandelle occupaient plusieurs niches creusées à la main dans la roche. Au pied d'une paroi, protégés par une cavité naturelle, on apercevait les restes d'un foyer et, à côté, un tas de petits ossements d'animaux. Au fond de l'alcôve, les vestiges d'un antique sac de couchage reposaient près d'une épée rangée dans son fourreau. En regardant mieux, ils identifièrent aussi une demi-douzaine de lances grossièrement affûtées, une arbalète et un carquois contenant huit flèches. Autour, le sol était jonché d'ustensiles divers : un seau, une corde à moitié pourrie, un sac en cuir, un bouclier recouvert de cuir, un coffre en bois...

Remi se redressa pour aller visiter l'alcôve.

« Il s'attendait à recevoir de la visite, c'est évident, observa Sam. On se croirait dans un camp retranché. Mais que craignait-il ?

— Cette chose nous l'apprendra peut-être », dit Remi en s'agenouillant près du coffre. Pas plus gros qu'un petit pouf, c'était un cube parfait, fabriqué dans un bois dur recouvert d'une épaisse couche de laque foncée. Des poignées en cuir dépassaient sur trois côtés, tandis que le quatrième était garni de sangles d'épaule. Sam et Remi cherchèrent en vain les charnières et la serrure. Les divers éléments étaient si finement ajustés entre eux qu'on ne voyait même pas les jointures. Sur le couvercle, quatre idéogrammes étaient gravés à l'intérieur d'un cartouche carré.

« Tu reconnais cette écriture ? demanda Sam.

— Non.

— C'est une petite merveille, dit-il. Même avec les outils dont on dispose aujourd'hui, seul un maître ébéniste serait capable de fabriquer un tel chef-d'œuvre. »

Il donna un coup sec contre le flanc du coffre. « Ça ne sonne pas creux. » Quand il le fit osciller sur sa base, ils entendirent quelque chose bouger à l'intérieur. « Et pourtant il l'est. Il ne doit pas peser bien lourd. Je ne vois pas d'autres inscriptions. Et toi ? »

Remi se pencha pour en examiner toutes les faces visibles et répondit par la négative. « Regardons dessous. » Sam le retourna. « Rien ici non plus, conclut Remi.

— Quelqu'un s'est donné beaucoup de peine pour le fabriquer, dit Sam, et on dirait bien que notre ami ici présent était prêt à le protéger au péril de sa vie.

— On peut même aller plus loin, ajouta Remi. À moins qu'il s'agisse d'une coïncidence monumentale, je pense que nous venons de trouver ce que Lewis King recherchait.

— Dans ce cas, comment a-t-il fait pour le rater ? Il était si près du but.

— S'il n'a pas réussi à franchir le puits, répondit Remi, est-il ressorti d'ici vivant ?

— Une seule personne connaît la réponse à cette question. »

Ils s'employèrent à répertorier le contenu de la grotte. Ne sachant pas quand ils pourraient y revenir et incapables d'emporter avec eux ne serait-ce qu'une partie des objets, ils devraient se contenter de photographies numériques, de dessins et de notes. Fort heureusement, la formation universitaire de Remi avait fait d'elle une experte en la matière. Après deux heures de travail harassant, elle déclara qu'elle en avait terminé.

« Attends un peu, dit-elle en s'agenouillant près du bouclier.

— Qu'est-ce que c'est ? demanda Sam.

— Ces éraflures… Elles sont plus nettes sous la lumière. Je pense… » Elle se pencha, gonfla ses joues et souffla sur le cuir, soulevant un nuage de poussière.

« Ce ne sont pas des éraflures », observa Sam qui souffla à son tour plusieurs fois jusqu'à ce que la surface du bouclier soit bien dégagée.

Les marques étaient en réalité un dessin gravé au fer rouge dans le revêtement de cuir.

« On dirait un dragon, fit Remi.

— Ou un dinosaure. Probablement les armoiries de notre ami ou bien celles de son régiment », supposa Sam.

Remi prit une vingtaine de clichés du mystérieux motif. « Ça ira, dit-elle en se relevant. Que fait-on du coffre ?

— Il faut l'emporter. J'ai dans l'idée que ce type s'est réfugié dans cette grotte pour le protéger. Le contenu était si précieux à ses yeux qu'il a donné sa vie pour lui.

— Je suis d'accord. »

En un tournemain, Sam enveloppa le cube dans un réseau de sangles de fortune et l'accrocha sur son sac à dos. Après s'être retournés une dernière fois, ils saluèrent le squelette d'un signe de tête et s'en allèrent.

Sam ouvrait la marche. Quand ils arrivèrent aux abords du puits, il jeta un regard au fond et dit : « Il y a un problème.

— Tu peux être plus précis ?

— La corde s'est détachée. Elle pend le long de la paroi.

— Tu peux accrocher un…

— Ce serait risqué. Nous sommes au-dessus de l'autre orifice. Sous cet angle, si j'essayais de remettre en place le nœud coulant, il glisserait et on n'aurait plus aucun moyen de remonter la corde.

— On n'a pas le choix, alors. »

Sam hocha la tête. « On descend. »

Il lui fallut une minute pour s'arrimer au filin. Pendant qu'il s'y escrimait, Remi créa un deuxième point d'ancrage en enfonçant un piton dans la fissure située sous l'ouverture. Sam franchit le rebord et descendit en rappel, ses pieds calés contre les stalagmites. Remi, qui surveillait l'exercice, lui ordonnait parfois de s'arrêter pour corriger sa position et empêcher que la corde ne s'use au contact des protubérances rocheuses.

Après deux minutes à ce rythme, il s'immobilisa. « J'ai atteint l'autre came. Bonne nouvelle : la corde s'est détachée. »

Si elle s'était rompue, ils auraient dû en épisser le bout pour la relier au filin. Sam disposait donc de dix-huit mètres de corde sous ses pieds. Encore qu'il ignorât si ce serait suffisant pour atteindre le fond du puits. Si jamais ils plongeaient dans l'eau glacée de la Bagmati, ils mourraient d'hypothermie en moins de quinze minutes.

« Je considère cela comme un bon présage », répondit Remi.

Sam se remit à descendre avec une lenteur calculée, cherchant ses prises avec prudence, dans le petit rectangle de lumière prodigué par sa lampe frontale.

« Je ne te vois plus, cria Remi.

— Ne t'inquiète pas. Si je tombe, sois certaine que je pousserai un cri d'épouvante parfaitement explicite.

— Je ne t'ai jamais entendu crier d'épouvante, Fargo.

— Alors, croise les doigts parce qu'il y a un début à tout.

— Comment sont les parois ?

— En général… oups !

— Quoi ? »

125

Pas de réponse.

« Sam !

— Je vais bien. J'ai juste glissé et perdu pied l'espace d'une seconde. Les parois sont couvertes de givre par ici. Sans doute à cause de la brume qui s'élève de la rivière.

— Ça pose problème ?

— Non, la couche est fine. Mais il vaut mieux ne pas prendre appui sur les stalagmites.

— Remonte. On trouvera un autre moyen de sortir.

— Non, je continue. J'ai encore dix mètres de corde. »

Deux minutes s'écoulèrent. Vue d'en haut, la lampe frontale de Sam n'était plus qu'une tête d'épingle qui dansait dans les ténèbres du puits, au rythme de ses déplacements autour des stalagmites.

Soudain, on entendit craquer la glace. La lampe de Sam se mit à tournoyer et clignota comme un stroboscope. Avant même que Remi n'ouvre la bouche pour l'appeler, Sam cria : « Ça va. J'ai la tête à l'envers mais ça va.

— Tu pourrais être plus précis, si ce n'est pas trop te demander ?

— J'ai fait la culbute dans mon harnais. Bonne nouvelle : j'ai de l'eau sous le nez, enfin à trois mètres de moi.

— Je sens qu'il y a un "mais".

— Le courant est rapide – trois nœuds au moins – et ça m'a l'air profond. On s'y enfoncerait sans doute jusqu'à la taille. »

Une vitesse de trois nœuds n'avait rien d'excessif ; c'était celle d'un homme qui marche. Mais la profondeur de l'eau et sa température décuplaient les risques. Un simple faux pas et le courant les emporterait. Et pour rester à la surface, il leur faudrait déployer une énergie telle que le processus d'hypothermie s'en trouverait accéléré.

« Remonte, ordonna Remi. Ne discute pas.

— D'accord. Donne-moi juste une seconde pour… Attends. »

De nouveau, Remi entendit un craquement, puis un bruit d'éclaboussures.

« Dis-moi quelque chose, Fargo.

— Donne-moi une seconde. »

Une série de bruits alarmants retentit dans le fond, puis la voix de Sam remonta vers Remi : « Galerie latérale ! »

Après dix minutes d'inspection, Sam annonça à pleine voix : « Elle est de bonne taille. Presque assez haute pour qu'on s'y tienne debout. J'y vais. Laisse-moi le temps de fixer une attache. » Quand Remi s'enfoncerait dans l'eau de la rivière souterraine, l'attache permettrait à Sam de l'attirer vers lui dans la galerie – à condition qu'elle ne heurte pas d'éventuels rochers placés en aval.

Dès que le piton fut installé, Sam s'arc-bouta et tira sur la corde. Remi amorça sa descente. Plus légère et plus agile que son mari, elle couvrit la distance en moins de temps, malgré les pauses qu'elle s'accordait pour permettre à Sam de tendre la corde à travers le relais fiché dans la roche.

Lorsqu'elle s'arrêta à la hauteur de la galerie latérale et qu'ils aperçurent leurs visages dans la clarté des lampes frontales, ils échangèrent un sourire de soulagement.

« C'est sympa de se rencontrer là, dit Sam.

— Zut alors !

— Quoi ?

— J'avais parié que tu dirais plutôt : Qu'est-ce qu'une jolie fille comme toi fabrique dans un trou pareil ? »

Sam éclata de rire. « OK, il va falloir que tu joues à Superwoman. Tu te balances et tu rebondis sur la paroi d'en face. Je t'attraperai au vol. »

Remi prit quelques secondes pour récupérer un souffle régulier, puis elle régla son harnais de manière à passer à l'horizontale. Ensuite elle exerça un mouvement de balancier de plus en plus large, jusqu'à finir par toucher la paroi d'en face du bout des pieds. Encore trois oscillations et elle replia les genoux pour s'élancer franchement. Bras tendus devant elle, mains ouvertes, Remi repartit dans l'autre sens. Lorsqu'elle vit la paroi arriver droit sur elle, elle rentra la tête dans les épaules et ses bras pénétrèrent dans le tunnel où Sam la saisit par les poignets, stoppant net ses périlleuses acrobaties.

« Je te tiens ! dit Sam. Attrape mon poignet gauche avec tes deux mains. »

Ce qu'elle fit. De son bras droit, Sam donna un peu de mou à la corde afin que Remi puisse avancer en se tenant à lui. Quand son buste fut dans le tunnel, Sam recula lentement. Remi passa les jambes à l'intérieur. Sam tomba en arrière et poussa un soupir de soulagement.

Remi éclata de rire.

« Quoi ? dit Sam, éberlué.

— Tu as le chic pour m'emmener dans des endroits romantiques.

— Après cette balade, je recommande un bon bain chaud avec plein de mousse parfumée – pour deux.

— Voilà qui m'intéresse. »

Ce nouveau tunnel avait beau être assez large pour permettre le passage de deux personnes et assez haut pour leur éviter de marcher courbés, il présentait néanmoins certains inconvénients. Le sol, par exemple, était troué comme un gruyère. Au travers, on apercevait la surface obscure de la rivière qui dévalait la pente. Des filets d'air chargé de cristaux de glace en jaillissaient, créant un brouillard qui tournoyait sous le faisceau de leurs lampes frontales. Comme le puits qu'ils venaient de quitter, les parois et le plafond de cette galerie étaient tapissés d'une pellicule de givre. Sur leur passage, des stalactites fines comme des stylos se décrochaient du plafond et s'écrasaient autour d'eux dans un tintement cristallin. Le sol n'était pas trop glissant mais tellement accidenté qu'il fallait redoubler d'attention, ce qui devenait vite épuisant.

« Je ne veux pas jouer les rabat-joie, dit Remi, mais nous partons du principe que ce passage mène quelque part.

— En effet, répondit Sam par-dessus son épaule.

— Et si nous avons tort ?

— Alors nous ferons demi-tour, nous escaladerons la paroi opposée du puits et repartirons par où nous sommes arrivés. »

Malgré ses multiples tours, détours, montées et descentes, le tunnel suivait plus ou moins la direction de l'est. Sam consultait régulièrement sa boussole pour s'en assurer. Chacun son tour, ils comptèrent leurs pas, mais sans GPS et avec pour seule référence le plan griffonné par Sam, ils ignoraient quelle distance ils avaient pu parcourir.

Au bout d'une centaine de mètres, à vue de nez, Sam ordonna une nouvelle pause. Ils s'installèrent par terre, sur une surface relativement solide, et partagèrent un quart de leurs provisions : du bœuf déshydraté, des fruits secs et quelques gorgées d'eau. Puis ils écoutèrent en silence le torrent bouillonner sous leurs pieds.

« Quelle heure est-il ? » demanda Remi.

Sam regarda sa montre. « 9 heures. »

Ils avaient indiqué à Selma le lieu de leur randonnée et lui avaient recommandé de ne lancer l'alerte que le lendemain matin, heure locale. À supposer qu'elle le fasse au moment prévu, combien de temps mettraient les autorités pour rassembler une équipe de secouristes et se lancer à leur recherche ? Ils n'avaient plus qu'à espérer que ce tunnel continue tout droit, sans embranchements ; s'ils décidaient de faire demi-tour, ils n'auraient ainsi aucun mal à retrouver le puits. Mais à quel moment devraient-ils se décider ? Une issue les attendait-elle au prochain tournant ? Ou leur faudrait-il encore marcher plusieurs kilomètres ? Y avait-il même une issue ?

Ils n'abordèrent pas le sujet. À quoi bon, d'ailleurs ? Leurs années de vie commune et les aventures qu'ils avaient partagées les plaçaient sur la même longueur d'onde. Pour savoir ce que l'autre pensait, ils n'avaient qu'à se regarder.

« J'espère que tu n'as pas oublié le bain moussant que tu m'as promis tout à l'heure, lança Remi.

— Bien sûr que non. J'ai même rajouté un massage relaxant.

— Mon héros. On continue ? »

Sam hocha la tête. « On se donne encore une heure. Si on ne trouve pas le tapis rouge indiquant la sortie, on fait demi-tour, on se repose et on attaque le puits.

— Marché conclu. »

Sam et Remi avaient l'habitude des épreuves, aussi bien physiques que mentales, aussi trouvèrent-ils bientôt le rythme approprié : vingt minutes de marche, deux minutes de pause pour souffler, relever leur position et réviser le plan. Puis ils se remettaient en route. L'heure impartie s'écoulait rapidement. Pour économiser les piles, Remi avait éteint sa lampe et Sam avait réglé la sienne au minimum, si bien qu'ils se déplaçaient dans une semi-pénombre. L'air qui montait du sol leur paraissait toujours plus froid, leur allure toujours plus pénible à conserver. Leur cerveau était si engourdi que le tintement des stalactites qui se fracassaient par terre les faisait sursauter.

Soudain Sam s'arrêta net. Ayant perdu ses réflexes, Remi lui rentra dedans. « Tu sens cela ? murmura Sam.

— Quoi ?

— Le courant d'air froid.

— Sam, c'est juste…

« — Non, je le sens sur mon visage. Ça vient d'en haut. Veux-tu bien chercher le briquet dans mon sac ? »

Remi s'exécuta et lui tendit l'objet. Sam fit quelques pas, se posta sur une surface solide, entre les filets de brume, et fit jaillir la flamme. Remi se pressa contre son dos en pointant le nez sur le côté pour voir ce qu'il faisait. Une lumière jaune dansait sur les parois givrées. La flamme s'affola puis se stabilisa.

« Attends », chuchota Sam sans quitter le briquet des yeux.

Cinq secondes passèrent.

La flamme trembla, partit en biais et revint vers le visage de Sam.

« C'est là !

— Tu es sûr ? demanda Remi.

— On dirait de l'air chaud.

— Un accès d'optimisme ?

— On n'a qu'à vérifier. »

Ils avancèrent encore un peu, et s'arrêtèrent pour observer le comportement de la flamme. De nouveau, elle se coucha, mais plus vivement que la première fois. Quelques mètres plus loin, ils répétèrent l'expérience, avec le même résultat.

« J'entends un sifflement, dit Remi. Le vent.

— Moi aussi. » Au bout d'une cinquantaine de pas, ils trouvèrent un embranchement. Le briquet tendu devant lui, Sam prit à gauche, revint sur ses pas et partit à droite. La flamme tremblota puis faillit s'éteindre.

Sam se débarrassa de son sac. « Attends-moi ici. Je reviens très vite. »

Il régla sa lampe frontale au maximum et disparut dans le tunnel. Remi entendait le raclement de ses pas sur le sol. À chaque seconde qui passait, le bruit devenait de plus en plus faible.

Remi vérifia l'heure et attendit dix secondes avant de regarder de nouveau sa montre.

« Sam ? » appela-t-elle.

Silence.

« Sam, réponds… »

Dans l'obscurité, une lumière s'alluma.

« Désolé », dit-il.

Découragée, Remi baissa la tête.

« Pas trouvé de tapis rouge, poursuivit Sam. Mais la lumière du jour, ça te va ? »

Remi leva le menton. Sam souriait jusqu'aux oreilles. Elle plissa les paupières et lui donna un coup de poing dans l'épaule. « C'est pas drôle, Fargo. »

Il n'y avait peut-être pas de tapis rouge, mais Sam lui réservait une surprise bien plus formidable. Une vingtaine de pas suffirent pour atteindre une série de marches naturelles, creusées dans la paroi d'un puits. Quinze mètres au-dessus, on apercevait la clarté du soleil.

Sam franchit la dernière marche et s'engagea dans une petite galerie horizontale creusée dans la terre meuble. Tout au bout, le soleil brillait à travers les herbes folles. Sam rampa vers la lumière, sortit les bras du terrier et se hissa dehors. Dès que Remi l'eut rejoint, ils se laissèrent tomber dans l'herbe, un sourire béat sur le visage.

« Il sera bientôt midi », fit remarquer Sam.

Ils avaient passé toute la matinée dans les entrailles de la terre.

Sam se redressa d'un bond en tournant la tête dans tous les sens. « Des parasites. Une radio portable », murmura-t-il à l'oreille de Remi.

Il se mit à plat ventre et rampa jusqu'à une petite butte. Remi le vit tendre le cou avant de se rejeter en arrière. « La police, dit-il quand il la rejoignit.

— Des secours ? demanda Remi. Qui a bien pu les avertir ?

— C'est juste une supposition, mais je pense à nos charmants accompagnateurs, les jumeaux King.

— Comment…

— Je ne sais pas. Je me trompe peut-être. Mais soyons prudents. »

Ils se débarrassèrent de tout ce qui pouvait trahir leur précédente activité – casques, lampes frontales, sacs à dos, matériel d'escalade, plan, appareil photo numérique, coffre en bois laqué – et après avoir enfourné le tout dans le terrier, ils dissimulèrent l'entrée sous des broussailles.

Puis ils s'éloignèrent vers l'est en suivant un ravin boisé. Ils marchèrent courbés pendant quatre cents mètres, firent halte et dressèrent l'oreille. Sam tendit le doigt vers le nord. À une distance de cent mètres, plusieurs silhouettes se faufilaient entre les arbres.

« Prends ton air le plus désespéré, chuchota Sam.

— Je n'aurai pas trop à me forcer », répondit Remi.

Sam plaça ses mains en porte-voix et cria : « Ohé ! Par ici ! »

## 10

*Gorges de Chobar, Népal*

La porte de la cellule s'ouvrit dans un grincement. Un garde passa la tête à l'intérieur, observa Sam d'un air suspicieux, comme s'il craignait une tentative d'évasion, puis s'écarta pour laisser entrer Remi, vêtue d'une salopette bleu ciel trop grande pour elle. Ses cheveux auburn étaient ramassés en queue-de-cheval et son visage rosi par le savon.

L'homme articula dans un anglais rudimentaire : « S'il vous plaît, assis. Attendre. » Puis il claqua la porte.

Sam, qui portait le même accoutrement, se leva et serra Remi contre son cœur. Il prit un peu de recul, la regarda de la tête aux pieds, puis sourit. « Ravissant, tout simplement ravissant.

— Imbécile, le gronda-t-elle gentiment.

— Comment te sens-tu ?

— Mieux. C'est dingue l'effet que peuvent faire un gant et de l'eau chaude. Bien sûr, je ne te parle pas d'une vraie douche ou d'un bain moussant, mais on n'en est pas loin. »

Ils s'installèrent autour de la table. La pièce dans laquelle la police de Katmandou les avait enfermés tenait plus de la salle d'attente que de la cellule. Une peinture gris clair couvrait le sol et les murs en parpaings ; la table et les chaises (vissées au sol) étaient en aluminium lourd. Face à eux, une fenêtre grillagée donnait sur la salle de police où une demi-douzaine d'agents en uniforme répondaient au téléphone, rédigeaient des rapports ou discutaient entre eux. Depuis qu'on les avait « sauvés », deux heures auparavant, personne ne leur avait adressé la parole, sauf pour leur donner des ordres polis mais fermes dans un anglais approximatif.

À l'arrière du panier à salade, ils avaient regardé défiler le paysage, en essayant d'identifier la zone où ils avaient émergé des galeries souterraines. Quand la fourgonnette avait franchi le pont des gorges de Chobar, avant de foncer vers Katmandou, au nord-ouest, ils avaient obtenu la réponse.

Leurs points d'entrée et de sortie étaient séparés de trois kilomètres environ. D'abord, cette découverte les fit sourire, puis, au grand étonnement des deux agents de police assis à l'avant, Sam et Remi furent pris d'un fou rire qui dura une minute, montre en main.


« D'après toi, qui a donné l'alarme ? demanda Remi.

— Aucune idée, répondit Sam. Je constate seulement que nous ne sommes pas en état d'arrestation.

— J'imagine qu'ils vont nous interroger. Qu'allons-nous leur raconter ? »

Sam réfléchit un instant. « Il faut coller autant que possible à la réalité. Nous sommes partis faire une balade un peu avant l'aube. Nous nous sommes égarés et nous avons tourné en rond jusqu'à ce qu'ils nous trouvent. S'ils insistent, contente-toi de répéter "Je ne sais pas trop". À moins qu'ils ne découvrent notre matériel, ils ne peuvent rien prouver.

— Certes. Et à supposer qu'ils ne nous jettent pas en prison en nous accusant de quelque obscur méfait.

— On va devoir récupérer le… »

Sam se tut et plissa les yeux. Remi suivit son regard. De l'autre côté de la fenêtre grillagée, à l'extrême gauche de la salle, une porte venait de s'ouvrir sur Russell et Marjorie King.

« C'est drôle mais je ne suis pas surprise, marmonna Remi.

— C'était à prévoir. »

Dès que le sergent de faction repéra les jumeaux King, il traversa la salle à toute vitesse pour les accueillir. Le trio se mit à discuter avec animation. Sam et Remi n'entendaient pas leur conversation mais l'attitude du sergent était éloquente : l'homme se montrait obséquieux, voire impressionné par ses visiteurs. Finalement, il hocha la tête et repartit à fond de train dans l'autre sens. Quant à Russell et Marjorie, ils tournèrent les talons et disparurent dans le couloir.

Quelques instants plus tard, le sergent, accompagné d'un subordonné, entra dans la cellule et s'assit face aux Fargo. Il prononça une phrase en népalais que l'autre traduisit dans un anglais correct, mais assorti d'un fort accent. « Mon sergent demande que je traduise notre conversation. Cela vous convient-il ? »

Sam et Remi acquiescèrent.

Le sergent reprit son discours. « S'il vous plaît, déclinez votre identité, traduisit l'agent de police.

— Sommes-nous en état d'arrestation ? s'enquit Sam.

— Non. Vous êtes en détention provisoire.

— De quoi nous accuse-t-on ?

— La loi népalaise ne nous oblige pas à répondre à cela pour le moment. Veuillez décliner votre identité. »

Sam et Remi s'exécutèrent et répondirent aux questions de routine – Pourquoi êtes-vous au Népal ? Où séjournez-vous ? Quel est le but de votre visite ? – puis on entra dans le vif du sujet.

« Où comptiez-vous aller quand vous vous êtes perdus ?

— Nulle part en particulier, répondit Remi. C'était une belle journée pour une balade.

— Vous avez garé votre voiture près des gorges de Chobar. Pourquoi ?

— Il paraît que cet endroit est magnifique, dit Sam.

— À quelle heure êtes-vous arrivés ?

— Avant l'aube.

— Pourquoi si tôt ?

— Nous avons la bougeotte, répondit Sam dans un sourire.

— Qu'est-ce que ça veut dire ?

— Nous détestons rester sans rien faire, expliqua Remi.

— Veuillez nous dire jusqu'où vous avez marché.

— Si nous le savions, nous ne nous serions sans doute pas égarés, dit Sam.

— Vous aviez une boussole. Comment avez-vous fait pour perdre votre chemin ?

— J'ai séché les cours d'orientation quand j'étais scout », dit Sam.

Remi vint à sa rescousse. « Et moi, je passais mon temps à vendre des gâteaux.

— Il n'y a pas matière à plaisanter, monsieur et madame Fargo. Vous trouvez ça drôle ? »

Sam se composa une expression consternée. « Pardonnez-nous. C'est à cause de la fatigue. Oh, comme c'est gênant ! Merci du fond du cœur de nous avoir sauvés. Au fait, qui vous a alertés ? »

L'agent traduisit la question, le sergent grommela, puis reprit l'interrogatoire. « Mon sergent dit que ce n'est pas à vous de poser les questions. Vous dites que vous étiez partis en randonnée pour la journée. Où sont vos sacs à dos ?

— On pensait revenir plus tôt, dit Remi. Et j'avoue qu'on manque souvent de prévoyance. »

Pour confirmer la déclaration de sa femme, Sam hocha la tête d'un air dépité.

« Vous voulez nous faire avaler que vous êtes partis en randonnée sans le moindre équipement ?

— J'avais mon couteau suisse », s'empressa de préciser Sam.

Quand il entendit la traduction, le sergent plongea son regard dans les yeux de Sam, puis de Remi. Sans mot dire, il se leva et sortit de la pièce à grandes enjambées. Le traducteur lança : « Veuillez attendre ici », avant de lui emboîter le pas.

Comme on pouvait l'imaginer, le sergent fila droit vers la porte du commissariat. Sam et Remi ne voyaient que son dos ; Russell et Marjorie étaient cachés par le battant. Sam alla se poster à droite de la fenêtre grillagée et colla son nez à la vitre.

« Tu les vois ? demanda Remi.

— Ouais.

— Et alors ?

— Les jumeaux ont l'air contrarié. Fini les sourires doucereux. Russell fait de grands gestes… Eh bien, voilà qui est intéressant.

— Quoi donc ?

— Il vient de mimer la forme d'une boîte – et curieusement, cette boîte a l'air d'avoir la même taille que notre coffre.

— Tant mieux. J'imagine qu'ils ont ratissé la zone où on nous a retrouvés. S'ils avaient mis la main dessus, Russell ne serait pas dans cet état. »

Sam recula et regagna sa chaise en toute hâte.

Le sergent et son homme entrèrent et se rassirent. L'interrogatoire reprit, mais à un rythme plus soutenu, afin d'obliger Sam et Remi à se contredire. Les questions tournaient toutes autour du même thème : nous savons que vous avez emporté des affaires, où sont-elles ? Sans tomber dans le piège, Sam et Remi s'en tinrent à leur première version pendant que le sergent s'énervait tout seul dans son coin.

L'homme finit par passer aux menaces : « Nous savons qui vous êtes et ce que vous faites. Nous vous soupçonnons d'être venus au Népal pour vous livrer au trafic d'antiquités.

— Sur quoi reposent vos soupçons ? demanda Sam.

— Nous avons nos sources.

— On vous a induits en erreur, dit Remi.

— Vous avez enfreint plusieurs de nos lois. Vous encourez de lourdes peines. »

Sam se pencha sur la table et planta son regard dans celui du sergent. « Allez-y, arrêtez-nous. Quand ce sera fait, vous nous mettrez en contact avec l'attaché juridique de l'ambassade américaine. »

Le sergent soutint son regard pendant dix bonnes secondes, puis se rencogna dans son siège en soupirant. Il glissa quelques mots à l'oreille de son subordonné, se leva et ouvrit la porte d'un geste si brutal que le battant heurta le mur de la cellule.

L'agent traduisit : « Vous êtes libres de partir. »

Dix minutes plus tard, après avoir renfilé leurs vêtements, Sam et Remi descendaient les marches du commissariat. Le ciel crépusculaire était dégagé ; une poussière d'étoiles commençait à scintiller. Les réverbères projetaient leur halo sur les pavés de la rue.

« Sam ! Remi ! »

Les deux interpellés ne furent pas surpris de voir Russell et Marjorie courir derrière eux sur le trottoir.

« Nous venons d'apprendre la nouvelle, dit Russell dans un dernier bond. Vous allez bien ?

— Fatigués et légèrement penauds, mais on fait aller », répondit Sam.

Les Fargo avaient décidé de s'en tenir à cette histoire de randonnée qui aurait mal tourné, position délicate toutefois, puisque personne n'était dupe. Comment Russell et Marjorie allaient-ils réagir ? Ou plus exactement : qu'allaient-ils faire maintenant que Remi et Sam savaient que Charles King les avait menés en bateau ? Mais quelles étaient les réelles intentions de King ? Et quelle sinistre vérité se cachait derrière la disparition de Frank Alton ?

« Nous allons vous conduire à votre voiture, annonça Marjorie.

— Nous irons la chercher demain matin, répondit Remi. Pour l'instant, nous préférons rentrer à l'hôtel.

— Il faut aller la chercher tout de suite, insista Russell. Si vous avez des affaires à l'intérieur… »

À ces mots, Sam ne put s'empêcher de sourire. « Elle est vide. Bonne nuit », lâcha-t-il en prenant Remi par le bras.

Ils firent demi-tour et s'éloignèrent d'un bon pas.

Russell leur lança : « On vous appellera dans la matinée !

— Ne prenez pas cette peine, c'est nous qui vous contacterons », répliqua Sam sans se retourner.

*

*Houston, Texas*

« Ah ça oui, ils ont bel et bien dépassé les bornes ! » aboya Charles King en faisant basculer son luxueux fauteuil de bureau. L'immense baie vitrée derrière lui offrait une vue panoramique sur la ville.

De l'autre côté de la planète, Russell et Marjorie King jugèrent préférable de ne pas répondre, de peur d'interrompre leur père. Quand il voudrait des détails, il leur poserait la question.

« Où ont-ils passé la journée, bon sang ?

— Nous l'ignorons, répondit la voix de Russell dans le haut-parleur. L'homme que nous avons embauché a perdu leur trace au sud-ouest de…

— Embauché ? Ça veut dire quoi, embauché ?

— Il fait partie de nos… vigiles sur le site de fouilles, expliqua Marjorie. Il est fiable…

— Mais incompétent ! Vous auriez pas pu trouver un type qui combine ces deux merveilleuses qualités ? Ça vous a pas traversé l'esprit ? Et d'abord, pourquoi embaucher quelqu'un ? Qu'est-ce que vous fabriquiez tous les deux pendant ce temps-là ?

— Nous étions sur le chantier de fouilles, dit Russell. Pour préparer le chargement du…

— Peu importe. Ça n'a pas d'importance. Est-ce que les Fargo sont entrés dans les galeries souterraines ?

— C'est possible, répondit Marjorie. Mais nous les avons déjà explorées. Il n'y a rien là-dedans.

— Ouais, ouais. Moi, ce qui m'intéresse, c'est comment ils ont pu faire pour les trouver. Assurez-vous qu'ils n'obtiennent aucune information, à part celles que nous choisirons de leur communiquer, compris ?

— Oui, papa, répondirent en chœur Marjorie et Russell.

— Et leurs affaires personnelles ?

— Nous les avons fouillées, dit Russell. Leur voiture aussi. Notre contact au poste de police les a interrogés pendant une heure. Sans résultat.

— Est-ce qu'il les a suffisamment cuisinés, pour l'amour du ciel ?

— Il est allé aussi loin qu'il pouvait. Il paraît que ça ne leur faisait ni chaud ni froid.

— À quoi ont-ils passé leur journée ?

— Ils auraient perdu leur chemin en se baladant.

— Mon œil ! C'est de Sam et Remi Fargo qu'il s'agit. Moi, je vais vous dire ce qu'il s'est passé : vous avez dû faire une connerie et les Fargo s'en sont aperçus.

Maintenant, ils ont des soupçons et ils vous mènent en bateau. Rassemblez des hommes et faites-les suivre. Je veux savoir où ils vont et ce qu'ils magouillent. C'est compris ?

— Tu peux compter sur nous, papa, dit Marjorie.

— Pour changer, grommela King. Dorénavant, je ne prendrai plus aucun risque. J'envoie des renforts. »

King se pencha sur le socle du téléphone et, d'un doigt rageur, coupa le haut-parleur. Debout devant son bureau, les mains croisées, se tenait Zhilan Hsu.

« Tu es dur avec eux, Charles, murmura-t-elle.

— Et toi, tu les couves trop ! rétorqua King.

— Jusqu'à cet incident avec les Fargo, ils t'ont toujours assisté avec efficacité. »

King fronça les sourcils et secoua la tête d'un air agacé. « Possible. Mais je veux que tu te rendes sur place pour veiller à ce que la situation ne dégénère pas. Quelque chose leur a mis la puce à l'oreille. Prends le Gulfstream et file. Occupe-toi des Fargo. Et aussi de cet Alton. Il ne nous sert plus à rien, désormais.

— Peux-tu être plus précis ?

— Fais en sorte que les Fargo jouent leur rôle. Sinon… Le Népal est un immense pays. Des gens disparaissent tous les jours, là-bas. »

## 11

*Hôtel Hyatt Regency, Katmandou, Népal*

Au petit matin, Remi sursauta en entendant sonner le téléphone sur sa table de nuit. « Sam, tu n'as pas demandé qu'on nous réveille, j'espère. Tu sais l'heure qu'il est ? »

Sam décrocha et dit : « Nous serons là dans quarante-cinq minutes.

— Quoi, où allons-nous ? s'écria Remi.

— Je tiens mes promesses. J'ai prévu un massage himalayen aux pierres chaudes pour toi et un massage suédois pour moi.

— Fargo, fit Remi d'un air ravi, tu es un trésor. »

Elle se glissa hors du lit et fonça dans la salle de bains pendant que Sam répondait aux coups frappés à la porte. Le garçon d'étage déposa le petit déjeuner que Sam avait commandé la veille au soir : le menu préféré de Remi, à savoir du corned-beef et des œufs pochés, ainsi que des œufs brouillés au saumon pour lui.

Il avait aussi demandé du café et deux verres de jus de grenade.

Tout en mangeant, ils regardaient le mystérieux coffre posé sur le canapé devant eux. Remi se versa une deuxième tasse de café pendant que Sam composait le numéro de Selma.

« Pourquoi pensez-vous que King aurait organisé l'enlèvement d'Alton ? demanda Selma.

— Pour nous attirer ici, proposa Remi en prenant une gorgée de café.

— Il vous fait venir sous le prétexte d'enquêter sur la disparition de Frank, et ensuite… Quoi ?

— Faux pavillon, murmura Sam avant d'expliquer : c'est un terme d'espionnage. Un agent est recruté par un ennemi qui se présente comme un ami et lui fait croire qu'il va accomplir une mission donnée alors qu'en réalité, il se sert de lui pour tout autre chose.

— Absolument génial, ironisa Remi.

— Un vrai château de cartes, en effet, abonda Sam. Si c'est bien de King que vient cette idée, son ego surdimensionné l'empêchera d'admettre que son plan est en train de foirer.

— Donc vous ne savez même pas si c'est bien après Lewis King que vous courez. Tout comme vous ignorez si quelqu'un a pu l'apercevoir à un moment ou à un autre.

— Visiblement, Charlie n'est pas du genre sentimental. Si je devais émettre une supposition, je dirais qu'il s'intéresse moins à son père qu'à la chose que son père recherchait.

— Le coffre que vous avez découvert ? dit Selma.

— Je le répète, ce n'est qu'une supposition », répondit Sam.

La veille au soir, Sam et Remi n'avaient pas regagné immédiatement leur hôtel. Ils s'étaient éloignés du poste de police puis, sans que personne les remarque, avaient changé de direction et sauté dans un taxi. Sam avait ordonné au chauffeur de rouler au hasard pendant une dizaine de minutes pour déjouer les éventuelles filatures. Certains que les jumeaux King se lanceraient à leurs trousses, ils préféraient ne pas leur laisser le temps de s'organiser.

Après s'être assuré que personne ne les avait suivis, Sam avait demandé qu'on les arrête devant une agence de location de voitures, dans le sud de Katmandou. Ils en étaient repartis au volant d'une Opel verte. Une heure plus tard, ils avaient laissé ce véhicule sur le parking d'un motel situé à proximité des gorges de Chobar, et fait le reste du chemin à pied.

Grâce aux repères qu'ils avaient mémorisés durant leur voyage dans le fourgon de police, il leur avait fallu moins d'une heure pour retrouver le tunnel de sortie et leur matériel caché à l'intérieur. Personne n'y avait touché.

« Nous te l'envoyons par FedEx, dit Remi à Selma.

— Si c'est l'objet que King convoite, je préfère qu'on s'en débarrasse, précisa Sam. En plus, je sais que tu adores les énigmes, ma chère Selma. Celle-ci devrait te plaire. Si tu trouves la solution, on t'offrira ce fameux poisson pour ton bocal…

— C'est un aquarium, monsieur Fargo. Le terme bocal convient mieux aux récipients qui décorent les chambres d'enfant. Quant au « fameux poisson », il s'agit d'un cichlidé. Une espèce très rare. Très chère. Son nom scientifique est…

— … en latin, je parie, termina Sam dans un gloussement. Ouvre notre boîte à malice népalaise et il est à toi.

— Inutile de me soudoyer, monsieur Fargo. Cela fait partie de mon travail.

— Alors prends cela comme un cadeau d'anniversaire avant l'heure », renchérit Remi en faisant un clin d'œil à Sam. Selma détestait les anniversaires, surtout les siens.

« Au fait, Rube s'est manifesté, dit Selma pour changer de sujet. Il s'est renseigné sur Zhilan Hsu. Elle serait – je le cite – presque inexistante. Pas de permis de conduire, pas de carte de crédit. Elle n'apparaît sur aucun document officiel, à part les registres de l'immigration. Elle a débarqué de Hong Kong en 1990 à l'âge de seize ans, munie d'un visa de travail.

— Laisse-moi deviner, l'interrompit Sam. Elle travaillait pour King Oil.

— Exact. Et voilà la meilleure : elle était enceinte de six mois quand elle est arrivée aux États-Unis. J'ai fait le calcul. La date supposée de son accouchement et celle de la naissance des jumeaux coïncident à peu de chose près.

— Maintenant, c'est officiel, je déteste Charlie King, dit Remi. Je suis sûre qu'il l'a achetée comme une esclave.

— C'est probable, renchérit Sam.

— Que prévoyez-vous de faire à présent ? s'enquit Selma.

— On retourne à l'université. Le professeur Kaalrami nous a informés qu'elle avait terminé la traduction du parchemin devanagari…

— Lowa, corrigea Remi. Elle disait qu'il était écrit en lowa.

— Exact, en lowa, répondit Sam. Avec un peu de chance, son collègue pourra nous fournir des éclaircissements sur la tombe que nous avons trouvée – ou du moins établir une connexion.

— Qu'en est-il de Frank ?

— À supposer que King soit responsable de son enlèvement, je dirais que notre seul atout réside dans la négociation. Et s'il pense que nous avons ce qu'il convoite, nous serons mieux placés pour discuter. En attendant, espérons que King ait assez de jugeote pour garder Frank en vie. »

*

*Université de Katmandou*

Dès qu'ils furent certains qu'on ne les suivait pas, Sam et Remi entrèrent dans une agence FedEx. Contre la somme de six cents dollars, l'employé leur promit que leur colis s'envolerait pour la Californie en début de soirée, pour une livraison dans les quarante-huit heures. Une broutille, étant donné l'enjeu, se dirent Sam et Remi, puisque désormais le coffre serait à l'abri des jumeaux – à supposer qu'il revête un réel intérêt pour King. De toute façon, comme les Fargo ne disposaient ni du temps ni des moyens techniques nécessaires pour l'ouvrir, mieux valait le transférer à Selma, Pete et Wendy.

Ils pénétrèrent sur le campus peu après 13 heures. Le professeur Kaalrami les attendait dans son bureau. Après les politesses d'usage, ils s'installèrent autour de la table de réunion.

« Ça n'a pas été facile, commença le professeur. Il m'a fallu presque six heures pour le traduire.

— Nous sommes désolés de vous avoir fait perdre tout ce temps, répondit Remi.

— Ne le soyez pas. Cela m'a évité de passer la soirée devant la télévision. Cet exercice intellectuel m'a beaucoup plu. Voici une copie pour vous. » Elle leur remit une feuille tapée à la machine. « Je suis en mesure de vous confirmer la teneur de ce document. C'est bien un décret militaire ordonnant l'évacuation du Theurang conservé à Lo Manthang, capitale du royaume du Mustang.

— De quand date-t-il ? demanda Sam.

— Le texte ne l'indique pas, répondit le professeur Kaalrami. La personne que je vous présenterai tout à l'heure – mon collègue – vous en dira peut-être davantage. Il se peut que j'aie raté certains détails révélateurs.

— Ce Theurang, en quoi…, insista Remi.

— J'ignore ce que c'est. Je peux seulement vous dire que le document le désigne aussi sous un autre nom : l'« Homme d'Or ». Mais je le répète, mon collègue sera peut-être mieux informé. Ce décret a été émis dans des circonstances particulières. Une armée d'invasion s'approchait de la capitale. Le chef de l'armée mustang – l'équivalent d'un maréchal ou d'un chef d'état-major – agissant pour le compte de la Maison royale, a ordonné que le Theurang soit évacué par une troupe de soldats d'élite connus sous le nom de Sentinelles. Le texte ne donne aucune autre précision à leur sujet.

— Où devaient-ils l'emporter ? demanda Sam.

— Le décret ne le dit pas. L'expression "comme il a été ordonné" revient à plusieurs reprises, ce qui suggère que les Sentinelles avaient reçu des instructions préalables.

— Autre chose ? dit Remi.

— Un détail a retenu mon attention. Le décret célèbre l'esprit de sacrifice des Sentinelles. Ces hommes étaient prêts à mourir pour sauvegarder l'Homme d'Or.

— C'est un truc courant dans le langage militaire, intervint Sam. Une manière pour les généraux de stimuler leurs troupes avant…

— Pas du tout, monsieur Fargo. Je me suis mal fait comprendre, désolée. Cette formule ne sert pas à célébrer leur volonté de sacrifice. Il s'agit plutôt d'une affirmation. Celui qui a rédigé ce document savait que les Sentinelles ne survivraient pas à leur mission. Aucun de ces soldats n'était censé en revenir.

Le professeur Kaalrami avait donné rendez-vous à son collègue, Sushant Dharel, à 14 heures. Quelques minutes avant, ils sortirent tous les trois de son bureau pour rejoindre un autre bâtiment du campus. Dharel terminait un cours dans une salle lambrissée de bois. C'était un homme filiforme, d'une trentaine d'années, vêtu d'un pantalon kaki et d'une chemise blanche à manches courtes. Ils attendirent que tous ses étudiants s'en aillent, puis le professeur Kaalrami fit les présentations et lui exposa la requête de Sam et Remi. En l'entendant parler, Dharel manifesta un vif intérêt.

« Vous avez apporté le document ?

— Ainsi que sa traduction », répondit le professeur Kaalrami en lui tendant les deux feuillets.

Dharel les parcourut en remuant les lèvres, puis il regarda Sam et Remi. « Où l'avez-vous trouvé ? Qui pouvait bien posséder… » Il s'arrêta brusquement. « Pardonnez mon excitation et mes mauvaises manières. Veuillez vous asseoir. »

Sam, Remi et le professeur Kaalrami s'installèrent au premier rang ; Dharel prit sa chaise de bureau et la plaça face à eux : « Si vous… Où l'avez-vous trouvé ?

— Dans les affaires personnelles d'un dénommé Lewis King.

— Un de mes anciens amis, ajouta le professeur Kaalrami. Vous n'étiez pas né, Sushant. Je suis assez satisfaite de ma traduction, mais j'ai du mal à replacer le document dans son contexte, comme le souhaiteraient monsieur et madame Fargo. Étant donné que vous êtes le grand spécialiste de l'histoire du Népal, j'ai pensé que vous pourriez nous aider.

— Bien sûr, bien sûr », fit Dharel en se replongeant dans la lecture du parchemin. Après une minute de réflexion, il releva la tête. « Ne le prenez pas mal, mais, dans un but de clarté, je ferai comme si vous ne connaissiez rien à notre histoire nationale.

— Ce qui est le cas, répondit Sam.

— Sachez en outre que la plupart des informations que je vais vous révéler sont généralement considérées comme des éléments légendaires, sans grand rapport avec la vérité historique.

— C'est entendu, répondit Remi. Je vous en prie, poursuivez.

— Ce document porte le nom de Décret Himanshu. Il a été rédigé en l'an 1421 par un chef militaire nommé Dolma. Vous pouvez voir son sceau officiel, tout en bas. C'était une pratique courante, à l'époque. Les sceaux et cachets étaient des objets précieux, soumis à bonne garde. Les hauts personnages – chefs de guerre ou fonctionnaires gouvernementaux – les confiaient souvent à des soldats qui les accompagnaient dans tous leurs déplacements. Il me faudrait du temps pour vous le certifier mais, à première vue, je pense que ce sceau est authentique.

— D'après la traduction du professeur Kaalrami, le décret ordonnait l'évacuation d'un certain objet, insista Sam. Le Theurang.

— Oui, tout à fait. On le connaît également comme l'« Homme d'Or ». C'est là que l'histoire et le mythe se confondent, j'en ai peur. Pour les uns, le Theurang était la statue grandeur nature d'une créature anthropomorphe, pour d'autres il s'agissait du squelette de cette créature. La légende qui entoure le Theurang rappelle le Livre de la Genèse qui est à l'origine de la religion chrétienne. En fait, le Theurang est censé être… » Dharel s'interrompit, le temps de trouver l'expression appropriée. « La source de toute vie. La Mère de l'Humanité, si vous voulez.

— C'est un sacré profil de poste », dit Sam.

Dharel fronça les sourcils, puis esquissa un sourire. « Oui, je vois ce que vous entendez par là. En effet, c'est un lourd fardeau que celui du Theurang. En tout cas, qu'il soit réel ou mythique, l'Homme d'Or est devenu un symbole divin pour les peuples du Mustang – et dans la quasi-totalité du Népal, en l'occurrence. Toujours est-il que son lieu d'origine demeure Lo Manthang.

— Cette expression, "source de toute vie", doit-on la prendre au sens propre ou au figuré ? » demanda Remi.

Dharel sourit et haussa les épaules. « Comme pour tous les symboles religieux, c'est au croyant qu'il revient d'en décider. Je pense qu'on peut dire sans trop s'avancer qu'à l'époque de la promulgation de ce décret, les gens prenaient les symboles au pied de la lettre. Plus qu'aujourd'hui, en tout cas.

— Que savez-vous de ces Sentinelles ? intervint Sam.

— Des soldats d'élite, l'équivalent des commandos actuels. Selon certains textes, ils étaient sélectionnés dès l'enfance et formés dans un seul but : protéger le Theurang.

— Dans sa traduction, le professeur Kaalrami a utilisé l'expression "comme il a été ordonné". Les Sentinelles avaient donc connaissance d'un plan d'évacuation préétabli ? Qu'en pensez-vous ?

— Cela ne me dit rien de particulier, répondit Dharel, mais si je saisis bien le sens du texte, les Sentinelles n'étaient pas nombreuses. Une douzaine. Lors de l'évacuation, chacune devait quitter la ville avec un coffre identique afin de semer la confusion parmi les envahisseurs. L'un de ces coffres contenait certainement les restes démantibulés du Theurang. »

Sam et Remi échangèrent des sourires entendus.

Dharel ajouta : « Seuls quelques individus triés sur le volet au sein de l'armée et du gouvernement savaient quelle Sentinelle transportait les reliques authentiques.

— Et qu'y avait-il à l'intérieur des autres coffres ? renchérit Sam.

— Je l'ignore, soupira Dharel. Peut-être rien, peut-être une réplique du Theurang. En tout cas, les Sentinelles étaient de taille à confondre l'ennemi. Elles étaient censées fuir la ville, juchées sur les meilleures montures, puis se séparer pour mieux disperser leurs éventuels poursuivants. Avec de la chance et du talent, la Sentinelle chargée du Theurang a réussi à s'échapper et à cacher le précieux coffre dans un endroit prédéterminé.

— Pouvez-vous nous décrire leurs armes ?

— Pas précisément, mais je suppose qu'ils avaient au moins une épée, plusieurs poignards, un arc et une lance.

— A-t-on retrouvé des textes qui attestent du succès de cette mission ? demanda Remi.

— Aucun.

— À quoi ressemblait le coffre ? » reprit Remi.

Dharel alla chercher un bloc de papier et un crayon sur son bureau et fit le croquis d'un cube en bois ressemblant étonnamment au coffre qu'ils avaient remonté de la grotte.

« Je doute fort qu'il existe une description plus détaillée. Les coffres étaient conçus avec beaucoup d'ingéniosité, paraît-il. Si jamais l'ennemi avait mis la main sur l'un d'entre eux, il aurait sans doute passé des jours, voire des semaines, à tenter d'en forcer l'ouverture.

— Ce qui laissait autant de répit aux autres Sentinelles, ajouta Sam.

— Exactement. Ces soldats n'avaient pas de famille, pas d'amis. Ainsi personne ne pouvait exercer de pression sur eux. De plus, ils étaient entraînés depuis leur prime jeunesse à supporter les pires tortures.

— Quel dévouement extraordinaire, remarqua Remi.

— En effet.

— À quoi ressemblait le Theurang ? » demanda Sam.

Dharel hocha la tête. « Comme je l'ai mentionné, on lui prêtait les traits d'un homme, mais un homme… disons hors du commun. Ses os étaient en or pur, ses yeux taillés dans des pierres précieuses – rubis, émeraudes ou autres.

— L'Homme d'Or, murmura Remi.

— Oui. Tenez… je dois avoir là une reconstitution dessinée par un artiste. » Dharel se leva, contourna son bureau et fouilla dans ses tiroirs, avant de revenir vers eux en feuilletant un livre relié en cuir. Il s'arrêta sur une page, retourna le volume et le tendit à Sam.

« Joli joujou », murmura Remi.

Bien que très stylisée, la reconstitution du Theurang ressemblait énormément au dessin gravé sur le bouclier dans la grotte.


Une heure plus tard, de retour à leur hôtel, Sam et Remi appelèrent Selma pour lui narrer leur visite à l'université.

« Extraordinaire, dit Selma. On ne fait ce genre de découverte qu'une fois dans sa vie.

— Nous ne pouvons pas la revendiquer, répondit Remi. Lewis King est passé avant nous. S'il l'a recherché durant des décennies, c'est à lui que le Theurang appartient de droit – enfin, de manière posthume.

— Alors, vous croyez qu'il est mort ?

— Simple intuition, répondit Sam. Si quelqu'un avait découvert cette tombe avant nous, tout le monde serait au courant. On aurait ouvert un chantier de fouilles et transféré les vestiges dans un musée.

— King a dû explorer les galeries, d'où les rivets enfoncés dans les parois, embraya Remi. Il a trouvé les restes humains, puis il a fait une chute mortelle en voulant retraverser le puits. Si les choses se sont bien déroulées ainsi, les ossements de Lewis King ont dû être emportés par un affluent souterrain de la Bagmati. C'est dommage. Il touchait au but.

— N'allons pas trop vite en besogne, dit Sam. Jusqu'à preuve du contraire, notre coffre peut très bien faire partie des leurres. Certes, il s'agit d'une découverte non négligeable, mais rien ne prouve que nous ayons décroché le gros lot.

— Nous le saurons quand nous aurons réussi à l'ouvrir. »

Ils restèrent encore un peu au téléphone avec Selma, puis raccrochèrent.

« Que fait-on maintenant ? demanda Remi.

— Je ne sais pas toi, mais moi, ces jumeaux de cauchemar commencent à me fatiguer.

— Tu crois peut-être que je les apprécie ?

— Ils nous suivent comme des petits chiens depuis qu'on est arrivés. Il est temps de renverser les rôles – et avec papa King aussi.

— On joue les espions ? » dit Remi avec une étincelle dans le regard.

Sam la fixa un instant, puis eut un sourire malicieux. « Parfois, ton ardeur m'effraie.

— J'adore jouer les espions.

— Je le sais bien, chérie. J'ignore encore si nous possédons l'objet que King convoite, mais nous pourrions le lui faire croire, histoire de secouer le cocotier et voir ce qui dégringole. »

## 12

*Katmandou, Népal*

Sachant que les jumeaux King étaient au Népal pour s'occuper d'une compagnie minière détenue par leur père, Selma n'eut pas de difficultés à rassembler toute une série de renseignements précieux. Géré par l'une des nombreuses filiales de King, le fameux chantier d'exploration se situait au nord de Katmandou, dans la vallée de Langtang.

Après une autre visite au magasin de surplus, Sam et Remi rangèrent leurs achats à l'arrière de leur nouvelle Range Rover de location et partirent vers 17 heures. Il leur restait moins de deux heures avant le coucher du soleil, mais ils préféraient quitter la ville avant que les jumeaux King ne reviennent à la charge.

À vol d'oiseau, la mine n'était qu'à quarante-cinq kilomètres de Katmandou. Par la route, Il fallait multiplier cette distance par trois. Deux heures de trajet dans un pays occidental ; ici, une bonne journée de voiture.

« À en juger par cette carte, dit Remi assise à la place du passager, ce qu'ils appellent une autoroute n'est en réalité qu'une voie non goudronnée, à peine plus large et tout juste mieux entretenue qu'un sentier de mulet. Une fois que nous aurons passé Trisuli Bazar, nous roulerons sur des routes secondaires. Je n'ose pas imaginer ce qu'est une route secondaire dans ce pays.

— À quelle distance est Trisuli ?

— Avec de la chance, nous y arriverons avant la tombée de la nuit. Sam... Attention, une chèvre ! »

Une adolescente traînait une chèvre au milieu de la route sans remarquer le véhicule qui fonçait sur elle. La Range Rover s'arrêta en dérapant dans un nuage de poussière ocre. La fille leva les yeux et sourit, sans manifester la moindre émotion. Elle leur fit même un signe de la main. Sam et Remi lui répondirent de la même façon.

« Pour mémoire, dit Sam. Pas de passages cloutés au Népal.

— Et les chèvres sont partout chez elles », ajouta Remi.

Une fois sortis de la ville, ils trouvèrent dès les premiers contreforts la route coincée entre des champs en terrasses dont la verdure luxuriante contrastait de manière saisissante avec les pentes brunes dépourvues de végétation. À leur gauche, la rivière Trisuli, grossie par les pluies de printemps, dévalait son lit de rochers, ses eaux bouillonnantes teintes en gris par le limon et les éboulis qu'elles charriaient. Ici ou là, des cabanes regroupées sur l'horizon à l'orée des bois. Au loin, vers le nord et l'ouest, culminaient les hauts sommets de l'Himalaya, comme des tours noires découpées sur le ciel.

Deux heures plus tard, alors que le soleil plongeait derrière les montagnes, ils entrèrent dans Trisuli Bazar. S'ils s'étaient écoutés, ils auraient pris une chambre d'hôtel mais, pêchant par excès de paranoïa, ils décidèrent finalement de passer la nuit dehors au cas où, chose peu probable, les King auraient l'idée de fouiner jusqu'ici.

Comme le lui indiquait Remi, Sam sortit du village, puis tourna à gauche sur une voie étroite censée mener au « point de départ des randonnées ». Ils pénétrèrent dans une clairière ovale, bordée de huttes semblables à des yourtes. Sam éteignit les phares et coupa le contact.

« Tu vois quelqu'un ? dit-il en regardant autour de lui.

— Non. On dirait que nous avons l'embarras du choix pour cette nuit.

— Hutte ou tente ?

— Ce serait dommage de ne pas utiliser l'horrible tente en patchwork que nous avons payée les yeux de la tête, dit Remi.

— Je te reconnais bien là. »

En un quart d'heure, ils montèrent leur abri à la lumière de leurs lampes frontales. Ils avaient choisi de s'abriter sous un bouquet de conifères, à quelques centaines de mètres des huttes. Comme Remi finissait de dérouler leurs sacs de couchage, Sam fit partir un feu.

« Teriyaki de poulet déshydraté ou… teriyaki de poulet déshydraté ? demanda Sam en inspectant leurs réserves de nourriture.

— Peu importe, pourvu qu'on mange rapidement, répondit Remi. J'ai affreusement sommeil et un furieux mal de tête.

— C'est à cause de l'altitude. On est presque à trois mille mètres. Ça ira mieux demain. ».

Sam fit chauffer les deux portions en un tournemain. Quand ils se furent restaurés, Sam prépara du thé oolong. Assis devant le feu, ils regardèrent danser les flammes. Quelque part dans les arbres, un hibou huait.

« Si King court après le Theurang, je me demande ce qu'il a l'intention d'en faire, murmura Remi.

— Impossible à dire. Et pourquoi avoir monté toute cette histoire ? Il aurait pu éviter de jeter ses enfants dans nos pattes.

— Cet homme possède un ego de la taille de l'Alaska…

— Et une nette tendance à vouloir tout contrôler.

— C'est peut-être son mode de fonctionnement. Certaines personnes ne savent pas déléguer, par manque de confiance, qui sait ?

— Tu as sans doute raison, répondit Sam. Mais quelles que soient ses motivations, je n'ai pas envie de lui abandonner une pièce aussi précieuse pour la science que le Theurang. »

Remi hocha la tête. « Je pense que Lewis King nous approuverait. Il avait l'intention de le confier au Musée national du Népal ou à une université.

— Et n'oublions pas Frank, ajouta Sam. Si King est assez tordu pour l'avoir enlevé, je trouve que le moins qu'on puisse faire c'est de lui rendre la monnaie de sa pièce.

— Il se battra jusqu'au bout, Sam.

— Nous aussi.

— Tu parles comme l'homme que j'aime », répondit Remi en levant sa tasse.

Sam glissa le bras autour de sa taille et la serra contre lui.

Ils se levèrent avant l'aube, déjeunèrent, remballèrent leurs affaires et reprirent la route vers 7 heures. Toujours plus haut dans les montagnes, ils traversèrent plusieurs hameaux aux noms pittoresques : Betrawati, Manigaun, Ramche et Thare. Les cultures en terrasses firent place à d'autres paysages. Pentes monochromes, forêts à triple canopée, gorges encaissées. Après un rapide casse-croûte devant un panorama grandiose, ils remontèrent en voiture et roulèrent une heure durant jusqu'à l'embranchement prévu, avant de s'engager sur un sentier de terre passant au nord de Boka Jhunda. Sam arrêta la Rover. La végétation qui empiétait sur la piste, elle-même guère plus large que leur voiture, était si dense qu'on se serait cru dans un tunnel de verdure.

« J'ai comme une impression de déjà-vu, dit Sam. On ne serait pas déjà passés sur cette route, il y a quelques mois, mais à Madagascar ?

— La ressemblance est étrange en effet, reconnut Remi. Vérifions notre position. »

Elle fit courir son index sur la carte tout en regardant ses notes. « On y est presque. D'après Selma, la mine se trouve à dix-huit kilomètres vers l'est. Il y a une voie plus large au nord, mais elle sert au passage des engins de terrassement.

— Il vaut mieux s'introduire dans la place en se glissant par la fenêtre du cagibi. Tu as du réseau ? »

Remi ramassa le téléphone satellite posé à ses pieds pour consulter ses messages. Au bout d'un moment elle hocha la tête, leva le doigt, écouta quelques secondes puis raccrocha. « Le professeur Dharel. Il s'est renseigné. Apparemment, il y a un historien local à Lo Manthang. Un type qui passe pour un expert du Mustang. Il accepte de nous recevoir.

— Quand cela ?

— Dès que nous serons sur place. »

Sam réfléchit un instant, et haussa les épaules. « Pas de problème. Si on arrive à s'introduire dans l'installation minière de King sans se faire attraper, on devrait arriver à Lo Manthang d'ici trois ou quatre semaines. »

Il passa une vitesse et appuya sur le champignon.

Presque aussitôt, la route se mit à grimper en lacet. La Rover avait beau ne pas dépasser les vingt kilomètres à l'heure, les Fargo se seraient crus sur des montagnes russes. De temps à autre, les feuillages s'entrouvraient sur des gorges, des cascades tumultueuses ou des parois déchiquetées qui disparaissaient très vite, absorbées par la forêt.

Ils roulaient depuis une heure et demie quand Sam négocia un virage encore plus abrupt que les précédents. « Attention, des arbres ! cria Remi.

— Vus », répondit Sam en pilant net.

Un mur végétal se dressait devant leur pare-brise.

« Dis-moi que je rêve, fit Sam. Selma se serait-elle trompée ?

— Impossible. »

Ils descendirent, tête baissée pour éviter les branches, et se rejoignirent devant le pare-chocs de la Rover.

« Et pas le moindre voiturier non plus », marmonna Sam.

Remi fit quelques pas sur la droite et lança : « J'ai trouvé un passage. »

Comme Selma l'avait prédit, l'étroite bande de terre creusée d'ornières disparaissait entre les arbres. Sam sortit sa boussole et Remi déplia sa carte.

« C'est à trois kilomètres le long de cette piste, dit-elle.

— Ce qui donne, dans la version népalaise… une dizaine de jours de marche, environ.

— Environ », confirma Remi.


La piste qui serpentait au flanc de la montagne descendait jusqu'à un torrent coulant du nord vers le sud. L'eau se fracassait avec une telle force sur les gros rochers moussus que Remi et Sam furent trempés de la tête aux pieds en l'espace de quelques secondes.

Ils longèrent la berge et, près d'un segment moins tumultueux, trouvèrent un pont de singe guère plus large que leurs épaules. Entre les branches touffues des arbres qui poussaient sur les deux rives et les lianes qui dévoraient le pont, on distinguait à peine ce qu'il y avait de l'autre côté.

Sam laissa tomber son sac, empoigna les cordes qui servaient de rambardes, posa d'abord un pied sur la première planche pour en tester la solidité, puis transféra le poids de son corps. À pas mesurés, il atteignit le milieu du tablier où il sautilla sur place, histoire d'en avoir le cœur net.

« Sam !

— Il a l'air de tenir le choc. »

— Ne refais jamais ça. » En réponse au petit sourire qui se dessinait sur le visage de son mari, Remi lui lança un regard courroucé. « Si je dois aller te chercher... »

Il éclata franchement de rire et regagna la berge. « Allons-y, il est assez costaud pour nous deux. »

Sam récupéra son sac et ouvrit la marche. Le pont oscillait sous leurs pas, mais deux courtes pauses suffirent à le stabiliser.

Une fois passés sur l'autre rive, ils suivirent la piste qui montait et descendait à travers bois, franchirent d'autres gorges, puis arrivèrent dans une zone quelque peu défrichée. Ils escaladaient une crête quand ils perçurent un grondement de moteur Diesel accompagné du bip-bip annonçant une marche arrière.

« À terre ! fit Sam d'une voix rauque avant de se jeter à plat ventre en entraînant Remi.

— Que se passe-t-il ? dit-elle. Je n'ai rien vu...

— Juste en dessous de nous », souffla-t-il en lui faisant signe d'attendre. Sam rampa vers la gauche, s'enfonça dans les broussailles qui bordaient la piste, s'arrêta et se retourna vers Remi, l'index en crochet. Elle se glissa près de lui au moment où il écartait le feuillage du bout des doigts.

Sous leur nez, en contrebas, s'ouvrait une fosse profonde de douze mètres, en forme de ballon de rugby. Une rampe inclinée, revêtue d'une couche noire, descendait depuis la forêt environnante, comme si un géant avait abattu sur le sol une pelle à gâteau. Au fond du trou, des engins de chantier – bulldozers, camions-bennes, chariots élévateurs – circulaient sur des bandes de terre bien tassée, tandis que des terrassiers armés de pelles et de pioches s'activaient le long des parois, à l'entrée de plusieurs tunnels parallèles à la surface du sol. À l'autre extrémité, Sam et Remi remarquèrent qu'une montée creusée dans la terre menait à une clairière et, au-delà, sans doute à la grand-route. Sur le pourtour de la clairière, ils devinèrent plusieurs caravanes de chantier et des huttes Quonset.

« J'aperçois des gardes, murmura-t-il. Postés dans les arbres, et là-bas, dans la clairière.

— Armés ?

— Oui. Fusils d'assaut. Mais pas des AK-47 ordinaires. Je ne connais pas ce modèle. En tout cas, c'est du flambant neuf. Ce chantier d'exploration minière ne ressemble à aucun autre. Enfin, si l'on exclut ceux des républiques bananières. »

Remi observait la pente abrupte qui descendait vers la fosse. « Je compte treize… non, quatorze tunnels latéraux. Ils sont à peine assez larges pour accueillir un homme et des outils de taille moyenne. »

Les bulldozers et les camions semblaient graviter le long des parois de la fosse. De temps à autre, un chariot élévateur roulait jusqu'à l'entrée d'un tunnel, soulevait une palette bâchée, gravissait la pente et disparaissait au loin.

« J'ai besoin de jumelles », dit Remi.

Sam en sortit une paire de son sac. Elle examina les diverses surfaces pendant trente secondes, avant de les lui rendre. « Est-ce que tu vois le troisième tunnel à droite de la rampe ? Dépêche-toi, ils vont le recouvrir. »

Sam fit un panoramique. « Je le vois.

— Zoome sur la palette. »

Sam s'exécuta. Au bout de quelques secondes, il abaissa les jumelles et regarda Remi. « Mais qu'est-ce que c'est que ce truc ?

— Ça dépasse mon domaine de compétence, dit Remi, mais je suis presque sûre qu'il s'agit d'une ammonite géante. Un genre de fossile proche du nautile. Ce n'est pas une mine, Sam. C'est un chantier archéologique. »

## 13

*Vallée de Langtang, Népal*

« Un chantier archéologique ? répéta Sam. Pourquoi King exploiterait-il un site de fouilles ?

— On ne peut rien affirmer pour l'instant, dit Remi, mais ce qui se passe ici enfreint une douzaine de lois népalaises. Ils ne plaisantent pas avec les chantiers clandestins, dans ce pays, surtout quand ces chantiers touchent à leur patrimoine préhistorique.

— Marché noir ? spécula Sam.

— C'est la première idée qui m'est venue », répondit Remi.

Depuis une dizaine d'années, les fouilles illégales et le trafic de fossiles s'étaient considérablement développés, surtout en Asie. La Chine en particulier avait été mise à l'index par un certain nombre d'organismes de veille, dont la plupart n'avaient pas le bras assez long pour déclencher des poursuites. L'année précédente, un rapport publié par *Sustainable Preservation Initiative* estimait que sur les milliers de tonnes de fossiles vendues au marché noir, moins de 1 % avait été saisi par les autorités – et aucune condamnation prononcée.

« Ce trafic représente des sommes faramineuses, dit Remi. Certains collectionneurs privés sont prêts à verser des millions pour obtenir des fossiles intacts, surtout s'il s'agit d'une espèce à la mode : *Velociraptor, Tyrannosaurus rex, Triceratops, Stegosaurus…*

— Des millions de dollars ? Mais c'est de l'argent de poche pour un type comme King.

— D'accord, mais ce chantier existe bel et bien. Pourrait-il nous servir de moyen de pression ?

— Pourquoi pas ? fit Sam en souriant. Mais dans ce cas, il va nous falloir une couverture photographique digne de ce nom. Que dirais-tu d'aller fouiner un peu ?

— Tu sais bien que j'adore fouiner. »

Sam consulta sa montre. « Nous disposons de quelques heures avant la tombée de la nuit. »

Remi récupéra son appareil photo numérique dans son sac. « En attendant, je vais profiter au maximum de la lumière qu'il reste. »

Était-ce un effet d'optique ou un véritable phénomène ? Toujours est-il que le crépuscule semblait durer un temps infini dans l'Himalaya. Le soleil amorça sa descente derrière les montagnes une heure seulement après que Sam et Remi se furent cachés dans les broussailles. Pendant les deux heures suivantes, ils regardèrent l'ombre recouvrir lentement la forêt. Puis, enfin, les phares des engins de terrassement s'allumèrent.

« Fin de la journée de travail », dit Sam en les montrant du doigt.

Dans la fosse, les ouvriers sortirent en file des tunnels pour remonter la rampe.

« Ils creusent du matin au soir, remarqua Remi.

— Pour un salaire de misère, j'imagine, rétorqua Sam.

— À moins qu'ils n'aient à choisir entre travailler pour rien et prendre une balle dans la tête. »

Sur leur droite, une branche craqua. Ils se changèrent en pierre. Quelqu'un approchait. Sam fit signe à Remi de s'aplatir au sol. La joue dans la mousse, ils regardèrent d'où venait le bruit.

Dix secondes passèrent.

Une silhouette sombre se découpa sur la piste en terre. Vêtu d'un treillis vert olive et d'un chapeau de jungle à bords tombants, l'homme portait un fusil d'assaut en travers du torse. Il marcha jusqu'au bord de la fosse et jeta un regard au fond. Puis il braqua ses jumelles sur le site, pendant un bon bout de temps, avant de repartir par où il était venu.

Sam et Remi attendirent cinq minutes avant d'oser se relever sur les coudes. « As-tu vu son visage ? demanda-t-elle.

— J'étais trop occupé à prier qu'il ne nous marche pas dessus.

— C'est un Chinois.

— Tu en es sûre ?

— Oui. »

Sam médita un instant. « On dirait que Charlie King s'est trouvé des partenaires. Cela dit, il y a quand même une bonne nouvelle.

— Laquelle ?

— Ses jumelles n'étaient pas équipées pour la vision nocturne. Il reste juste à espérer qu'on ne tombera pas sur un de ces types dans le noir.

— Toujours aussi optimiste », répondit Remi.

Ils continuèrent d'observer et d'attendre en silence que les derniers ouvriers et leur matériel quittent le chantier, tout en prenant garde aux éventuelles patrouilles.

Une heure après la tombée de la nuit, ils décidèrent de sortir de leur cachette. Comme ils n'avaient pas emporté de corde, ils se mirent en quête d'un substitut organique et arpentèrent la parcelle boisée, jusqu'à ce qu'ils trouvent une liane assez longue et solide pour l'usage qu'ils voulaient en faire. Sam en attacha l'extrémité autour d'un arbre, puis jeta l'autre dans la fosse.

« Il manque deux mètres. Il faudra sauter.

— Je savais que mon entraînement de parachutiste me servirait un jour, répondit Remi. Donne-moi un coup de main. »

Coupant court aux protestations de Sam, Remi se tortilla et passa les jambes dans le vide. Tandis qu'elle agrippait la liane de la main droite, il lui prit la main gauche et serra.

« On se voit en bas », dit-elle en souriant avant de disparaître en dessous. Sam se pencha pour surveiller sa descente. Quand elle lâcha prise, elle effectua un magnifique roulé-boulé sur l'épaule qui se termina sans encombre, sur les genoux.

« Crâneuse », marmonna Sam avant de se lancer à son tour pour réussir une roulade tout à fait convenable, mais pas aussi gracieuse que celle de sa femme. « C'est pas du jeu, tu t'es exercée, lui dit-il.

— Pilates, répondit-elle. Et danse classique.

— Tu n'as jamais fait de danse classique.

— Si, quand j'étais petite. »

Sam ronchonna puis l'embrassa sur la joue. « Où va-t-on ? » demanda-t-elle.

Sam désigna le tunnel le plus proche, à cinquante mètres sur leur gauche. Pliés en deux, ils se glissèrent le long de la paroi en terre jusqu'à l'orifice devant lequel ils s'accroupirent.

« Je vais jeter un œil », dit Remi en se faufilant à l'intérieur.

Peu de temps après, elle réapparut : « Ils sont en train de dégager quelques spécimens, mais rien d'extraordinaire.

— On passe au suivant », dit Sam.

Ils répétèrent la manœuvre dans le deuxième tunnel, avec des résultats similaires. Ils s'apprêtaient à entrer dans le troisième quand, à l'autre bout de la fosse, une intense lumière blanche jaillit de trois lampes à arc fixées sur des poteaux.

« Vite ! dit Sam. Dans le tunnel ! »

Ils se jetèrent à plat ventre dans la terre. « Est-ce qu'ils nous ont repérés ? murmura Remi.

— Si c'était le cas, ils nous auraient déjà tiré dessus, répondit Sam. Enfin, je crois. On ne va pas tarder à le savoir. »

Ils attendirent en retenant leur souffle, guettant bruits de pas ou détonations, mais rien ne se passa. En revanche, une voix féminine résonna du côté de la rampe. Elle hurlait comme si elle distribuait des ordres.

« Tu as compris ? demanda Sam. Elle parlait en chinois, n'est-ce pas ? »

Remi hocha la tête. « Je n'ai pas tout saisi, mais j'ai cru entendre "Amenez-le". » Ils sortirent la tête du tunnel, juste assez pour jeter un coup d'œil dehors. Une douzaine d'ouvriers flanqués de quatre gardes descendaient le long de la rampe. En tête de colonne, une silhouette féminine en combinaison noire. Les hommes en armes rassemblèrent les ouvriers et les alignèrent au fond de la fosse, face à l'entrée du tunnel où se terraient Sam et Remi. La femme poursuivit son chemin.

Sam s'empara des jumelles, zooma puis lança un regard en coin à Remi. « Tu ne vas pas me croire. C'est notre vieille amie la Femme Dragon, dit-il. Zhilan Hsu en personne. »

Remi attrapa son appareil photo pour prendre quelques clichés. « Je ne sais pas si j'ai réussi à l'avoir », dit-elle.

Soudain, Hsu s'immobilisa, se retourna vers les ouvriers rassemblés et se mit à brailler en gesticulant comme une folle. Remi ferma les yeux pour décrypter son discours. « Elle a parlé de voleurs. On aurait volé quelque chose sur le site. Des objets ont disparu. »

Hsu se tut brusquement et pointa un doigt accusateur sur l'un des ouvriers. Les gardes se précipitèrent ; un premier l'envoya au tapis d'un coup de crosse dans les reins, un autre le souleva de terre et le traîna jusqu'à Hsu. Quand il le lâcha, l'homme tomba à genoux en débitant un flot de paroles.

« Il la supplie, dit Remi. Il a une femme et des enfants. Il n'a volé qu'un tout petit bout de… »

Tout à coup, Zhilan Hsu sortit un pistolet de sa ceinture, fit un pas en avant et tira dans le front de l'homme, qui tomba sur le flanc, raide mort.

Hsu se remit à vociférer. Remi avait cessé de traduire, mais le message était clair : si vous volez, vous finirez comme lui.

Les gardes et les ouvriers remontèrent la rampe au pas de charge, suivis par Hsu. Trente secondes plus tard, il ne restait plus dans la fosse que le cadavre du malheureux. Quelqu'un éteignit les lampes à arc.

Sam rompit le silence pesant. « Le peu de sympathie que je ressentais pour elle vient de partir en fumée, murmura-t-il.

— Il faut qu'on aide ces pauvres gens, Sam.

— Entièrement d'accord. Malheureusement, nous ne pouvons rien faire pour l'instant.

— Si on enlevait Hsu pour l'obliger à…

— Ce serait avec plaisir, l'interrompit Sam, mais je doute que nous y arrivions sans alerter la troupe. Ils auraient tôt fait de nous tomber dessus. En revanche, il faut se dépêcher de dénoncer les agissements de King. »

Remi réfléchit, puis hocha la tête. « Les photos ne suffiront pas.

— D'accord. Je suppose que l'une de ces caravanes doit leur servir de bureau. S'ils conservent des documents quelque part, nous les trouverons. »


Par précaution, ils attendirent encore un peu et, quand ils virent que plus rien ne bougeait, ils reprirent leur inspection des tunnels. Sam faisait le guet. Remi prenait des photos.

« Il y a un spécimen de *Chalicotherium* dans celui-ci. Parfaitement conservé.

« — Un spécimen de quoi ?

— *Chalicotherium*. C'est un ongulé à trois doigts qui date du Pliocène inférieur – un genre de cheval-rhinocéros à longues pattes. Cette espèce a disparu il y a sept millions d'années. Ils ont une grande valeur scientifique parce que…

— Remi.

— Quoi ?

— On pourrait remettre l'exposé à plus tard. »

Elle sourit. « Bien sûr. Désolée.

— Ça va chercher dans les combien ?

— Je m'avance peut-être, mais un spécimen en bon état doit bien valoir un demi-million de dollars. »

Sam promena son regard jusqu'à la clairière mais ne repéra qu'un seul garde qui effectuait sa ronde. « Quelque chose me dit qu'ils surveillent plutôt les sorties que les entrées.

— Après ce que nous venons de voir, j'ai tendance à aller dans ton sens. Comment allons-nous procéder ?

— Si nous avançons baissés, nous profiterons d'un angle mort jusqu'au sommet de la rampe ou presque. Je propose qu'on s'arrête là et qu'on attende le passage du garde. Après, on court vers la première caravane sur la gauche et on plonge dessous. À la suite de quoi, il ne nous restera qu'à trouver celle qui sert de bureau.

— Rien que ça ? »

Sam lui fit un grand sourire. « C'est pas plus dur que de voler un fossile à un milliardaire. Ah, j'oubliais, puis-je emprunter ton appareil photo ? »

Elle le lui tendit. Sam piqua un sprint et s'agenouilla près du cadavre. Après l'avoir fouillé, il le retourna sur le dos, prit une photo de son visage, puis revint en courant.

« Demain, Hsu le fera enterrer au fond de cette fosse. Le moins qu'on puisse faire, c'est prévenir sa famille.

— Tu es un type bien, Sam Fargo. »

Dès que le garde eut terminé sa ronde, ils émergèrent du dernier tunnel et foncèrent vers la base de la rampe. Trente secondes plus tard, ils étaient couchés sur le ventre à deux pas du sommet.

À présent, ils disposaient d'une vue quasiment imprenable sur la clairière et les huit caravanes. Trois alignées sur la gauche, cinq disposées en arc de cercle sur la droite. On voyait de la lumière derrière les rideaux des premières ; des gens parlaient à l'intérieur. Sur les cinq de droite, les deux plus éloignées semblaient inoccupées. Devant Sam et Remi, se dressaient quatre huttes Quonset servant sans doute d'entrepôts. La route passait au milieu, chichement éclairée par des lampes à vapeur de sodium fixées à la porte de chaque édicule.

« C'est là qu'ils stockent l'équipement », supposa Remi.

Sam acquiesça d'un signe de tête. « Le bureau se trouve dans l'une des deux caravanes inoccupées. J'en mettrais ma main au feu.

— C'est probable. Mais le chemin pour y parvenir me semble un peu hasardeux. »

Remi avait raison. S'ils optaient pour la ligne droite, ils risquaient de voir surgir un vigile ou de se faire repérer par les occupants des autres caravanes.

« Nous allons avancer petit à petit en nous cachant derrière les trois premières.

— Imagine que la porte du bureau soit verrouillée.

— Nous aviserons en temps voulu. » Sam consulta sa montre. « Le garde ne devrait pas tarder à se pointer. »

Il avait raison. Vingt secondes plus tard, le vigile apparut au coin de la hutte la plus proche et se dirigea vers les trois caravanes de gauche. Il les éclaira l'une après l'autre avec sa torche, traversa la clairière, fit la même chose pour les cinq placées en arc de cercle et disparut dans la nuit.

Sam patienta encore un instant, puis donna le signal de départ. Dans un accord parfait, ils se redressèrent et partirent au petit trot. Arrivés au sommet de la rampe, ils prirent à droite en direction de la première caravane, et firent une halte, accroupis derrière les parpaings qui la soutenaient.

« Tu vois quelque chose ? demanda Sam.

— Tout est calme. »

Ils repartirent en longeant la face arrière de la caravane suivante, puis s'arrêtèrent de nouveau, tous les sens aux aguets. Quand ils atteignirent la troisième caravane, Sam tapota sa montre en articulant silencieusement le mot « garde ». À travers la paroi métallique, ils entendaient des voix discuter en chinois et une musique qui passait en sourdine sur une radio.

Sam et Remi restèrent sans bouger au ras du sol. Leur attente fut de courte durée. Réglé comme une horloge, le vigile surgit sur leur gauche et reprit sa tournée d'inspection. Il était tout proche à présent. Sam et Remi retinrent leur souffle et regardèrent le faisceau de lumière glisser sous la caravane.

Le faisceau s'immobilisa, repartit et s'arrêta sur les parpaings derrière lesquels Sam et Remi étaient dissimulés, allongés épaule contre épaule. Sam serra fort la main de sa femme. *Patience. Ne bouge pas un muscle.*

Après dix secondes aussi longues que dix minutes, la lumière s'éloigna, de même que le crissement des bottes sur le gravier. Avec prudence, Sam et Remi se redressèrent, contournèrent l'obstacle et, non sans avoir vérifié à gauche et à droite, coururent jusqu'à la caravane qui, d'après eux, tenait lieu de bureau.

Sam pressa la poignée. La porte n'était pas verrouillée. Ils échangèrent un sourire de soulagement. Sam passa la tête à l'intérieur, se retourna vers Remi et articula : « Fournitures. » La porte de la caravane suivante était ouverte, elle aussi. Sam s'y engouffra, puis sortit le bras pour appeler Remi, laquelle referma derrière elle.

Sur la cloison du fond, s'alignaient des armoires à dossiers et des étagères métalliques. Deux méchants bureaux en acier gris et des sièges assortis flanquaient la porte d'entrée.

« Quelle heure ? » chuchota Remi.

Sam vérifia et hocha la tête.

Un instant plus tard, le faisceau traversa les vitres de la caravane puis s'éloigna.

« Nous cherchons des documents qui comportent des indications précises, dit Sam. Noms de sociétés, numéros de comptes, manifestes, factures. Tout ce qui peut donner du grain à moudre aux enquêteurs. »

Remi acquiesça. « Il faut tout laisser en l'état. Si quelque chose disparaît, des innocents risquent d'en pâtir.

— En se prenant une balle. Merci d'y avoir pensé. » Il regarda sa montre. « Trois minutes. »

Ils commencèrent par les armoires à dossiers, vérifièrent chaque tiroir, chaque classeur, chaque fichier. Comme l'appareil photo de Remi avait une grande capacité de stockage, elle mitrailla tout ce qui lui semblait important à l'aide du peu de lumière qui filtrait depuis l'extérieur.

La limite des trois minutes approchait. Sam et Remi suspendirent leurs recherches. Le garde passa, repartit, et ainsi de suite. Le cycle se répéta quatre fois avant qu'ils s'estiment satisfaits.

« Il est temps d'y aller, dit Sam. Retournons à la voiture et… »

Soudain, une sirène d'alarme se mit à hurler.

Sam et Remi restèrent interdits. « Derrière la porte ! » cria Sam.

Ils se plaquèrent contre la cloison. Dehors, on entendait des portes s'ouvrir à la volée, des bottes marteler le sol caillouteux et des hommes hurler.

« Tu piges quelque chose ? » demanda Sam.

Remi ferma les yeux puis les rouvrit brusquement. « Sam, je crois qu'ils ont trouvé la Range Rover. »

# 14

*Vallée de Langtang, Népal*

Sam n'eut pas le temps de répondre, la porte de la caravane venait de s'ouvrir à la volée. Du bout des doigts, Sam la bloqua à dix centimètres de leurs visages. Un homme franchit le seuil en brandissant sa torche. Sam vit ses épaules pivoter dans leur direction.

D'un coup de hanche, Sam referma la porte, fit un pas, balança son pied derrière le genou du garde et, sans attendre qu'il s'écroule par terre, l'empoigna par le collet et lui cogna le front contre un bureau métallique. L'homme gémit et perdit connaissance. Sam le traîna derrière la porte et s'agenouilla pour lui prendre le pouls.

« Il est vivant mais il ne se réveillera pas de sitôt. »

Il le fit rouler sur lui-même et récupéra le fusil qu'il portait en bandoulière.

Remi le regardait faire, les yeux écarquillés.

« C'était… comme dans un film de James Bond.

— Une dose de chance et un bureau métallique, répondit-il avec un sourire modeste. Combinaison imparable.

— Tu mérites une récompense, répondit Remi en lui rendant son sourire.

— Plus tard. Si nous en avons l'occasion.

— J'y compte bien. Tu as un plan ?

— Voler un véhicule », répondit Sam.

Il se retourna, alla se poster près d'une fenêtre qui donnait sur l'arrière et tira le rideau. « Un peu étroit mais on devrait y arriver.

— Va voir devant, dit Remi. Moi je surveille la fenêtre du fond. »

Sam poussa délicatement le rideau et jeta un coup d'œil dehors. « Les gardes se rassemblent dans la clairière. J'en compte une dizaine. Je ne vois pas la Femme Dragon.

— Elle a dû repartir après avoir fait le sale boulot pour King.

— On dirait qu'ils sont en train de se concerter. S'ils s'aperçoivent que l'un d'entre eux manque à l'appel, ils ne vont pas tarder à réagir.

— La fenêtre est ouverte, annonça Remi. Ça fait deux mètres cinquante de haut. Je vois un bouquet d'arbres à trois mètres de nous. »

Sam lâcha le rideau. « On ferait mieux d'y aller avant qu'ils aient le temps de s'organiser. » Il empoigna le fusil sanglé sur son épaule. « Le dernier cri.

— Tu sais t'en servir ?

— La sécurité, la détente, le chargeur… Le trou par où sort la balle. Je pense que j'y arriverai. »

Soudain, le signal d'alarme s'arrêta.

Sam verrouilla la porte. « Histoire de gagner un peu de temps », expliqua-t-il.

Il posa une chaise au pied de la fenêtre de derrière, Remi monta dessus et se glissa dehors. Sam se dépêcha de la rejoindre au bas de la caravane.

Ils foncèrent tête baissée sous les arbres en direction de la hutte Quonset dont ils aperçurent rapidement la face arrière. Ils s'arrêtèrent, le temps d'observer les alentours. On entendait les gardes s'interpeller au loin.

Quand ils repartirent, Sam marchait en tête. Il balayait l'espace devant lui du bout de son fusil. Devant la hutte Quonset, Remi chuchota « Porte » en pointant le doigt. Sam hocha la tête et la laissa passer devant. Ils longèrent la cloison et quand Remi sentit le relief du chambranle sous son épaule, elle appuya sur la poignée qui tourna sans peine. La porte s'ouvrit en silence, Remi passa la tête et la ressortit aussitôt.

« Il y a deux camions garés à l'intérieur, côte à côte. Des véhicules militaires – couleur verte, doubles roues, flancs bâchés, hayons.

— Tu te sens d'humeur à conduire ? demanda Sam.

— Avec joie.

— Alors, saute derrière le volant de celui de gauche. Je mets l'autre en panne et je te rejoins. Tiens-toi prête à démarrer.

— Entendu. »

Remi ouvrit la porte juste assez pour qu'ils se glissent à l'intérieur. Ils étaient à mi-chemin des camions quand ils entendirent des bruits de pas dehors. Sam et Remi se réfugièrent contre le hayon du véhicule de droite.

Sam passa la tête au coin.

« Quatre hommes, dit-il. Ils grimpent dans les camions, deux par cabine.

— Ça doit faire partie de la procédure en cas d'urgence, non ? suggéra Remi.

— Sans doute, répondit Sam. OK, on passe au plan B. Passagers clandestins. »

Les moteurs s'allumèrent presque au même instant.

Sam et Remi grimpèrent sur le pare-chocs arrière en s'efforçant de procéder avec délicatesse pour ne pas faire pencher le camion. Puis ils enjambèrent le hayon. Le chauffeur fit grincer l'embrayage et démarra aussi sec. Sam et Remi basculèrent et tombèrent la tête la première sur le plateau.

Leur camion prit la tête du convoi. Couchés dans la lueur verdâtre projetée par les phares du deuxième véhicule, Sam et Remi s'accordèrent un instant de repos. Cela faisait dix minutes qu'ils ne respiraient presque plus. De chaque côté d'eux, des caisses en bois de différentes tailles retenues par des sangles étaient fixées au sol par des boulons à œillet.

« On l'a fait, murmura Remi.

— Croise les doigts.

— Pourquoi tu dis ça ?

— Je suis prêt à parier que nous voyageons dans un camion de l'armée chinoise.

— Tu n'es pas en train de sous-entendre que…

— Mais si. De toute évidence, King est en cheville avec un officier de l'armée chinoise. D'où la nationalité des gardes, et celle de leurs armes. En plus, nous savons ce que contiennent ces caisses.

— Combien de kilomètres jusqu'à la frontière ?

— Trente-cinq. Peut-être quarante. C'est-à-dire quatre heures de route, grosso modo.

— Ce qui nous laisse du temps pour leur fausser compagnie.

184

— Certes, mais à quelle distance de la civilisation serons-nous à ce moment-là ?

— Moi qui me réjouissais d'avance ! Il faut toujours que tu fasses ton rabat-joie », dit-elle en s'appuyant contre l'épaule de Sam.

Malgré l'inconfort et les secousses, Sam et Remi se laissèrent bercer par le ronronnement assourdi du moteur. Entre deux phases de sommeil, Sam ouvrait un œil pour regarder l'heure à sa montre.

Au bout d'une heure de trajet, un violent coup de frein les tira de leur torpeur. Les phares du deuxième camion se rapprochèrent, illuminant leur habitacle à travers la bâche. Sam se redressa sur son séant et pointa son fusil vers le hayon tandis que Remi lui jetait un regard interrogatif.

Leur camion s'immobilisa. L'autre coupa ses phares. Des portières s'ouvrirent et se refermèrent en claquant. Des pas crissèrent sur le gravier. Ils les entendirent avancer puis s'arrêter devant le hayon. Des murmures brisèrent le silence de la nuit. Les hommes discutaient en chinois tout en fumant des cigarettes dont Sam et Remi reniflèrent la fumée.

Sam chuchota à l'oreille de Remi. « Ne bouge surtout pas. » Elle acquiesça d'un hochement de tête.

Avec une extrême lenteur, Sam plia les jambes, s'accroupit et marcha en canard jusqu'au hayon. Il écouta un moment, puis se retourna vers Remi et leva quatre doigts. Quatre soldats. Ensuite, il lui fit signe de lui passer son fusil.

Quand il l'eut bien en main, il le posa en travers de ses jambes et plaqua ses poignets l'un contre l'autre. Remi hocha la tête et se coucha à plat ventre.

Après avoir vérifié que le cran de sécurité était enlevé, Sam se positionna, prit une profonde inspiration, saisit le pan de la bâche et l'écarta d'un coup sec.

« Les mains en l'air ! » hurla-t-il.

Les deux soldats les plus proches du pare-chocs firent volte-face et reculèrent, trébuchant sur leurs camarades qui s'efforçaient d'empoigner leurs armes.

« Ne faites pas ça ! » cria Sam en épaulant.

Malgré la barrière du langage, les hommes comprirent le message et suspendirent leurs gestes. Sam agita le canon de son fusil jusqu'à ce qu'ils réagissent et jettent les leurs sur la route. Il leur ordonna de reculer de quelques pas puis enjamba le hayon et sauta sur le bitume.

« La voie est libre », lança-t-il à Remi.

Elle le rejoignit d'un bond.

« Ils m'ont l'air terrifiés, dit-elle.

— Parfait. C'est d'autant mieux pour nous. À toi l'honneur. »

Remi rassembla les fusils et les balança tous dans le camion, sauf un. « La sécurité est enlevée ? demanda Sam.

— Je pense…

— Le levier est à droite, au-dessus de la détente.

— Vu. C'est bon. »

Sam, Remi et les quatre soldats chinois s'observèrent en silence pendant une dizaine de secondes. Finalement, Sam leur demanda : « Anglais ? »

Le soldat placé à l'extrême-droite répondit : « Un petit peu.

— Très bien. Vous êtes mes prisonniers. »

Remi poussa un gros soupir. « Sam…

— Désolé. J'ai toujours rêvé de prononcer cette phrase.

— Maintenant que tu l'as dite, qu'est-ce qu'on fait d'eux ?

— On les ligote et… Oh non. Il y a un truc qui cloche.

— Quoi ? » Remi jeta un coup d'œil à son mari, lequel fixait la cabine du deuxième camion entre ses paupières mi-closes. Elle suivit son regard et discerna une silhouette derrière le volant. Se voyant repéré, l'homme plongea sous le tableau de bord.

« On a mal compté, marmonna Sam.

— C'est ce que je constate.

— Installe-toi au volant, Remi. Démarre le moteur. Vérifie que…

— T'inquiète », répliqua-t-elle en tournant les talons. Un instant plus tard, le moteur tournait. Quant aux quatre soldats debout sur la route, ils passaient d'une jambe sur l'autre en se lançant des regards nerveux.

« On embarque ! hurla Remi par la fenêtre de la cabine.

— J'arrive chérie ! » répondit Sam sans se retourner. Puis à l'intention des soldats : « Écartez-vous du passage ! » Il accompagna son ordre du geste correspondant, si bien que les quatre soldats firent deux pas de côté. Quand il estima suffisante la vue qu'il avait sur le radiateur de l'autre camion, Sam leva son fusil et tira une rafale.

Soudain, le cinquième soldat surgit de derrière le pare-brise et passa le buste par la fenêtre. Lorsqu'il aperçut la forme d'un fusil entre ses mains, Sam hurla : « Stop ! »

Mais au lieu d'obéir, l'homme continuait à se tortiller pour se placer en position de tir.

Sam visa et tira deux balles dans le pare-brise. Les quatre soldats en profitèrent pour s'enfuir dans les broussailles. Sam entendit une détonation suivie d'un impact métallique sur le hayon, près de lui. Il se recroquevilla, se précipita à l'autre bout du pare-chocs et tira trois balles, dans l'espoir de toucher le radiateur ou le bloc-moteur. Après cela, il courut rejoindre Remi dans le camion.

« Nous n'avons que trop tardé », dit-il.

Remi passa la première et enfonça la pédale de l'accélérateur.

Ils n'avaient pas fait cent mètres quand ils réalisèrent que Sam avait sans doute raté sa cible. En effet, dans les rétroviseurs extérieurs, les phares du deuxième camion apparurent tout à coup. Ils virent les quatre soldats s'extraire des broussailles et grimper à bord, deux dans la cabine, deux autres à l'arrière. Ils démarrèrent en trombe.

« Pont étroit à midi ! » cria Remi.

Sam regarda. Bien qu'il soit encore à plus de deux cents mètres, le pont en question n'avait pas l'air capable de supporter un camion. « Mets la gomme, Remi !

— Je ne peux pas rouler plus vite.

— Je voulais dire ralentis.

— Tu plaisantes ? Accroche-toi ! »

Le camion passa sur un nid-de-poule, fit une embardée, s'envola et retomba avec fracas. Le pont s'encadrait au centre du pare-brise. Encore cinquante mètres.

« Oh, je vois, fit Remi ennuyée. C'est encore un de ces trucs suspendus. »

Ce pont ressemblait fort à celui qu'ils avaient franchi à pied au cours de la journée, en plus large et visiblement plus solide.

Une nouvelle embardée les fit décoller de leur siège. Ils se cognèrent au plafond de la cabine. Remi poussa un petit cri de douleur et empoigna le volant avec une énergie redoublée.

Le pont n'était plus qu'à quelques mètres.

À la dernière seconde, Remi enfonça la pédale de frein. Les pneus crissèrent et le camion s'arrêta en dérapant dans un nuage de poussière.

Sam entendit l'embrayage renâcler. Remi venait de passer la marche arrière. « Qu'est-ce qui te prend ! s'écria-t-il.

— J'essaie le jeu de la Poule mouillée mais à reculons, dit-elle avec un sourire sardonique.

— C'est risqué.

— Comme tout ce qu'on a fait aujourd'hui.

— Bien vu », concéda Sam.

Remi appuya à fond sur l'accélérateur. Le moteur hurla et le camion partit en arrière, prenant progressivement de la vitesse. Sam jeta un coup d'œil dans le rétro extérieur. La poussière qui volait depuis l'arrêt intempestif de Remi l'empêchait de voir autre chose que les phares du camion qui les poursuivait. Il se pencha par la fenêtre et tira deux rafales de trois balles. Le camion partit sur le côté si bien que Sam ne le vit plus du tout.

Remi ne lâchait pas des yeux son propre rétroviseur. « Ils s'arrêtent. Ils reculent. »

Plusieurs détonations couvrirent le bruit du moteur. Sam et Remi baissèrent la tête sous le tableau de bord. Remi parvint toutefois à vérifier la position de l'ennemi dans son rétro. Leur camion roulait à présent en marche arrière mais le conducteur, sans doute surpris par leur manœuvre et les tirs de Sam, semblait perdre le contrôle de son véhicule, lequel oscillait en mordant sur les bas-côtés.

« Prépare-toi au choc ! » hurla Remi.

Sam recula au fond de son siège et cala les pieds contre le tableau de bord. Un instant plus tard, Remi freina brusquement et se pencha sur son rétroviseur. « Ils ont quitté la route.

— Ne traînons pas dans le coin, lui conseilla Sam.

— OK. »

Remi repassa en marche avant et repartit vers le pont en vitesse.

« Ça n'a pas marché, annonça Remi. Les revoilà.

— Ils ont de la suite dans les idées, hein ? Arrête-toi un instant, dit-il, puis il ouvrit sa portière.

— Sam, qu'est-ce que…

— Je reviens, au cas où tu aurais besoin de moi. »

Il passa la sangle du fusil autour de son cou, s'accrocha au montant de la portière et sauta sur le marche-pied. De sa main libre, il attrapa la bâche qui pendait à l'arrière, tira d'un coup sec pour arracher la bande Velcro, lança une jambe en se tenant fermement au support vertical et se hissa dans le fourgon. Une fois à l'intérieur, il rampa vers la cloison séparatrice et ouvrit la lucarne.

« Salut, dit-il à Remi.

— Tiens-toi bien. Je ferme ta portière. »

Remi donna un coup de volant à droite puis à gauche. La portière de Sam claqua.

« Qu'as-tu en tête, exactement ? lui demanda-t-elle.

— Sabotage ! À quelle distance sont-ils ?

— Cinquante mètres. Nous serons sur le pont dans dix secondes.

— Compris. »

Sam rampa vers le hayon. Dans la pénombre ambiante, il chercha à tâtons le tas de fusils confisqués aux gardes, en ramassa un qu'il échangea contre le sien puis se dépêcha de rassembler les chargeurs.

« Le pont ! cria Remi. Je ralentis ! »

Sam guetta le bruit des roues sur les planches du pont et quand il l'entendit, passa sous la bâche à l'arrière du camion et ouvrit le feu. Les balles s'enfoncèrent dans le bois du pont en projetant des échardes dans tous les sens. Il replongea sous la bâche, changea de chargeur et se remit à tirer sur les planches du tablier mais aussi sur le camion de leurs poursuivants, lequel venait de franchir la limite du pont. Sam le vit emboutir la rambarde de gauche avant de se replacer en ligne droite. Un éclair orangé zébra le pare-brise. Sam se rejeta en arrière juste à temps pour éviter les projectiles qui déchirèrent la bâche et criblèrent la paroi de séparation.

« Sam ? appela Remi.

— J'ai raté mon coup ! »

— J'avais remarqué !

— Que penses-tu des gens qui détruisent délibérément des spécimens fossiles ?

— Beaucoup de mal mais tout dépend des circonstances !

— Accorde-moi un peu de temps ! »

Afin de perturber la précision des tirs, Remi donna un coup de frein, puis repartit de plus belle. Sam se retourna sur le ventre et tâtonna autour de lui. Dès qu'il sentit sous ses doigts la forme d'une des courroies à crémaillère, il se hâta de presser le bouton commandant l'ouverture. Quand il eut dégrafé tous les liens qui sécurisaient les caisses de fossiles, il rampa jusqu'au hayon et enleva les crochets. Le panneau métallique bascula d'un coup sec.

« Prêt pour le largage ! » cria Sam en poussant la première caisse dans le vide. Elle rebondit sur le tablier du pont, puis explosa au centre du pare-chocs dans une gerbe d'échardes et de foin d'emballage.

« Aucun effet », cria Remi.

D'un pas mal assuré, Sam recula jusqu'au fond, plaqua l'épaule contre la première pile de caisses, prit appui avec les pieds sur la cloison de la cabine et poussa. La pile grinça puis se mit à glisser le long du plateau. Sam fit une pause, plia les jambes et poussa encore, de toutes ses forces, tel un rugbyman s'exerçant à la mêlée.

Les caisses basculèrent par-dessus bord et s'écrasèrent sur le pont. Sans se préoccuper du résultat de ses efforts, il repartit s'occuper de la deuxième pile.

Un puissant vacarme retentit soudain : coups de frein, verre brisé, tôle froissée.

« Ça marche ! cria Remi. Ils sont bloqués ! »

Sam s'agenouilla pour regarder Remi à travers la fente. « Mais pour combien de temps ? »

Elle lui fit un clin d'œil, assorti d'un sourire en coin. « Le temps qu'il faut pour enlever une demi-douzaine de caisses coincées sous un châssis. »

## 15

*Hôtel Hyatt Regency, Katmandou, Népal*

Sam émergea de la salle de bains, une serviette nouée autour de la taille. « Prête pour le petit déjeuner ? dit-il en se frictionnant les cheveux.

— J'ai une faim de loup », répondit Remi qui s'employait à relever les siens en queue-de-cheval, assise devant la coiffeuse. Un drap de bain fourni par l'hôtel lui tenait lieu de paréo.

« Chambre ou salle à manger ?

— Il fait un temps superbe. Si nous mangions sur le balcon ?

— Ça me va. » Sam décrocha le téléphone sur la table basse et composa le numéro du service d'étage. « Je voudrais un bagel au saumon, des œufs Bénédicte, une coupe de fruits, des toasts et du café. » Il attendit que le cuisinier répète la commande, raccrocha et appela le bar.

« Montez-nous deux Ramos Fizz. Oui, Ramos Fizz, dit Sam au barman.

— Tu sais y faire avec les dames, s'exclama Remi.

— Ne te réjouis pas trop vite. Il ne connaît pas la recette. » Il essaya autre chose. « Ou alors un Harvey Wallbanger. Wallbanger. Vous mélangez vodka,

Galliano et jus d'orange. Je vois, vous n'avez pas de Galliano. » Sam secoua la tête et, de guerre lasse : « Très bien, dans ce cas, une bouteille de Veuve Clicquot. »

Remi éclata de rire. « Tu sais vraiment y faire avec les dames.

— Vous n'avez rien de mieux ? dit Sam au téléphone. C'est bon, mais alors bien frappé. »

Il reposa le combiné sur son socle. « Pas de champagne. Ils ont accueilli une convention politique, du coup il ne leur reste que du vin chinois. Un blanc pétillant.

— J'ignorais que les Chinois faisaient quoi que ce soit de pétillant. » Elle lui adressa un sourire sarcastique. « C'est le mieux que tu puisses obtenir ? »

Sam haussa les épaules. « Faute de grives, on mange des merles. »

Le téléphone sonna. Sam décrocha. « Un instant, dit-il en allumant le haut-parleur. Bonjour Rube.

— De ce côté-ci du globe, c'est l'heure de dire bonsoir, répondit Rube. Il paraît que vous êtes encore en train de vous la couler douce, ta charmante épouse et toi.

— Tout est relatif, Rube, dit Remi. Comment vont Katy et les filles ?

— Très bien. En ce moment, elles sont à Disneyland. Ton appel m'a épargné ce pensum.

— Désolé de t'en avoir privé, dit Sam, moqueur. Mais nous pouvons remettre cette conversation à plus tard.

— Nullement, mon ami. Rien n'est plus important à mes yeux. Tu peux me croire sur parole. Bon, raconte-moi vos déboires. Vous êtes en prison ? Combien de lois népalaises avez-vous enfreintes ?

— Aucune. Pas à notre connaissance, du moins, répondit Remi. Sam va t'expliquer. »

Selma avait déjà fourni quelques informations à Rube, mais Sam décida néanmoins de tout reprendre depuis le début – leur première rencontre avec Zhilan Hsu près de Pulau Legundi – jusqu'à la fin – la découverte du site archéologique clandestin de King et la folle équipée qui s'était ensuivie.

La nuit précédente, après avoir faussé compagnie à leurs poursuivants coincés sur le pont, Sam avait roulé dans le noir pendant que Remi s'efforçait de déterminer leur position sur la carte. Ils avaient passé des heures à tourner en rond avant de repérer le col de la Laurebina, non loin du village de Pheda, à une trentaine de bornes du site archéologique. Comme c'était prévisible, tout le monde dormait dans la bourgade, sauf les clients de l'unique débit de boissons, un bâtiment en parpaings avec un toit en tôle ondulée. Une fois la barrière non négligeable de la langue brisée, ils avaient conclu un marché avec le tenancier : leur camion contre sa voiture – une Peugeot orange et gris qui datait des années 1980 – et l'itinéraire à suivre pour regagner Katmandou. L'aube pointait à peine quand ils s'étaient enfin garés sur le parking de l'hôtel Hyatt Regency.

Rube écouta attentivement, puis proposa : « Je résume pour vérifier que j'ai bien tout compris : vous vous êtes introduits en douce sur le chantier de King, vous avez assisté à un meurtre, vous avez eu maille à partir avec une troupe de soldats probablement chinois et, pour finir, vous leur avez volé un camion contenant des caisses de fossiles destinés au marché noir, que vous avez balancées sur vos poursuivants comme de vulgaires grenades sous-marines. C'est bien cela ?

— En gros oui, fit Sam.

— Sans oublier les 30 Gb de preuves stockés dans mon appareil photo », ajouta Remi.

Rube soupira. « Vous savez ce que j'ai fait hier soir, moi ? J'ai repeint la salle de bains. Pendant que vous deux… Bref. Balancez-moi vos fichiers images.

— Selma les a déjà. Appelle-la, elle te donnera un lien pour accéder à un site d'archivage sécurisé.

— Entendu. Je sais que mes chefs à Langley vont adorer l'aspect chinois de l'aventure. Quant au petit trafic de fossiles, nous trouverons forcément un type au FBI que ça intéressera. Je ne peux pas vous garantir le résultat mais je m'en occupe.

— Nous n'en demandons pas davantage, dit Sam.

— Il y a fort à parier que King a déjà donné l'ordre de fermer le site. En ce moment même, il n'y a peut-être plus personne sur place ni aucune trace d'une quelconque activité, à part une fosse abandonnée au milieu de la forêt.

— Nous en sommes conscients.

— Qu'en est-il de votre ami Alton ?

— Il faut d'abord déterminer si nous avons effectivement découvert ce que King convoite, répondit Remi. Ou du moins si nous possédons de quoi faire pression sur lui. Nous l'appellerons dès que nous aurons raccroché.

— Charlie King est une ordure, dit Rube. Tous ceux qui ont tenté de le faire tomber sont morts ou ruinés. Et lui, il est toujours debout.

— Quelque chose nous dit que ce que nous possédons revêt une valeur très particulière à ses yeux. Il en fait une affaire personnelle.

— Le Theurock…

— Theurang, corrigea Remi. L'Homme d'Or.

— C'est un pari risqué, répliqua Rube. Imaginez qu'en réalité, King se fiche éperdument de ce machin, vous n'aurez plus rien contre lui, à part de vagues soupçons à propos d'un commerce illégal de fossiles. Et je le répète, il aura beau jeu de tout nier en bloc puisque nous n'avons aucune preuve qu'il trempe dans ce trafic.

— Nous le savons pertinemment, répondit Sam.

— Et malgré tout, vous voulez tenter le coup.

— Oui, confirma Remi.

— Je ne suis guère surpris. Au fait, avant que j'oublie, j'ai appris deux ou trois bricoles au sujet de Lewis King. Je suppose que vous avez entendu parler d'Heinrich Himmler?

— Le meilleur ami d'Hitler? s'écria Sam. Difficile de ne pas avoir entendu parler de ce psychopathe nazi.

— Himmler et la plupart des gros bonnets du parti étaient fascinés par les sciences occultes, surtout celles qui tendaient à prouver la pureté de la race aryenne. Himmler était le plus mordu de toute la clique. Dans les années 1930 et durant la Seconde Guerre mondiale, il a financé bon nombre d'expéditions dans les régions les plus reculées de la planète. Tout cela afin d'étayer ses thèses abracadabrantes. En 1938, un an avant le déclenchement de la guerre, un groupe de scientifiques est parti pour l'Himalaya dans l'espoir d'établir l'existence de ces fameux ancêtres aryens. Voulez-vous savoir qui faisait partie de cette expédition ?

— Lewis King, répondit Remi.

— Ou plutôt le professeur Lewes Konig, comme il s'appelait à l'époque.

— Le père de Charlie King était nazi ? s'étonna Sam.

— Oui et non. Selon mes sources, il n'était pas plus nazi que vous et moi. Mais en ce temps-là, pour obtenir des subsides du gouvernement, on devait avoir sa carte du parti. On sait que beaucoup de chercheurs ont dû prétendre travailler sur les théories nazies afin de pouvoir mener à bien leurs programmes d'études. Lewis King entrait dans cette catégorie. Tous les témoignages le décrivent comme un archéologue passionné qui se fichait royalement de ces élucubrations.

— Alors pourquoi s'est-il joint à cette expédition ?

— Je n'en sais rien, mais ce que vous avez découvert dans la grotte peut constituer un début de réponse. Si nous devons en croire son fils, ses voyages au long cours ont débuté peu après que Lewis King a immigré aux États-Unis.

— Peut-être avait-il trouvé quelque chose lors de l'expédition financée par Himmler. Une chose assez précieuse pour éveiller son intérêt, supposa Sam.

— Et l'inciter à en cacher l'existence, ajouta Remi. Pour éviter que les nazis s'en emparent, il a gardé le secret jusqu'à la fin de la guerre, et ensuite, il est reparti sur le terrain.

— Ce que je ne saisis pas, dit Rube, c'est pourquoi Charlie King a repris le flambeau. D'après nos renseignements, il n'a jamais manifesté le moindre intérêt pour les travaux de son père.

— Peut-être à cause du Theurang, dit Sam. C'est un vestige archéologique comme les autres, tout compte fait.

— Tu as sans doute raison. Si ce truc correspond un tant soit peu à la description que nous en avons, il doit valoir une fortune.

— Rube, intervint Remi, sais-tu si Charlie a souffert des accusations portées contre son père ? Lewis a été soupçonné de collaboration avec le régime nazi, après tout.

— Pas que je sache. Je pense qu'il ne serait pas devenu si riche s'il en avait subi les conséquences. Et aujourd'hui, ce type est tellement craint que plus personne n'ose aborder la question, à mon avis.

— Les choses ne vont pas tarder à changer, dit Sam. Le moment est venu de le placer face à ses responsabilités. »

Quand ils eurent raccroché, Sam et Remi passèrent quelques minutes à définir leur stratégie, puis Sam appela King sur sa ligne directe. L'autre répondit dès la première sonnerie. « King à l'appareil.

— Monsieur King. C'est Sam Fargo.

— J'attendais votre appel avec impatience. Votre charmante épouse est-elle à vos côtés ?

— Oui, et saine et sauve, l'informa Remi d'une voix suave.

— Il semble que notre partenariat ait atteint un point d'achoppement, dit King. Mes enfants me disent que vous ne jouez pas le jeu.

— Mais si, nous jouons le jeu, rétorqua Sam. C'est juste que notre jeu et le vôtre diffèrent sensiblement. Charlie, avez-vous kidnappé Frank Alton ?

— Kidnappé ? Pourquoi aurais-je fait une chose pareille ?

— Ce n'est pas une réponse, remarqua Remi.

— Frank Alton est allé au Népal accomplir la mission que je lui avais confiée. Il s'est laissé dépasser et il a sonné aux mauvaises portes. Je n'ai aucune idée de l'endroit où il se trouve.

— Encore une réponse en forme de pirouette, commenta Sam. Bon, passons à la suite. Contentez-vous d'écouter. Nous avons ce que vous cherchez...

— J'aimerais bien savoir... ?

— Ne m'interrompez pas. Nous avons ce que vous cherchez – ce que votre père a passé toute sa vie à chercher. Vous avez sans doute eu vent de notre petite visite dans votre camp de concentration de la vallée de Langtang.

— Franchement, je ne vois pas de quoi vous voulez parler.

— Nous avons pris un tas de photos, avec un intérêt tout particulier pour certains documents rangés dans une caravane servant de bureau. Mais nous en avons aussi quelques-unes de votre femme, ou de votre concubine – j'ignore le nom que vous lui donnez dans l'intimité de votre Gulfstream. Et, le croirez-vous, pendant que nous prenions ces photos, cette charmante personne a abattu froidement l'un de vos employés. Au fait, nous avons tiré le portrait de ce pauvre gars. »

Charlie King garda le silence durant dix longues secondes. Finalement, on l'entendit soupirer. « Tout cela n'est qu'un ramassis de conneries, Sam. Mais comme vous semblez tout excité, je vous écoute.

— Une chose après l'autre. Relâchez Frank…

— Je vous dis que je ne l'ai pas…

— La ferme. Relâchez Frank Alton. Quand il nous appellera pour nous dire qu'il est en sécurité chez lui, nous rencontrerons Russell et Marjorie pour discuter d'un accord.

— Maintenant c'est vous qui dites n'importe quoi, répliqua King.

— C'est à prendre ou à laisser.

— Désolé mon ami, mais je refuse. Je pense que c'est de l'esbroufe.

— Comme il vous plaira », dit Sam en lui raccrochant au nez.

Remi et Sam se regardèrent. « Tu paries combien ? dit-elle.

— Cinq contre un qu'il rappelle dans la minute.

— J'ai trop peur de perdre. »

Cinquante secondes plus tard, le téléphone sonnait. Sam attendit un peu avant de décrocher. « Vous feriez un bon joueur de poker, Sam Fargo, dit King. J'aimerais bien qu'on arrive à un accord. Je vais passer quelques coups de fil pour voir si je peux glaner des infos sur Frank Alton. Je ne vous promets rien, bien sûr, mais…

— Si nous n'avons pas de nouvelles de lui d'ici vingt-quatre heures, le marché sera caduc. »

Charlie King parut réfléchir, puis il répondit : « Restez près de votre téléphone. »

Sam coupa la communication.

« J'espère qu'il ne s'est pas mis en tête que nous avons les preuves sur nous, dit Remi.

— Il n'est pas assez bête pour ça.

— Tu crois qu'il ira jusqu'au bout ? »

Sam hocha la tête. « Un type aussi retors que lui a forcément pris toutes les précautions nécessaires. Ceux qui ont enlevé Frank n'ont pas dû agir à visage découvert. Rien ne permettra de remonter jusqu'à King. Donc il n'a rien à perdre et tout à gagner.

— Alors pourquoi fais-tu cette tête ? demanda Remi.

— Quelle tête ?

— Je connais bien cette mine contrariée. »

Sam hésita.

« Vas-y, raconte, insista Remi.

— Nous venons de menacer l'un des hommes les plus riches du monde. Un sociopathe doublé d'un sadique qui a passé sa vie à écraser tous ceux qui l'empêchaient d'accéder au sommet. King relâchera Frank, mais mon petit doigt me dit qu'en ce moment, il est en train de mettre sur pied un programme de représailles. »

*

*Houston, Texas*

De l'autre côté de la planète, Charles King faisait exactement ce que Sam redoutait.

Il arpentait son bureau en marmonnant des imprécations, le regard braqué devant lui, tout entier possédé par la rage. Il s'arrêta devant la fenêtre de son bureau pour contempler la ville à ses pieds et la boule orangée du soleil couchant.

« Très bien, les Fargo, grinça-t-il. Vous avez remporté une manche. Profitez bien de votre victoire car c'est la dernière. » Il fonça vers son bureau et pressa d'un doigt furieux le bouton de l'interphone. « Marsha, trouvez-moi Russell et Marjorie.

— Oui, monsieur King, un instant. » Trente secondes passèrent puis : « Papa…

— Boucle-la et ouvre tes oreilles. Est-ce que Marjorie est là ?

— Oui, papa.

— Et Zhilan ?

— Oui, monsieur King.

— Pouvez-vous me dire à quoi vous servez, bande d'idiots ? Les Fargo viennent de m'appeler pour me passer un savon. Ils prétendent avoir des photos de toi, Zee, en train de descendre un type du coin sur le site de Langtang. Qu'est-ce qui s'est passé là-bas ? »

Russell se jeta à l'eau. « Ce matin, j'ai reçu un appel du chef de la sécurité sur le chantier. Il paraît qu'ils ont donné l'alarme après avoir découvert un véhicule suspect dans les parages. Ils ont retrouvé un garde évanoui mais apparemment rien n'a disparu.

— Comment s'est-il évanoui ?

— Impossible à dire. Il a pu s'assommer en tombant.

— Tu parles ! Vous aviez des livraisons en cours ?

— Deux camions, répondit Marjorie. Dès que l'alarme s'est déclenchée, les hommes du colonel Zhou les ont éloignés du site. C'est la procédure standard, papa.

— Ne me fais pas la leçon, ma fille. Est-ce que les camions sont arrivés au point de transfert ?

— Nous attendons la confirmation mais je suppose que le retard…

— Tu supposes ? Ne suppose pas. Prends ton téléphone et retrouve ces camions.

— Oui, papa.

— Zee, c'est quoi cette histoire de meurtre ? C'est vrai ?

— Oui. Un ouvrier a été surpris en train de voler. Je devais faire un exemple. On s'est débarrassé du corps. »

King réfléchit une seconde puis grommela. « Bon d'accord. Tu as bien fait. Quant à vous, imbéciles… Les Fargo m'ont dit qu'ils avaient mis la main sur l'Homme d'Or.

— Comment ? s'écria Marjorie. Où ?

— Ils mentent, compléta Russell.

— Peut-être bien, mais n'oublie pas, ces gens sont des chasseurs de trésors. C'est bien pour ça qu'on les a fait venir. Mais on les a sous-estimés. Je croyais qu'il nous suffirait d'enlever Alton pour qu'ils filent doux.

— Ne sois pas trop dur envers toi-même, papa, dit Marjorie.

— La ferme. Il faut partir du principe qu'ils disent la vérité. Ils veulent qu'on relâche Alton. Est-ce que ce type aurait pu voir quelque chose durant sa détention ? Est-il en mesure d'identifier quelqu'un ?

— Non, je m'en suis assurée personnellement dès mon arrivée ici, monsieur King, déclara Zhilan. Alton ne sait rien de rien.

— OK, allez le chercher. Donnez-lui de quoi manger, se laver et mettez-le dans le Gulfstream. Les Fargo m'ont dit qu'une fois leur copain en sécurité, ils accepteraient de rencontrer Russell et Marjorie pour discuter de la remise de ce truc avec un nom à coucher dehors.

— Nous ne pouvons pas leur faire confiance, papa, répondit Russell.

— Tu crois que je ne le sais pas, abruti ? Contente-toi d'obéir. Fourre Alton dans l'avion et laisse-moi gérer le reste. Les Fargo veulent jouer au plus malin avec moi ? Ils vont pas tarder à comprendre leur malheur. »

## 16

*Village de Jomsom, région de Dhawalagiri, Népal*

Le Piper Cub monomoteur vira sur l'aile et amorça sa descente de 3 000 pieds. Assis de part et d'autre de l'allée centrale, Sam et Remi regardaient les parois de calcaire gris s'élever devant les hublots, comme pour engloutir l'appareil dont le nez se redressait pour l'approche finale. Loin derrière les falaises, les monts Dhawalagiri et Nilgiri projetaient vers le ciel leurs cimes noires veinées de blanc dont les plus hautes disparaissaient dans les nuages.

Ils avaient quitté Katmandou voilà une heure seulement et leur voyage ne faisait que commencer. Le reste, soit douze heures de trajet, s'effectuerait par la route. Comme toujours au Népal, les distances indiquées sur la carte n'avaient rien à voir avec la réalité. Ancienne capitale du royaume du Mustang, la ville de Lo Manthang où ils comptaient se rendre n'était qu'à deux cents kilomètres au nord-ouest de Katmandou, mais aucun avion ne prétendait y atterrir. Celui qu'ils avaient loué devait donc les déposer à Jomsom, un village situé à cent quatre-vingts kilomètres à l'est de Katmandou. Ensuite, ils rouleraient vers le nord à travers la vallée de la Kali pour gagner Lo Manthang, soixante-quinze kilomètres plus loin, où le contact de Sushant Dharel était censé les accueillir.

Sam et Remi se félicitaient d'avoir laissé derrière eux le vacarme incessant de Katmandou et le voisinage délétère de la famille King.

L'avion perdit de l'altitude et de la vitesse – se rapprochant dangereusement de la vitesse de perte de contrôle, aux dires de Sam. Remi lui lança un regard interrogatif. « La piste est courte, expliqua-t-il en souriant. Si l'avion ne ralentit pas avant de se poser, le pilote devra monter sur les freins.

— Génial. »

Le train d'atterrissage toucha le tarmac avant de rebondir. Une secousse ébranla la carlingue. Puis le Piper Cub se mit à rouler vers un groupe de bâtiments au sud de la piste, où il s'immobilisa. Sam et Remi récupérèrent leurs sacs à dos. La porte de l'avion était déjà ouverte. Un employé de l'aérodrome en combinaison bleu foncé leur désigna la passerelle avec un sourire.

En marchant vers le terminal, ils virent sur leur droite un troupeau de chèvres brouter les herbes sèches à côté du hangar. Au-delà, sur un chemin de terre, des bœufs musqués avançaient à la queue leu leu, guidés par un vieillard qui portait un chapeau rouge et un pantalon vert. De temps à autre, quand un animal sortait du rang, il le taquinait de sa baguette en claquant la langue.

Remi resserra le col de sa parka et dit : « C'est ce qu'on appelle l'air des cimes, j'imagine.

— Revigorant, n'est-ce pas ? répondit Sam. Nous sommes à trois mille mètres mais il y a beaucoup moins de nuages, ici.

« — Et beaucoup plus de vent. » Comme pour appuyer ses dires, une rafale souleva la poussière ocre du tarmac et les aveugla l'espace de quelques secondes. Quand elle retomba, ils découvrirent le panorama qui se déployait avec une netteté saisissante derrière les bâtiments de l'aéroport. De couleur taupe, les parois rocheuses hautes de plusieurs dizaines de mètres présentaient des fissures verticales, comme des marques laissées par les ongles d'un géant. On se serait cru au pied d'une forteresse millénaire.

Derrière eux, une voix retentit. « Ce genre de paysage est très répandu au Mustang. À moyenne altitude, du moins. »

Sam et Remi se retournèrent pour découvrir un homme d'environ vingt-cinq ans, le sourire aux lèvres, les cheveux blonds hirsutes. « C'est votre première fois ? demanda-t-il en souriant.

— Oui, répondit Sam. Contrairement à vous, je parie.

— C'est mon cinquième séjour ici. Je suis accro au trekking. Jomsom sert de camp de base à tous les groupes de randonneurs de la région. Je m'appelle Wally. »

Sam fit les présentations et le trio se hâta de rejoindre le terminal. Wally leur désigna plusieurs groupes de trekkeurs rassemblés au bord de la piste d'envol. Vêtus de couleurs vives pour la plupart, ils avaient déposé sur le sol leurs énormes sacs à dos bourrés d'équipement.

« Des collègues à vous ? demanda Remi.

— Ouais. J'en connais quelques-uns. On peut dire qu'on fait marcher l'économie locale. C'est grâce à nous que ce patelin survit. Personne ne peut aller nulle part sans recourir aux guides népalais.

— Et si on préfère s'en passer ? demanda Sam.

— Un détachement de l'armée népalaise est là pour veiller au grain, répondit Wally. Ça s'apparente un peu à du racket mais c'est de bonne guerre, après tout. Les gens d'ici gagnent moins en une année que nous en une semaine. Et puis, on finit toujours par s'entendre. En général, si on leur montre qu'on peut s'en sortir seul, ils se contentent de vous suivre sans trop vous embêter. »

Une femme dans un groupe de randonneurs l'interpella : « Hé, Wally, on est par ici ! »

Il lui fit un signe de la main avant de se retourner vers Sam et Remi : « Vous allez où ?

— À Lo Manthang.

— C'est un bled sympa. Genre moyenâgeux. Une vraie machine à remonter le temps. Vous avez déjà un guide ? »

Sam acquiesça. « Notre contact à Katmandou nous en a trouvé un.

— Combien de temps faut-il pour y arriver ? s'enquit Remi. Selon la carte, c'est…

— La carte ! gloussa Wally. Elles ne sont pas mauvaises. Assez précises même. Mais ici le terrain ressemble à une boule de papier froissé. Tout change sans arrêt. Un jour, on peut passer dans un coin relativement accessible, et le lendemain, on s'aperçoit que la route est bloquée par un glissement de terrain. Je suppose que votre guide suivra la rivière Kali Gandaki – la piste doit être plus ou moins praticable en cette saison.

Par cet itinéraire, comptez une centaine de kilomètres. Ça vous fera une balade de douze heures, au bas mot.

— Ce qui signifie qu'on arrivera demain, répondit Sam.

— Ouais. Demandez à votre guide. Il a dû vous prévoir une jolie tente ou une cabane pour passer la nuit. Vous allez vous régaler. La piste qui suit le ravin de la Kali Gandaki est la plus encaissée du monde. D'un côté, vous avez la chaîne de l'Annapurna ; de l'autre, le Dhawalagiri. Entre les deux, vous croiserez huit parmi les vingt plus hauts sommets de la planète ! Ça vaut le coup d'œil, mec. Je dirais que ça ressemble un peu à l'Utah et un peu à la planète Mars. Rien qu'avec les stupas et les grottes... »

La femme l'appela de nouveau : « Wally !

— Faut que j'y aille, dit le jeune homme. C'était sympa de vous rencontrer. Bon voyage. Et n'oubliez pas, méfiez-vous des *chokes*, dès la nuit tombée. »

Ils échangèrent des poignées de main et Wally rejoignit son groupe au petit trot.

Sam lui cria : « C'est quoi des *chokes* ?

— Votre guide vous expliquera ! » lança Wally par-dessus son épaule.

Sam se tourna vers Remi : « Et les stupas !

— Plus connus sous le nom de *chortens* par ici, ce sont des reliquaires bouddhistes – des constructions en forme de tertre qui abritent des objets de culte.

— Quelle taille ?

— Certains ne sont pas plus hauts que des nains de jardin, mais on trouve des chortens grands comme des cathédrales. Celui de Katmandou en est un exemple. Tu te souviens du Bodnath ?

« — Ce dôme entouré de centaines de drapeaux de prière ?

— Précisément. On en trouve un très grand nombre au Mustang, bien que la plupart entrent dans la catégorie "nain de jardin". Il y en aurait des milliers, selon certaines estimations. Rien que le long de la rivière Kali Gandaki. Jusqu'à ces dernières années, le Mustang était interdit aux touristes par crainte des profanations.

— Fargo ! appela une voix masculine. Monsieur et madame Fargo ! »

Un Népalais chauve d'une quarantaine d'années émergea de la foule des randonneurs et les rejoignit à petites foulées. « Vous êtes les Fargo, oui ? dit-il en haletant.

— Oui, répondit Sam.

— Je m'appelle Basanta Thule, répondit l'homme dans un anglais correct. Je suis votre guide.

— Vous êtes un ami de Pradhan ? » demanda Remi.

L'homme plissa les yeux. « Je sais pas qui c'est. C'est monsieur Sushant Dharel qui m'envoie. Vous attendiez quelqu'un d'autre ? J'ai le papier… » Thule se mit à fouiller dans la poche de sa veste.

« Non, c'est bon, répondit aimablement Sam. Enchanté de vous rencontrer.

— Moi aussi, moi aussi. Je vais prendre ça. »

Thule s'empara de leurs sacs à dos et leur désigna le terminal d'un signe de tête. « Mon véhicule est par là. Suivez-moi, je vous prie. » Et il partit en trottinant.

« Bien joué, Miss Bond, dit Sam.

— Deviendrais-je paranoïaque avec l'âge ? murmura Remi.

— Non, ma chère. Juste plus belle. Viens, suivons-le ou nous allons le perdre. »

Après un rapide détour par le service des douanes, afin de se conformer aux exigences du Mustang qui tenait à affirmer son statut de région semi-autonome, Sam et Remi retrouvèrent Thule sur le trottoir, près d'une Toyota Land Cruiser blanche. À en juger par les douzaines de véhicules presque identiques alignés dans la rue, dont chacun portait le logo de la même compagnie de guides, la Toyota était le 4 × 4 idéal sous ces latitudes. Thule leur sourit, finit d'enfourner le sac à dos de Sam dans le compartiment arrière et claqua la portière.

« J'ai réservé une chambre pour la nuit, annonça Thule.

— Nous ne partons pas maintenant ? s'étonna Remi.

— Non, non. Ça porte malheur de commencer un voyage à cette heure-ci. On s'en ira demain matin. Comme ça, vous mangez, vous vous reposez, vous visitez Jomsom et après, on y va. Venez, venez…

— Nous préférons partir tout de suite », dit Sam sans bouger.

Thule resta interdit. Il pinça les lèvres, se creusa la cervelle, puis dit : « Comme vous voudrez, c'est vous qui commandez. Mais il y a eu un glissement de terrain et la route ne sera pas dégagée avant demain matin.

— Quel glissement de terrain ? répondit Remi.

— Entre ici et Kagbeni. On sera bloqués au bout de quelques kilomètres. Et puis, il va y avoir des embouteillages. Beaucoup de trekkeurs au Mustang. Mieux vaut attendre demain. » Thule ouvrit une portière arrière et leur désigna la banquette d'un geste théâtral.

Sam et Remi se regardèrent et, de guerre lasse, montèrent dans le 4 × 4.


Après avoir sillonné les ruelles tortueuses de Jomsom pendant une dizaine de minutes, Thule s'arrêta devant un immeuble situé au sud-est de la piste d'atterrissage. La pancarte jaune annonçait en lettres marron : « MOONLIGHT GUEST HOUSE. BAIGNOIRES – CHAMBRES AVEC SALLE DE BAINS – SALLES DE BAINS COMMUNES. »

« On dirait que les salles de bains sont la spécialité du coin, plaisanta Remi en haussant un sourcil.

— De même que l'architecture monochrome », ajouta Sam.

Depuis le siège avant, Thule leur lança : « C'est vrai. Jomsom propose les meilleures chambres de la région. »

Il descendit et se dépêcha d'ouvrir la portière de Remi. Elle accepta la main qu'il lui tendit.

« Je vais prendre vos bagages. Vous entrez. Madame Roja va vous accueillir. »


Cinq minutes plus tard, ils découvraient la suite royale du Moonlight, une chambre meublée d'un grand lit et un salon garni d'un assortiment de fauteuils et table de jardin en osier. Comme madame Roja l'avait annoncé, ils bénéficiaient d'une salle de bains attenante.

« Je viendrai vous chercher à 11 heures demain matin, d'accord ? dit Thule depuis le seuil.

— Pourquoi si tard ? demanda Sam.

— Le glissement de terrain sera…

— Et les embouteillages, termina Sam. Merci, monsieur Thule. À demain. »

Tandis que Sam fermait la porte, il entendit Remi lui crier depuis la salle de bains : « Viens donc voir ça. »

Il la trouva ébahie devant une gigantesque baignoire en cuivre munie de pieds griffus. « C'est une Beasley, articula-t-elle.

— Je croyais que c'était une baignoire.

— Très drôle. Les Beasley sont introuvables aujourd'hui, Sam. La dernière a été fabriquée à la fin du XIXᵉ siècle. Tu as une idée du prix que ça coûte ?

— Non, mais j'ai l'impression que tu vas me le dire.

— Au moins douze mille dollars. C'est un trésor, Sam.

— Et elle tient autant de place qu'une Studebaker. J'espère que tu ne comptes pas l'emporter dans tes bagages. »

Remi en détacha son regard pour lui lancer un coup d'œil espiègle. « Elle est grande, pas vrai ? »

Sam lui retourna son sourire. « Certes.

— Et si tu m'apprenais à nager ?

— À votre service, madame. »


Une heure plus tard, récurés et heureux, ils prirent place dans les fauteuils du salon pour profiter de la vue sur la chaîne de l'Annapurna.

« Message vocal », annonça Sam en sortant son téléphone. Il écouta, fit un clin d'œil à Remi et rappela le

215

numéro. Peu après, la voix de Selma résonna dans la pièce. « Où êtes-vous ?

— Au pays de l'osier et du cuivre, répondit Sam.

— Pardon ?

— Peu importe. As-tu de bonnes nouvelles à nous apprendre ?

— Ne quittez pas. »

Une voix masculine prit le relais. C'était Frank Alton. « Sam, Remi... je ne sais pas comment vous avez fait, mais je vous dois la vie.

— Laisse tomber, répondit Remi. Tu nous as tirés d'affaire plus d'une fois en Bolivie.

— Comment vas-tu ? demanda Sam.

— Quelques hématomes, mais rien de grave.

— Tu as vu Judy et les enfants ?

— Oui, dès mon arrivée.

— Selma, intervint Sam. Comment ça se présente ?

— L'horreur absolue, répondit-elle.

— Ravi de l'entendre. »

Conscients des moyens presque illimités de Charles King, Sam et Remi avaient poussé la parano jusqu'à instituer un code de communication entre eux et leur base. Si jamais Selma – ou les Fargo – se trouvait en situation de danger, sous la menace d'une arme par exemple, il fallait répondre à la question « Comment ça se présente ? » par une phrase qui ne comportait pas le mot « horreur ». A contrario, quand il entendait le mot « horreur », l'interlocuteur était rassuré.

« Frank, que peux-tu nous apprendre ? reprit Remi.

— Pas tellement plus que ce que vous savez déjà, j'en ai peur. Selma m'a mis au courant de tout. Je suis d'accord, King est un serpent. Il cache la vérité mais, faute de preuve, je ne peux pas affirmer qu'il soit à l'origine de mon enlèvement. Cela s'est passé dans la rue. Je ne les ai pas vus venir. Ils m'ont assommé puis emmené dans un lieu que je serais bien incapable de retrouver. J'avais les yeux bandés en permanence. Quand j'ai fini par ôter le bandeau, j'étais devant la passerelle d'un Gulfstream.

— En parlant de choses bizarres, as-tu rencontré les jumeaux King ?

— Oh, ces deux-là ! Ils m'attendaient à l'aéroport. Je me suis cru dans un remake de *La Famille Addams* par Tim Burton. Je suppose qu'ils sont le fruit des amours de King et de la Femme Dragon ?

— En effet, répondit Sam. Crois-tu que Lewis King soit encore de ce monde ?

— Cent contre un qu'il est mort depuis des lustres. C'était un subterfuge pour vous appâter.

— C'est ce qu'on pense aussi, confirma Remi. Nous en sommes à la phase de recherche, mais il se peut que cette affaire ait un rapport avec une ancienne légende himalayenne.

— L'Homme d'Or, dit Frank.

— Exact. Le Theurang.

— D'après le peu que j'ai pu apprendre avant mon enlèvement, c'était après cela que courait Lewis King quand il a disparu. Une véritable obsession, encore que j'ignore si ce truc est réel ou pas.

— Nous pensons que oui, répondit Sam. Demain, nous devons rencontrer un homme à Lo Manthang. Avec un peu de chance, il nous aidera à éclaircir le mystère. »

# 17

*Gorges de la Kali Gandaki,*
*région de Dhawalagiri, Népal*

Pour la quatrième fois en une heure, Basanta Thule pila net et s'arrêta au beau milieu de la route. Le ciel était d'un bleu profond, sans le moindre nuage, l'air vif, le vent absent.

« Voilà encore des stupas, annonça Thule en désignant le bas-côté, derrière sa vitre. Là-bas… Et là-bas aussi. Vous voyez ?

— Oui, oui », répondit Sam en se penchant pour mieux apercevoir les fameux monuments. Tout à l'heure, en quittant Jomsom, ils avaient commis l'erreur d'exprimer leur intérêt pour les chortens. Depuis lors, Thule se faisait un devoir de freiner dès qu'il en voyait un. Si bien qu'ils n'avaient encore parcouru que trois kilomètres.

Par pure politesse, ils descendirent de voiture et prirent quelques photos. Ces temples miniatures ne mesuraient pas plus d'un mètre de haut mais c'étaient de pures merveilles. Badigeonnés de blanc, ils se dressaient au-dessus des gorges, telles des sentinelles impavides.

Ils regagnèrent leur siège et le voyage se poursuivit en silence. Soudain, Remi demanda : « Au fait, où est le glissement de terrain ? »

Thule réfléchit avant de répondre : « Nous l'avons dépassé.

— À quel moment ?

— Il y a vingt minutes… vous vous rappelez ce gros rocher et l'éboulis à côté ? Il n'en faut pas davantage pour bloquer la route. »

Ils firent halte pour déjeuner au pied d'un autre chorten – avec tact, Sam et Remi déclarèrent que ce serait leur dernier – avant de continuer vers le nord, suivant toujours le cours serpentin de la Kali Gandaki. En chemin, ils croisèrent plusieurs hameaux plus ou moins semblables à Jomsom, ainsi que des groupes de randonneurs qui progressaient en rang de fourmis sur les hauteurs.

Peu après 17 heures, ils pénétrèrent dans un segment plus resserré des gorges. Les parois de quinze mètres entre lesquelles ils roulaient semblèrent se refermer sur eux, cachant la lumière du soleil. Très vite, l'air qui entrait par la fenêtre de Sam perdit quelques degrés. Finalement, Thule dut ralentir pour franchir au pas une voûte rocheuse à peine plus large que la Toyota, suivie d'un tunnel sinueux parcouru d'un ruisseau, dont les parois renvoyaient le bruit de l'eau qui jaillissait sous les roues du véhicule.

Cinquante mètres après la sortie du tunnel, ils traversèrent un espace dégagé. À l'extrémité nord du ravin, une autre fissure s'ouvrait dans la roche. À leur droite, ils virent à travers une brèche la rivière gargouiller au pied de la falaise.

Soudain, Thule tourna le volant à gauche, décrivit un arc de cercle et gara la Toyota dans le sens inverse de la marche. « Nous camperons ici, annonça-t-il. À l'abri du vent.

— Déjà ? »

Thule se retourna sur son siège et leur fit un large sourire. « Ici la nuit tombe vite, la température aussi. Il vaut mieux monter les tentes et allumer le feu avant qu'il fasse sombre. »

À eux trois, ils eurent tôt fait de dresser les abris – deux tentes à l'ancienne – et de les aménager pour la nuit avec des tapis de sol en mousse et des sacs de couchage spécialement conçus pour les températures négatives. Pendant que Thule faisait démarrer un petit feu, Sam alluma les trois lampes à pétrole accrochées à des poteaux sur le pourtour de leur campement. Équipée d'une torche, Remi alla inspecter le ravin. Thule leur avait raconté qu'autrefois des randonneurs étaient tombés sur les traces de Kang Admi dans cette partie des gorges. Ce terme, qu'on pouvait traduire par « homme des neiges », désignait comme une douzaine d'autres le fameux yéti, version himalayenne de Bigfoot. Les Fargo n'étaient pas assez crédules pour ajouter foi à cette légende mais ils avaient rencontré tant de phénomènes étranges au cours de leurs voyages qu'ils ne pouvaient se résoudre à négliger celui-là. Aussi Remi espérait-elle satisfaire sa curiosité.

Au bout de vingt minutes, elle revint d'un pas tranquille dans le périmètre éclairé par les lanternes. Sam lui tendit un bonnet de laine et lui demanda : « Alors, tu as vu quelque chose ?

— Pas la moindre trace de pas, répondit Remi en glissant sous son bonnet quelques mèches de cheveux auburn.

— Ne perdez pas espoir, lança Thule accroupi près du feu. Nous entendrons peut-être l'appel de la bête durant la nuit.

— À quoi ça ressemble ? s'enquit Sam.

— Ça varie en fonction des gens. Enfant, j'ai entendu son cri, une fois. C'était comme… moitié homme, moitié ours. En tibétain, le yéti s'appelle "Meh-teh" – "homme-ours".

— Monsieur Thule, j'ai l'impression qu'il s'agit surtout d'un conte à dormir debout qui ne sert qu'à impressionner les touristes, dit Remi.

— Pas du tout, mademoiselle. Je l'ai vraiment entendu. Et je connais des gens qui l'ont vu. On a même trouvé des traces. Pour ma part, j'ai vu un bœuf musqué dont la tête avait été…

— Je vous crois sur parole, l'interrompit Remi. Alors, qu'y a-t-il pour le dîner ? »

Le repas consistait en plusieurs sachets de nourriture déshydratée qui, mélangés à de l'eau bouillante, produisaient un genre de goulasch. Sam et Remi avaient déjà goûté pire, mais rarement. Quand ils furent rassasiés, Thule se fit pardonner en leur servant des tasses fumantes de tongba, un thé népalais au millet légèrement alcoolisé qu'ils sirotèrent en regardant l'ombre envahir les gorges. Ils passèrent encore trente minutes à papoter, puis baissèrent les lumières et se retirèrent sous leurs tentes respectives.

Une fois blottie dans son sac de couchage, Remi lança un guide de randonnée sur son iPad pendant que Sam étudiait une carte de la région sous le faisceau de sa torche.

« Sam, tu te rappelles ce que Wally nous a dit, à l'aéroport, au sujet des *chokes* ? On a oublié d'en parler à Thule.

— Demain matin.

— Je pense qu'il vaudrait mieux l'interroger maintenant », répondit-elle en tendant son iPad à Sam. Il lut :

> Familièrement appelés *chokes*, ces étroits ravins qu'on rencontre le long des gorges de la Kali Gandaki se révèlent parfois dangereux à la saison printanière. La nuit, la neige fondue qui dévale les montagnes vient grossir la rivière, entraînant une rapide montée des eaux qui peuvent s'élever jusqu'à...

Sam interrompit sa lecture, rendit son iPad à Remi et murmura : « Range tes affaires. Ne prends que l'essentiel. Sans faire de bruit. » Puis à voix haute, il appela : « Monsieur Thule ? »

Pas de réponse.

« Monsieur Thule ? »

Quelques instants plus tard, un crissement de bottes retentit sur le gravier. « Oui, monsieur Fargo ?

— Parlez-nous des *chokes*. »

Long silence. « Euh... je ne vois pas de quoi il s'agit. »

quand il vit la flamme s'épanouir, reprit la lampe de la main gauche.

« Un seul essai », marmonna-t-il pour lui-même.

Il inspira, balança la lampe au bout de son bras puis la jeta comme une grenade. Elle décrivit un cercle au-dessus du toit et s'écrasa sur le capot de la Toyota où elle explosa, répandant des traînées de pétrole enflammé sur le pare-brise.

L'effet fut immédiat. Surpris par la vague incandescente qui s'écoulait à quelques centimètres de son visage, Thule fut pris de panique et donna un coup de volant à gauche puis à droite, manœuvre qui, par sa maladresse, déséquilibra le véhicule. Sam dut lâcher prise. Précipité dans les airs, il vit le sol se rapprocher à toute vitesse mais para le choc en se recroquevillant au dernier moment. Sa roulade se termina sans trop de dommages, tandis que du fond de son cerveau embrumé s'élevait un vacarme où se mêlaient bris de verre et crissements de tôle. Il dut cligner les yeux pour comprendre ce qui s'était passé.

Le capot de la Toyota venait de s'écraser dans la brèche.

Sam entendit des pas, puis la voix de Remi quand elle s'agenouilla près de lui : « Sam… Sam ! Tu es blessé ?

— Je ne sais pas. Je ne crois pas.

— Tu saignes. »

Sam toucha son front puis regarda le sang sur ses doigts. « Je me suis entaillé le cuir chevelu », marmonna-t-il. Il attrapa sur le sol une poignée de terre qu'il étala sur la blessure.

Remi dit : « Sam, ne fais…

D'autres bruits de pas précédèrent le déclic d'une portière qu'on ouvrait.

Affolé, Sam descendit la fermeture Éclair de son sac de couchage. Comme il ne s'était pas déshabillé, il n'eut qu'à enfiler sa veste puis il ouvrit discrètement le rabat de leur tente, sortit à quatre pattes, regarda à gauche et à droite puis se releva. Dix mètres plus loin, noyée dans la nuit, il entrevit la silhouette de Thule près de la Toyota. Penché sur le siège du chauffeur, il semblait chercher quelque chose. Sam marcha vers la voiture sur la pointe des pieds. Il en était à six mètres quand un bruit lui fit dresser la tête.

Un grondement faible d'abord, puis de plus en plus net. Le fracas de l'eau. La rivière qui courait dans le ravin projetait des vagues d'écume contre les parois.

Sam entendit un *tsst* derrière lui. Remi venait de sortir la tête de la tente. Elle leva le pouce pour lui indiquer qu'elle était prête, ce à quoi il répondit en lui faisant signe d'attendre.

Sam se remit à marcher vers la Toyota, terminant son approche le dos courbé. Il contourna ainsi le pare-chocs arrière et se cacha dans un angle mort pour mieux épier les faits et gestes de leur guide.

Ce dernier était toujours penché sur le siège avant, si bien qu'on ne voyait que le bas de son corps. Sam estima la distance qui les séparait. Un mètre cinquante. Il tendit la jambe, posa le pied puis transféra son poids vers l'avant.

Soudain, Thule se redressa. Il tenait un revolver en acier dans la main droite.

« N'avancez plus, monsieur Fargo. »

Sam s'arrêta net.

« Debout ! » Le charmant babil de Thule avait disparu. Ne lui restait que son accent.

Sam se redressa. « Quelque chose me dit que nous aurions dû vérifier votre identité quand vous nous l'avez proposé.

— Ç'aurait été plus sage, en effet.

— Combien vous ont-ils payé ?

— Une somme ridicule pour des gens riches comme vous et votre femme. Pour moi, ça représente cinq ans de salaire. Vous comptez m'offrir davantage ?

— Est-ce que ça changerait quelque chose ?

— Non. Ils m'ont expliqué ce qui m'arriverait si je les trahissais. »

Du coin de l'œil, Sam vit que la rivière commençait à déborder. Derrière, le grondement de l'eau gagnait en volume. Il fallait gagner du temps. Avec un peu de chance, l'homme qui le menaçait finirait par baisser la garde, ne serait-ce qu'un instant.

« Où est le vrai Thule ? demanda Sam.

— À soixante centimètres sur votre droite.

— Vous l'avez tué.

— Ça faisait partie du boulot. Quand les eaux se retireront, on le retrouvera avec vous et votre femme, le crâne fendu sur les rochers.

— Et vous aussi.

— Pardon ?

— À moins que vous n'ayez un câble de démarreur de rechange », répondit Sam en tapotant la poche de sa veste.

Par réflexe, Thule fit glisser son regard vers la Toyota. Ayant prévu son geste, Sam s'était déjà mis en mouvement. Il voulut l'attraper par le collet mais

Thule le prit de vitesse et releva le canon de son revolver. Sam le reçut en haut du front. Le coup n'était pas direct mais il lui fendit néanmoins le cuir chevelu. Sam recula et tomba à genoux, la bouche ouverte.

Thule s'apprêtait à frapper encore. Sentant le coup venir, Sam se recroquevilla et tenta de rouler sur le flanc. Un coup de pied maladroit le renversa sur le dos.

« Sam ! cria Remi en se précipitant vers lui.

— Prends les affaires, gémit-il. Suis-moi !

— Te suivre ? Mais où ? »

À cet instant, on entendit tousser le moteur de la Toyota.

Se fiant à son instinct, Sam roula sur le ventre, s'agenouilla puis, une fois debout, se dirigea d'un pas mal assuré vers la lampe à pétrole la plus proche. Malgré la douleur qui troublait sa vision, il remarqua qu'une grosse vague jaillissait du fond du ravin. Haute de cinq mètres, elle cracha son écume à travers la fissure de la paroi rocheuse. Sam prit la lanterne de la main gauche et repartit aussitôt vers la Toyota en traînant la patte.

Thule passa une vitesse, des gravillons s'envolèrent et vinrent arroser les jambes de Sam qui continuait d'avancer, imperturbable. Quand la Toyota démarra, Sam s'élança, posa le pied gauche sur le pare-chocs arrière et, de la main droite, s'agrippa au porte-bagages fixé sur le toit.

La Toyota prit de la vitesse et dérapa sur le gravier. Sam tint bon, malgré les oscillations de la voiture, parvenant même à se rapprocher de la portière du coffre. La Toyota se redressa et fonça vers l'entrée du ravin, cinquante mètres plus loin. L'anse de la lampe coincée entre les dents, Sam tourna le bouton de la mèche.

« — Tu vois ? C'est mieux comme ça.

— Rien de cassé ?

— Je ne crois pas. Aide-moi à me lever. »

Elle cala son épaule sous l'aisselle de Sam et poussa sur ses jambes.

« Où est le… », bredouilla Sam.

En réponse à sa question à peine formulée, l'eau se répandit soudain autour de leurs pieds. Quelques secondes plus tard, elle mouillait leurs chevilles.

« Quand on parle du loup », dit Sam. Ils se tournèrent en même temps pour voir l'eau surgir par le nord du ravin.

À présent, elle tourbillonnait autour de leurs mollets.

« C'est froid, dit Remi.

— Personnellement, je choisirais un autre adjectif, répondit Sam. Notre matériel ?

— J'ai rangé dans mon sac tout ce qui m'a paru indispensable, répondit Remi en se tournant à demi pour lui montrer son dos. Il est mort ?

— Peut-être juste inconscient. Sinon, il serait en train de nous tirer dessus. Il faut qu'on fasse démarrer ce truc. C'est notre seule chance d'échapper à la crue. »

Remi courut vers la Toyota pendant que Sam boitillait derrière elle. Arrivée au niveau du pare-chocs arrière, elle s'arrêta et contourna prudemment le véhicule pour regarder par la vitre du conducteur.

« Il est évanoui », cria-t-elle.

Sam la rejoignit en traînant la patte, l'aida à ouvrir la portière et à extraire de son siège Thule qui tomba dans l'eau.

Remi regarda Sam d'un air interrogateur. « Nous n'avons pas le temps de nous inquiéter de lui. Dans une minute ou deux, tout le périmètre sera inondé. »

Remi rampa pour s'installer sur le siège du passager. Sam se mit au volant et tourna la clé. Le démarreur gémit mais le moteur refusa de tourner.

« Allez… » maugréa Sam.

Il essaya encore, le moteur toussa, cracha et se tut.

« Recommence », dit Remi. Elle lui sourit et croisa les doigts.

Sam ferma les yeux, inspira et tourna la clé.

Le démarreur produisit un déclic, le moteur toussa une fois, deux fois, et revint à la vie.

Sam allait passer la première quand ils se sentirent projetés vers l'avant. Remi se pencha par la fenêtre et vit que l'eau léchait le bas de sa portière.

« Sam… » fit Remi, d'une voix inquiète.

Les yeux rivés sur le rétroviseur, Sam répondit : « J'ai vu. »

Il passa la marche arrière et appuya sur la pédale de l'accélérateur. Les quatre roues de la Toyota mordirent le sol. Le véhicule se mit à reculer lentement ; son aile arrière racla contre la roche.

De nouveau, ils furent emportés vers l'avant.

« Je perds de la traction », dit Sam. Il redoutait que l'eau ne monte jusqu'au moteur et le noie.

Encore un coup d'accélérateur. Les pneus mordirent le sol puis dérapèrent.

Sam cogna du poing sur le volant. « Putain !

— On flotte », annonça Remi.

À peine eut-elle prononcé ces paroles que le capot s'enfonça davantage dans la brèche. Entraîné par le tendus pour assurer son équilibre. Une fois stabilisé, il promena le rayon de sa lampe frontale sur la paroi rocheuse, près de la Toyota.

Après trois tentatives, il trouva ce qu'il cherchait : une fissure verticale, large de cinq centimètres, perchée à une hauteur de quatre mètres et légèrement décalée sur la droite. Au-dessus de la fissure, une série de prises creusées dans la roche s'étageaient jusqu'au sommet du piton.

« OK, passe-le-moi », dit Sam à Remi.

Elle lui tendit le crochet du treuil. En se penchant pour l'attraper, son pied glissa. Sam tomba sur un genou. Il se rétablit et, une fois debout, empoigna de la main gauche le porte-bagages fixé sur le toit de la Toyota.

« Tu les auras, cow-boy », dit Remi avec un sourire brave.

Sam attrapa le crochet du treuil par son câble et le fit tourner comme une fronde. Quand il eut assez d'élan, il l'envoya dans les airs ; le crochet heurta la paroi, glissa de côté par-dessus la fissure et plongea dans l'eau.

Sam le récupéra. Deuxième essai. Encore raté.

Il baissa les yeux. Son pied gauche trempait dans l'eau froide, à présent. Elle avait dépassé le pare-chocs et menaçait d'engloutir le hayon.

« Nous avons ouvert d'autres fuites », dit Remi.

Sam relança le crochet qui cette fois pénétra dans la fissure et y resta un instant avant de retomber.

« La quatrième fois sera la bonne, OK ?

— Tu confonds avec…

— Fais-moi confiance, Fargo. »

— Bon, d'accord. »

Sam prit le temps de s'abstraire de l'agitation ambiante, oublia le fracas de l'eau et les martèlements de son cœur. Il ferma les yeux et, quand il les rouvrit, se remit à balancer le crochet au bout du câble.

Il le lança.

Le crochet s'envola, heurta bruyamment la roche et glissa vers la fissure. Sam comprit qu'il allait trop vite et tira sur le câble à l'instant même où l'acier pénétrait dans le creux de la roche. Le mouvement latéral ainsi exercé transmit une secousse au crochet qui se cabra comme un serpent prêt à mordre et resta coincé dans la fissure.

Tout doucement, Sam testa la solidité de l'accroche. Le câble semblait bien fixé. Encore un essai. Le crochet glissa, puis retrouva une prise. Sam tira jusqu'à ce qu'il sente que le dispositif ne bougerait plus.

« Hourra ! » s'écria Remi.

Sam lui tendit la main pour l'aider à franchir le hayon. L'eau qui clapotait sur leurs pieds se déversait dans l'habitacle de la Toyota. Remi désigna du menton le cadavre de monsieur Thule.

« J'imagine qu'on ne peut pas l'emmener ?

— Ne forçons pas notre chance, répondit Sam. Nous l'ajouterons néanmoins à la liste des forfaits dont Charlie King et sa malfaisante progéniture auront à répondre. »

Remi se rendit à ses raisons en soupirant.

Sam désigna le câble d'un geste cérémonieux. « Les dames d'abord. »

## 18

*Lo Manthang, Mustang, Népal*

Vingt heures après que Remi et Sam eurent atteint le sommet de la falaise, après avoir abandonné la Toyota dans les eaux de la Kali Gandaki, la camionnette qui les transportait s'arrêta au niveau d'un embranchement.

Le Népalais qui tenait le volant, un dénommé Mukti, avait une coupe de cheveux militaire et un espace entre les incisives. Il cria « Lo Manthang » à travers la lucarne de séparation et leur montra le chemin de terre qui continuait vers le nord.

Sam secoua doucement Remi qui dormait en chien de fusil contre un sac de fourrage. « Home sweet home », murmura-t-il.

Elle grogna, repoussa la toile de coton grossier et s'assit en bâillant. « Je faisais un rêve trop bizarre, dit-elle. Ça ressemblait à *L'Aventure du* Poséidon sauf qu'on était coincés à l'intérieur d'une Toyota Land Cruiser.

— La réalité dépasse la fiction.

— Nous sommes arrivés ?

— Plus ou moins. »

Sam et Remi remercièrent le chauffeur, descendirent de la camionnette et la regardèrent disparaître vers le sud, derrière un virage. « C'est embêtant, cette barrière de la langue », dit Remi.

Sam et Remi, qui à eux deux ne totalisaient qu'une dizaine de mots népalais, n'avaient pas pu remercier Mukti de leur avoir sauvé la vie. Il les avait ramassés en bord de route, croyant avoir affaire à deux randonneurs trop téméraires. Dans la région, ce genre de mésaventure était monnaie courante, comme l'avait laissé supposer le sourire indulgent qu'il leur avait adressé.

Épuisés, mais soulagés d'être enfin au sec, sous la douce chaleur du soleil, ils ne tardèrent pas à rencontrer les premières traces d'habitations.

L'ancienne capitale du jadis prestigieux royaume du Mustang était une petite bourgade qui occupait une surface de cent trente hectares, au creux d'une vallée cernée de collines ondoyantes. Ses hautes murailles étaient constituées d'un assemblage de briques et de moellons, le tout maintenu par un mortier à base de torchis. Les maisons présentaient le même appareillage – pierre, brique, torchis – recouvert d'un enduit plus ou moins blanc, tirant parfois sur le gris ou l'ocre. La plupart avaient d'épais toits de chaume. Quatre édifices dominaient l'ensemble : le Palais royal, le monastère de Choede avec son toit rouge et les temples Champa et Tubchen.

« La civilisation, dit Remi.

— Tout est relatif », répliqua Sam.

Après leur longue errance en pleine nature, cette cité leur paraissait dotée des raffinements les plus subtils.

Ils se dirigeaient vers la porte de l'enceinte quand, à mi-chemin, un enfant de huit ou dix ans se précipita à leur rencontre en criant : « Les Fargo ? Les Fargo ? »

Sam le salua d'un geste de la main. « *Namaste. Hoina.* » Bonjour. Oui.

Rayonnant de joie, le garçon s'arrêta devant eux en dérapant sur le sol en terre. « Suivre, oui ? Suivre ?

– *Hoina* », répondit Remi.

Sous le regard curieux des villageois, l'enfant les escorta à travers les venelles sinueuses de Lo Manthang. Arrivé devant un mur blanchi à la chaux, il souleva le heurtoir en cuivre terni d'une grosse porte en bois, frappa deux coups et se tourna vers Sam et Remi en disant : « *Pheri bhetaunla.* » Puis il détala et disparut au coin d'une ruelle.

Des pas résonnèrent sur le plancher de la maison. Peu après, la porte s'ouvrit en grand, révélant un homme frêle d'une soixantaine d'années, avec de longs cheveux gris et une barbe assortie qui mangeait son visage profondément ridé, tanné comme un vieux cuir. À leur grande surprise, il les accueillit dans un anglais parfait, teinté d'un accent britannique :

« Bonjour. Sam et Remi Fargo, je présume ? »

Sam marqua une seconde d'hésitation avant de répondre : « Oui. Bonjour. Nous avons rendez-vous avec monsieur Karna. Nous venons de la part du professeur Sushant Dharel, de l'université de Katmandou.

— Je pense bien !

— Pardon ? répondit Remi.

— Je suis Jack Karna. Oh, je manque à tous mes devoirs. Entrez, je vous prie. »

Il s'écarta pour les laisser passer. À l'intérieur, les murs étaient également blanchis à la chaux. Des tapis tibétains couvraient le vieux plancher d'une propreté impeccable, tandis que des pièces de tapisserie et des fragments de parchemin décoraient les cloisons. D'un côté, sous les fenêtres au châssis épais, on avait aménagé un coin salon garni de coussins, d'oreillers et d'une table basse. Contre le mur d'en face, un poêle à l'ancienne. Un petit couloir semblait relier cette pièce à une chambre à coucher.

« Je m'apprêtais à envoyer une équipe à votre recherche, dit Karna. Vous m'avez l'air un peu fatigués par le voyage. Vous allez bien ?

— Certains imprévus sont venus perturber notre programme, expliqua Sam.

— Je sais. J'ai appris la nouvelle voilà quelques heures. Des trekkeurs ont trouvé la carcasse d'un véhicule appartenant à une agence touristique. Deux corps ont été rejetés par la crue sur les berges de la Kagbeni. Je craignais le pire. »

Sans leur laisser le temps de répondre, Karna les invita à s'asseoir au salon. « Le thé est prêt. Donnez-moi juste un instant. »

Quand il réapparut, il déposa un service à thé en argent sur la table basse, ainsi qu'une belle assiette de scones et de sandwichs au concombre. Il versa le thé et s'installa sur les coussins, en face d'eux.

« Bien. Racontez-moi votre histoire », dit monsieur Karna.

Sam lui narra ce qui s'était passé entre leur descente de l'avion à Jomsom et leur arrivée à Lo Manthang, en évitant toute allusion au rôle de King dans la tentative d'assassinat. Karna le laissa parler sans l'interrompre, se contentant de hausser les sourcils de temps à autre.

« Extraordinaire, dit-il enfin. Connaîtriez-vous le véritable nom de cet imposteur ?

— Non, dit Remi. On s'est quittés trop vite.

— J'imagine aisément. Votre aventure est digne d'un film hollywoodien.

— Tel est notre quotidien, malheureusement », dit Sam.

Karna s'esclaffa. « Avant d'aller plus loin, je dois informer les brahmanes – le conseil local – de ce qui est arrivé.

— Est-ce nécessaire ? demanda Sam.

— Nécessaire et préférable pour vous. Vous êtes à Lo Manthang maintenant, monsieur et madame Fargo. Cette région a beau appartenir au Népal, elle bénéficie d'un statut autonome. Ne craignez rien, on ne vous tiendra pas pour responsables des derniers événements et, à moins que le conseil ne l'estime absolument nécessaire, le gouvernement népalais n'en saura rien. Vous êtes en sécurité chez nous. »

Sam et Remi réfléchirent, puis donnèrent leur consentement.

Karna agita une clochette en cuivre posée sur le sol, près de son coussin. Dix secondes plus tard, le garçon qui les avait accueillis sur la route surgit du couloir, se posta devant Karna et s'inclina profondément.

Karna lui donna des instructions dans un dialecte qui ressemblait à du lowa. L'enfant répondit par une question, fit une autre courbette et sortit par la porte principale.

« N'ayez crainte. Tout ira bien, dit Karna.

— Pardonnez ma curiosité, dit Remi, mais votre accent et…

— Oui, je l'ai attrapé pendant mes études à Oxford. En fait, je suis citoyen britannique, bien que je n'aie pas remis les pieds en Angleterre depuis… quinze ans, je crois. Cela fera trente-huit ans cet été que je vis au Mustang. Cette maison est mon domicile.

— Comment se fait-il que vous viviez ici ? demanda Sam.

— J'ai découvert ce pays en 1973, pendant mes études d'anthropologie. J'y suis resté trois mois. Deux semaines après mon retour en Angleterre, j'ai réalisé que je ne pouvais plus me passer du Mustang. Je l'avais dans la peau, comme on dit. Alors j'ai refait le voyage dans l'autre sens, et je suis resté. Les prêtres du coin pensent que je faisais partie des leurs… dans une vie antérieure, bien sûr. » Karna sourit en haussant les épaules. « Qui sait ? En tout cas, une chose est sûre : c'est ici et nulle part ailleurs que je me sens chez moi.

— Fascinant, répondit Sam. Que faites-vous de vos journées ?

— Disons que je suis un genre d'archiviste, ou d'historien local. J'ai pour objectif de rassembler le plus grand nombre de documents possible sur l'histoire du Mustang. Rien à voir avec Wikipédia, toutefois. » Face à l'expression dubitative de Remi, il ajouta dans un sourire : « Eh oui, je connais Wikipédia. Je reçois Internet par satellite. C'est tout à fait extraordinaire quand on sait que nous sommes au milieu de nulle part.

— En effet, acquiesça Remi.

— Depuis douze ans, je m'astreins à la rédaction d'un ouvrage qui, je l'espère, servira de référence à tous ceux qui se passionnent pour l'histoire secrète de Lo Manthang et du Mustang en général.

— Voilà pourquoi Sushant nous a orientés vers vous, dit Sam.

— En effet. Il m'a dit que la légende du Theurang vous intéressait tout particulièrement. L'Homme d'Or.

— C'est exact, répondit Remi.

— En revanche, il n'a pas dit pourquoi », ajouta Karna sur un ton grave. Il observa attentivement ses interlocuteurs. « Comprenez-moi bien, poursuivit-il sans leur donner le temps de s'expliquer. Je ne veux pas vous offenser, mais votre réputation vous a précédés. Vous êtes des chasseurs de trésors professionnels, n'est-ce pas ?

— Ce n'est pas le terme que nous préférons, répondit Sam, mais techniquement c'est juste.

— Nous ne conservons pas les objets que nous découvrons, ajouta Remi. Quant à l'argent qu'on nous verse, il revient entièrement à notre fondation.

— Oui, je sais cela. Pour tout vous dire, je n'ai lu que des éloges sur votre compte. Le problème, voyez-vous, c'est que j'ai déjà reçu des visiteurs. Ces gens-là recherchaient le Theurang pour de mauvaises raisons, j'en ai peur.

— N'était-ce pas un couple de jeunes gens ? demanda Sam. Des jumeaux métis. »

Karna leva le sourcil gauche. « Exactement. Ils sont passés me voir il y a quelques mois. »

En un regard, Sam et Remi s'accordèrent sur le fait qu'ils pouvaient et devaient faire confiance à Karna.

Cette contrée sauvage leur était parfaitement étrangère, et l'attentat qu'ils avaient déjoué la veille prouvait que Charles King ferait désormais l'impossible pour les éliminer. Par conséquent, ils avaient besoin non seulement de l'érudition de Karna mais aussi de son soutien logistique.

« Ils se nomment Russell et Marjorie King. Leur père est Charles King…

— King Charlie ! s'exclama Karna. J'ai lu un article sur lui dans le *Wall Street Journal*, l'année dernière. Un genre de cow-boy, si j'ai bien compris.

— Cow-boy peut-être, mais il a le bras très long, répondit Remi.

— Pourquoi diable veut-il se débarrasser de vous ?

— Je ne saurais le dire, fit Remi, mais je peux vous assurer qu'il est à la recherche du Theurang. »

Sam relata leur rencontre avec Charles King, sans omettre aucun détail. Puis il lui exposa leurs découvertes, leurs hypothèses et leurs interrogations.

« Eh bien, je vais pouvoir vous éclairer sur un point au moins, répondit Karna. Ces jumeaux de malheur se sont présentés à moi sous une fausse identité, mais ils ont fait allusion à Lewis Bully King. Quand je leur ai dit ce que je m'apprête à vous révéler, ils n'ont même pas bronché. C'est d'autant plus étrange maintenant que je sais qui ils sont.

— Que leur avez-vous dit ?

— Que Lewis King est mort. En 1982. »

## 19

## Lo Manthang, Mustang, Népal

À l'annonce de la nouvelle, Sam et Remi restèrent sans voix. Remi finit par se résoudre à demander :
« Comment est-il mort ?

— Il est tombé dans une crevasse à quinze kilomètres d'ici, environ. En fait, j'ai aidé à retrouver son corps. Il est enterré dans le cimetière local.

— Et vous l'avez dit aux jumeaux King ? insista Sam.

— Exact. Ils ont eu l'air… désappointés, je dirais. Aujourd'hui, après ce que vous venez de m'apprendre, je trouve leur réaction particulièrement odieuse.

— C'est un trait de famille, répliqua Remi. Vous ont-ils expliqué pourquoi ils le recherchaient ?

— Ils sont restés très évasifs, ce qui m'a incité à abréger leur visite. J'ai cru comprendre qu'ils recherchaient King et qu'ils s'intéressaient au Theurang. Je n'ai pas trop apprécié leur attitude. En tout cas, je me félicite d'avoir suivi mon instinct. En tout état de cause, quand il vous a contactés, Charles King savait déjà que son père était mort.

— Et quand il a embauché Alton aussi, ajouta Sam. Quant à la photo où Lewis figurait soi-disant, elle fait partie de la même fable.

— Tout cela pour vous inciter à partir sur les traces de l'Homme d'Or, ajouta Karna. Il manque un peu de jugeote ce monsieur King, vous ne trouvez pas ? En enlevant votre ami, il croyait vous attirer sur les lieux. Et ensuite, il espérait que vous poursuivriez vos recherches sans vous poser de questions. Vous étiez censés conduire les jumeaux jusqu'au Theurang.

— Apparemment, dit Remi. Mais les plans les mieux conçus…

— … ne peuvent qu'échouer quand ils émanent de sombres crétins, termina Karna. Cela dit, j'aimerais bien savoir ce que représente le Theurang pour Charlie King. Ce type n'a rien d'un néonazi obsédé par l'héritage de son explorateur de père.

— Certainement pas, dit Sam. Mais, à bien y réfléchir, je me demande s'il s'agit d'une obsession personnelle ou plutôt d'une simple activité commerciale, au même titre que son trafic de fossiles. Quoi qu'il en soit, la famille King ne recule pas devant le kidnapping et le meurtre pour mettre la main sur le Theurang.

— N'oublions pas qu'ils pratiquent aussi l'esclavage, ajouta Remi. Les ouvriers du site de fouilles sont retenus contre leur gré.

— Par-dessus le marché ! Peu importe ses motifs, nous devons tout faire pour déjouer ses machinations. »

Karna prit sa tasse de thé et la leva comme pour porter un toast. « Alors, c'est décidé : nous partons en guerre contre la famille King. Tous pour un ?

— Un pour tous », s'écrièrent les Fargo en imitant leur hôte.

« Dites-m'en davantage sur la chambre funéraire que vous avez découverte, dit Karna. N'oubliez rien. »

Remi commença par décrire la niche qu'ils avaient explorée à l'intérieur du réseau souterrain des gorges de Chobar. Puis elle sortit son iPad pour montrer à Karna la série de photos prises durant leur visite des grottes.

Fasciné par la tablette numérique, Karna passa une minute à la manipuler et à jouer avec l'interface, avant de jeter un regard émerveillé sur Sam et Remi.

« Il faut vraiment que je me procure un de ces trucs. Bref… Revenons à nos moutons. » Il prit le temps de visionner chaque photo, en s'amusant avec le zoom et les panoramiques. Entre deux claquements de langue, on l'entendait s'exclamer à mi-voix : « Magnifique ! » ou « Stupéfiant ! »

« Vous avez fait avancer la recherche historique d'un pas de géant, déclara Karna en rendant l'iPad à Remi. Votre découverte ne touchera peut-être pas le grand public mais, pour les habitants du Mustang et du Népal en général, ce jour est à marquer d'une pierre blanche. Cette tombe abrite les restes d'une Sentinelle, ni plus ni moins. Et les quatre caractères gravés sur le couvercle du coffre… Avez-vous une photo plus nette ?

— Non, désolée.

— Où se trouve-t-il, en ce moment ?

— À San Diego, dans l'atelier de Selma, notre directrice de recherches, l'informa Sam.

— Oh, mon Dieu. Et elle est…

— Pleinement qualifiée, le rassura Remi. Elle essaie de l'ouvrir – en prenant toutes les précautions nécessaires pour ne pas l'endommager.

— Très bien. Je pourrai peut-être lui donner un coup de main.

— Savez-vous ce qu'il contient ?

— C'est possible. J'y viendrai bientôt. Qu'est-ce que Sushant vous a appris sur les Sentinelles et le Theurang ?

— Il nous a donné les grandes lignes, dit Remi, tout en affirmant que c'était vous l'expert.

— Ce qui est tout à fait juste. Eh bien, les Sentinelles étaient les gardiens du Theurang. Une charge honorifique qui se transmettait de père en fils. Dès l'âge de six ans, ils subissaient un entraînement adapté à cette seule et unique fonction. Le décret d'Himanshu a été édicté en 1421, avant la quatrième évacuation du Theurang. Lors des trois précédentes, qui correspondent toutes à une période d'invasion, le Theurang avait fini par réintégrer Lo Manthang. Or, en 1421, les choses se sont déroulées différemment. Le "commandant des armées" de l'époque, un certain Dolma, a convaincu le roi et ses conseillers que le nouveau conflit tournerait à leur désavantage. Pour lui, cette invasion annonçait la perte du royaume. En plus, il y avait la prophétie.

— La prophétie ? intervint Sam.

— Oui. Je vous épargne les détails. Il s'agit d'une certaine légende bouddhiste basée sur la numérologie. En gros, cette prophétie disait qu'un jour viendrait où le royaume du Mustang tomberait sous les coups de ses ennemis. Et seul le retour du Theurang sur le lieu de sa naissance permettrait de rétablir la souveraineté de ce grand peuple.

— Le lieu de sa naissance est ici, n'est-ce pas ? dit Remi. Enfin, d'après Sushant.

— Mon cher ami s'est trompé. Mais ce n'est pas sa faute. La tradition populaire est si compliquée ! C'est le moins qu'on puisse dire. D'abord, vous devez comprendre que le peuple du Mustang se considérait comme le gardien de l'Homme d'Or, pas comme son propriétaire. Sushant vous a-t-il décrit la nature du Theurang ?

— Son apparence ?

— Non, sa… nature.

— Je crois qu'il a utilisé l'expression "source de toute vie".

Karna réfléchit un instant, puis haussa les épaules. « Une métaphore, peut-être. Madame Fargo, vous êtes anthropologue de formation, n'est-ce pas ?

— C'est exact.

— Bien, bien. Accordez-moi un petit instant. » Karna se leva et disparut dans le couloir. Ils l'entendirent déplacer des livres sur une étagère. Quand il revint, il portait deux volumes reliés cuir et une enveloppe en papier kraft épaisse de deux centimètres. Il se rassit pour feuilleter les ouvrages et, dès qu'il eut trouvé les bonnes pages, les posa à l'envers sur le sol.

« Le royaume du Mustang n'avait rien de grandiose. Vous avez pu voir que son architecture est très fonctionnelle, très modeste – comme son peuple, d'ailleurs. Mais, autrefois, ses habitants étaient particulièrement raffinés, intellectuellement parlant. Bien plus que les Occidentaux à la même époque. »

Karna se tourna vers Remi. « En tant qu'anthropologue, vous avez dû entendre parler d'Ardi ?

— L'homme fossile ?

— Oui. »

Remi rassembla ses idées. « J'ai lu cet article il y a un bon bout de temps mais je m'en souviens : Ardi est le surnom que les archéologues ont donné à un squelette vieux de quatre millions et demi d'années, trouvé sur un chantier de fouilles en Éthiopie. Si j'ai bonne mémoire, son nom scientifique est *Ardipithecus ramidus*. Cette découverte a fait couler beaucoup d'encre. Aujourd'hui, tout le monde s'accorde à penser qu'Ardi est ce qu'on appelle un chaînon manquant. Il fait le lien entre les grands primates, comme les singes ou les humains, et leurs parents les plus éloignés, les lémuriens, par exemple.

— Très bien. Et ses caractéristiques ?

— Par son squelette, il se rapproche des lémuriens, mais il possède aussi certains attributs des primates : mains articulées, pouces préhenseurs, orteils munis d'ongles et non de griffes, membres courts. Ai-je oublié quelque chose ?

— Je vous mets 10 sur 10 », répondit Karna. Il ouvrit l'enveloppe kraft, sortit une photo en couleurs et la tendit à Sam et Remi. « Je vous présente Ardi. »

Comme Remi l'avait décrit, le squelette fossile, étendu sur le flanc dans la terre, tenait à la fois du singe et du lémurien.

« Et maintenant, dit Karna, voici à quoi ressemble le Theurang portraituré par un artiste local. »

Il tira une feuille de son enveloppe et la leur tendit. C'était la photocopie d'un dessin en couleurs montrant une créature proche du gorille, avec des bras massifs et une tête trapue, dont on remarquait surtout la gueule garnie de crocs et l'énorme langue qui en jaillissait.

À la place des jambes, on voyait un genre de colonne musculeuse terminée par un pied palmé.

« Vous voyez des similitudes avec Ardi ? demanda Karna.

— Aucune, répondit Sam. On dirait un personnage de dessin animé.

— Ce n'est pas entièrement faux. Ce dessin illustre une légende mettant en scène le premier roi du Tibet, Nyatri Tsenpo, lequel descendait soi-disant du Theurang. Au Tibet, le Theurang fait un peu figure de croquemitaine. En revanche, au Mustang, il a connu un sort bien différent. » Karna ramassa l'un des livres posés par terre.

La page était ouverte sur une illustration maladroite mais très stylisée dont l'inspiration bouddhiste n'empêchait pas de reconnaître le sujet.

« Ardi ? murmura Remi.

— Lui-même, répondit Karna. Comme s'il avait ressuscité, tout à coup. J'estime que nous avons affaire au portrait du Theurang le plus proche de la réalité. La créature que vous avez devant les yeux, chers amis, n'est autre que l'Homme d'Or. »

Sous le choc de cette dernière déclaration, Sam et Remi contemplèrent le dessin sans rien dire, pendant une minute entière. « Vous ne voulez quand même pas dire que cette créature existait… finit par articuler Sam.

— Au royaume du Mustang ? Non, bien sûr. D'après moi, le Theurang est un lointain cousin d'Ardi, un chaînon manquant plus tardif, bien qu'il eût certainement plusieurs millions d'années. Je possède d'autres dessins où le Theurang est doté de tous les attributs d'Ardi : mains articulées, pouces préhenseurs.

Et d'autres encore sur lesquels sa face rappelle celle des primates.

— Pourquoi l'appelle-t-on l'Homme d'Or ? s'enquit Sam.

— D'après la légende, lors de son exposition au Palais royal de Lo Manthang, le Theurang avait été entièrement reconstitué et articulé, de sorte qu'il avait presque figure humaine. En 1315, peu après la fondation de Lo Manthang, le premier roi du Mustang – Ame Pal – qui trouvait que le Theurang n'avait pas assez fière allure, fit recouvrir d'or son squelette et enchâsser des pierres précieuses dans ses orbites et au bout de ses doigts. Une feuille d'or fut appliquée sur les dents, prétendument intactes.

— Il devait être très impressionnant, dit Remi.

— J'emploierais plus volontiers le mot "clinquant", répliqua Karna, mais qui suis-je pour critiquer les goûts du roi Ame Pal ?

— Doit-on en conclure que ce peuple a développé une théorie de l'évolution plusieurs siècles avant Darwin ?

— Une théorie, non. Une croyance bien ancrée, certainement. Durant les trente dernières années, j'ai rassemblé pas mal de preuves sous forme de textes et de représentations graphiques. Aujourd'hui, je peux affirmer que pour les anciens habitants du Mustang, l'être humain descendait de créatures très anciennes – des primates en particulier. Il existe même des peintures rupestres qui illustrent la progression du genre humain depuis ses origines jusqu'à nos jours. Et, chose encore plus importante, le Theurang ne faisait pas l'objet d'un culte religieux, mais plutôt historique.

248

— Comment cette légende a-t-elle vu le jour ? demanda Sam. Où et quand ont-ils découvert le Theurang ?

— Nul ne le sait – enfin, à ma connaissance. Je forme l'espoir de répondre à cette question avant de mourir. Mais peut-être que votre découverte m'aidera à compléter le puzzle.

— Croyez-vous que le coffre contienne le Theurang ?

— Non, à moins qu'une Sentinelle n'ait commis une erreur fatale. Or, parmi leurs nombreux talents, ces soldats maîtrisaient la navigation céleste à la perfection. Non, si vous avez trouvé une Sentinelle dans cette grotte, c'est qu'elle avait reçu l'ordre de s'y cacher.

— Alors, que contient le coffre que nous avons ramené ?

— Soit rien du tout, soit un indice sur le lieu de naissance du Theurang – celui qu'il aurait réintégré après l'invasion de 1421.

— Quel genre d'indice ? insista Remi.

— Un disque en or d'environ huit centimètres de diamètre, avec des symboles gravés dessus. Si on l'associe à deux autres disques et à une certaine carte, on est censé obtenir l'emplacement actuel du Theurang.

— Vous n'en savez pas davantage ? dit Sam.

— Si, je sais comment s'appelle ce lieu.

— Comment ?

— L'ancienne traduction est un peu alambiquée, mais le terme qui le désigne le plus souvent vous évoquera sûrement quelque chose : Shangri-La. »

## 20

*Lo Manthang, Mustang, Népal*

« J'ai l'impression, à vous voir, que vous pensez que je vous mène en bateau.

— Franchement, je ne crois pas que vous plaisanteriez sur un tel sujet, dit Sam, mais admettez quand même que Shangri-La relève un peu du conte de fées.

— Vraiment ? Que savez-vous de Shangri-La ?

— C'est un lieu utopique, une vallée cachée quelque part dans l'Himalaya, qui abrite des êtres insouciants et ridiculement heureux.

— Et immortels, précisa Remi.

— Oui, c'est vrai. Immortels.

— Cette description correspond au roman de James Hilton, *Les Horizons perdus*, publié en 1933. Un exemple parmi tant d'autres de récupération par la culture populaire d'une légende fascinante qui a sans doute un fondement historique. Hilton en a donné une version très édulcorée.

— Dans ce cas, nous sommes tout ouïe, dit Remi.

— On trouve mention de Shangri-La – ou de ses équivalents – dans nombre de cultures asiatiques. Les Tibétains l'appellent Nghe-Beyul Khimpalung et le situent tantôt dans la région de Makalu-Barun, tantôt au cœur des monts Kulun ou, plus récemment, sur l'emplacement de l'antique cité de Tsaparang, au Tibet occidental. En Inde, nous avons le choix entre plusieurs sites, tout comme en Chine : dans le Yunan, le Sechuan, le Zhongdian… Ajoutons à cette liste le Bhoutan et la vallée de Hunza, au nord du Pakistan. Et maintenant, j'aborde la partie la plus croustillante : comme vous le savez, les nazis étaient férus de sciences occultes. Ils s'étaient mis en tête que Shangri-La était le berceau des Aryens, une race soi-disant supérieure, épargnée par le temps et les impuretés génétiques. L'expédition de Lewis "Bully" King, en 1938, avait parmi ses objectifs la découverte de cette contrée légendaire.

— Nous en avons vaguement entendu parler, dit Remi.

— Il se peut que King Charles ne convoite pas seulement le Theurang, mais aussi Shangri-La, dit Karna.

— Tout est possible, répondit Sam. Mais King n'a pas l'air d'un type porté sur les récits imaginaires, qu'ils aient ou non un fond de vérité. Il s'intéresse aux choses qu'on peut toucher, voir, sentir…

— Ou vendre, ajouta Remi.

— Ou vendre, en effet, confirma Sam. Qu'en pensez-vous, Karna ? Ces légendes sont passionnantes mais laquelle faut-il croire ?

— Aucune de celles que je vous ai citées. Mes recherches, aussi bien que mon intuition, m'amènent à penser que, pour le peuple du Mustang, Shangri-La représentait une source de vie et d'espoir. Ce terme désignait le lieu de naissance et de mort du Theurang, une créature qu'ils considéraient comme leur ancêtre.

Je soupçonne que sa première apparition a eu lieu dans ce que nous appelons aujourd'hui Shangri-La. Mais à quelle époque, je l'ignore.

— Vous avez bien une petite idée, non ? insista Remi.

— Je pense que la clé se trouve dans l'étymologie tibétaine : *shang* ou bien *tsang*, combiné à *ri*, désigne une montagne. *La* veut dire passage.

— Le passage de la montagne Tsang, articula Remi.

— Pas exactement. Dans l'ancien dialecte royal, *la* signifie aussi "gorges" ou "canyon".

— Les gorges de Tsangpo, hasarda Sam. Cela représente un vaste territoire. La rivière qui les traverse – la Yarlung Tsangpo – fait combien ? Cent quatre-vingts kilomètres ?

— Deux cent vingt, corrigea Karna. Sur un territoire plus étendu que votre Grand Canyon et couvert d'épaisses forêts. Il compte parmi les plus redoutables au monde.

— Si vous avez raison au sujet de l'emplacement et de la légende, dit Remi, rien d'étonnant à ce que Shangri-La ait gardé son secret durant tout ce temps. »

Karna sourit. « Dites-vous qu'au moment où nous parlons, nous sommes peut-être tout proches de Shangri-La – et de l'Homme d'Or. En tout cas, plus proches que n'importe qui d'autre au cours de l'Histoire.

— Plus proches, je veux bien, répondit Sam, mais nous n'avons pas encore mis la main dessus. Vous parliez de trois disques. Supposons qu'il y en ait un dans le coffre que nous avons envoyé à Selma. Il en reste encore deux à trouver.

— Sans parler de la carte, compléta Remi.

— Cette carte est le cadet de nos soucis, dit Karna. J'en ai déjà repéré quatre. L'une d'entre elles est forcément la bonne. Quant aux deux autres disques... Que pensez-vous des Balkans ? »

Sam et Remi se regardèrent. « Je me rappelle avoir mangé un plat infect à base d'agneau en Bulgarie mais, à part cela, nous n'avons rien contre les Balkans, dit Remi.

— Je suis heureux de l'apprendre, fit Karna avec un sourire malicieux. Ce que je vais vous dire, je ne l'ai jamais confié à personne. Malgré le grand respect qu'on me porte ici, je doute que mes compatriotes d'adoption accueilleraient favorablement cette théorie.

— Encore une fois, nous sommes tout ouïe, dit Sam.

— Voilà trois ans, j'ai découvert plusieurs textes rédigés par le secrétaire particulier du roi durant les semaines qui précédèrent l'invasion de 1421.

— Quel genre de textes ?

— Une sorte de journal intime. Le roi connaissait la puissance de l'armée ennemie et il croyait à la prophétie annonçant la chute imminente du Mustang. De surcroît, il doutait que les Sentinelles parviennent à mener leur mission jusqu'au bout. Il se savait espionné par une personne de son entourage, laquelle fournissait des renseignements à l'ennemi.

« En secret, il confia donc au plus valeureux de ses soldats – un certain Dhakal – la tâche d'emporter le Theurang jusqu'à Shangri-La. On plaça des copies du disque dans deux coffres et l'original dans le troisième.

— Et ces deux autres disques ? dit Remi.

— Ils furent remis à deux prêtres chrétiens ortho-doxes. »

Surpris par cette soudaine digression, Remi et Sam se demandèrent s'ils avaient bien entendu.

« Pouvez-vous répéter ? fit Sam.

— Une année avant l'invasion, deux missionnaires appartenant à l'Église orthodoxe d'Orient ont débarqué à Lo Manthang.

— On était pourtant bien au XVᵉ siècle, s'étonna Remi. À cette époque, les missionnaires chrétiens n'avaient pas dépassé… » Elle haussa les épaules sans terminer sa phrase.

« … l'actuel Ouzbékistan, compléta Karna. À plus de deux mille kilomètres d'ici. Et pour anticiper votre prochaine question : non, aucun ouvrage sur l'histoire de l'Église ne mentionne la présence de mission-naires dans des contrées aussi orientales que celle-ci, sur cette période du moins. J'ai trouvé mieux. Mais chaque chose en son temps. Comme il est écrit dans le journal intime, les missionnaires se sont présentés à la cour du roi qui les a fort bien accueillis. Ils sont rapidement devenus amis. Quelques mois après leur arrivée, on attenta à la vie du souverain. Les prêtres se portèrent à son secours et l'un d'eux fut blessé. Cet incident acheva de convaincre le roi que les deux étran-gers faisaient partie de la prophétie et que, grâce à eux, le Theurang reviendrait un jour à Lo Manthang.

— Il a donc remis un disque à chacun et les a ren-voyés dans leur pays avant le début de l'invasion, sup-posa Remi.

— C'est exactement cela.

— Je vous en supplie, dites-moi que vous avez trouvé des documents sur ces deux prêtres », fit Sam.

Karna sourit. « En effet. Les frères Besim Mala et Arnost Deniv. Ces deux noms apparaissent dans les registres de l'Église dès le début du XVe siècle. En 1414, on les a envoyés porter la Bonne Parole à Samarkand, en Ouzbékistan. Avec la mort de Gengis Khan, la fragilisation de l'Empire mongol et l'avènement de Tamerlan, l'Église orthodoxe cherchait à étendre son influence parmi les peuples païens.

— Que sont devenus nos prêtres intrépides ? demanda Remi.

— Mala est mort en 1436 sur l'île albanaise de Sazan. Deniv six ans plus tard, à Sofia, en Bulgarie.

— Les dates concordent, dit Sam. S'ils ont quitté Lo Manthang en 1421, ils pouvaient très bien se retrouver dans les Balkans un an après. »

Sam et Remi restèrent un instant plongés dans leurs pensées.

« Plutôt fantaisiste, n'est-ce pas ? s'exclama Karna.

— Je suis heureux de vous l'entendre dire, répondit Sam. Je ne voulais pas être grossier.

— Vous ne m'offensez nullement. Je sais que cette histoire paraît rocambolesque. Et vous avez raison de vous montrer sceptique. Moi-même, après avoir trouvé le journal intime, j'ai passé un an à tenter de déjouer la supercherie. Sans succès. Voilà ce que je propose : je vais envoyer mes notes à votre Selma. Si elle est capable de démonter ma théorie, très bien. Sinon…

— On file dans les Balkans », compléta Remi.

Karna alla chercher son ordinateur portable, un MacBook Pro avec un écran de dix-sept pouces, et le posa devant eux, sur la table basse. Puis il brancha un câble Ethernet qu'il étira jusqu'à une prise murale reliée à l'antenne satellite.

Bientôt, le visage de Selma apparut dans la fenêtre de messagerie instantanée iChat. Pete Jeffcoat et Wendy Corden se tenaient derrière elle, penchés sur ses épaules. Autour, on devinait le laboratoire aménagé par les Fargo dans leur maison de San Diego. Comme de bien entendu, Selma portait sa tenue de travail : lunettes à monture d'écaille suspendues à une chaîne et tee-shirt tie-dye.

En tenant compte du décalage de trois secondes pour la transmission satellite, Remi fit les présentations, puis mit leurs trois collaborateurs au courant des derniers événements. Comme elle en avait l'habitude, Selma n'intervint pas au cours de l'exposé, et garda ensuite le silence pendant une bonne minute, le temps de digérer les informations.

« Intéressant, déclara-t-elle enfin.

— C'est-à-dire ? l'encouragea Sam.

— Eh bien, je suppose que vous avez déjà dit à monsieur Karna que son histoire était un peu tirée par les cheveux. En y mettant les formes, évidemment, comme vous savez si bien le faire. »

Jack Karna trouva sa repartie amusante. « Vous supposez bien, mademoiselle Wondrash.

— Selma.

— Dans ce cas, appelez-moi Jack.

— Vos notes sont-elles disponibles sur support numérique ?

— Bien sûr. »

Selma lui donna l'adresse de son serveur et ajouta :
« Je m'y mettrai dès réception. En attendant, Pete
et Wendy vont s'occuper du coffre. Vous devez être
impatients de le voir ouvert. »

Vingt minutes furent nécessaires pour télécharger
l'ensemble des documents. Quand ce fut terminé,
Karna insista pour que Sam et Remi se retirent dans
la chambre d'amis, le temps d'une sieste. Puis il se mit
au travail avec Pete et Wendy. Au préalable, il leur
demanda des agrandissements du coffre, ainsi qu'un
gros plan sur les caractères gravés.

Tout en examinant les clichés sur son ordinateur,
il penchait la tête d'un côté, puis de l'autre. Soudain,
il marmonna une phrase incompréhensible, se leva en
hâte et fila dans le couloir pour revenir une minute plus
tard avec un minuscule livre rouge toilé qu'il feuilleta
longuement avant de s'écrier : « Mais oui ! C'est bien
ce que je pensais : les caractères sont un dérivé du lowa.
Un autre dialecte royal. On doit les lire verticalement et
de droite à gauche. En gros, voici ce qu'ils signifient :

« Par l'accomplissement, la prospérité
Par la résistance, l'angoisse... »

« Ça me rappelle un truc que j'ai lu dans un manuel
de développement personnel, dit Wendy.

— Cela ne m'étonne pas, dit Karna, mais dans le
cas présent, il s'agit d'un avertissement – un genre

d'imprécation. Je suppose qu'on trouve la même inscription sur tous les coffres.

— En bref, intervint Pete, ça doit vouloir dire : "Si tu vas au bout de ta mission, tu trouveras le bonheur ; si tu rechignes, tu seras châtié".

— Impressionnant, jeune homme ! s'écria Karna. Je n'aurais pas choisi les mêmes termes, mais vous avez saisi la quintessence du message.

— Était-il destiné aux Sentinelles ? s'enquit Wendy.

— Non, je ne crois pas. Il s'adressait à l'ennemi ou à quiconque serait entré en possession du coffre par des moyens illicites.

— Pourtant, vous parliez d'un dialecte obscur, réservé aux souverains du Mustang. L'avertissement était donc indéchiffrable par le commun des mortels.

— Justement. Les ignorants étaient les premières cibles de cette malédiction.

— Ça ne rigolait pas, souffla Pete.

— Regardons ce coffre de plus près, voulez-vous ? Sur l'une des photos de Remi, j'ai remarqué une fente plus courte que les autres, à la base de l'objet.

— On l'a vue aussi, répondit Wendy. Attendez un peu, je vous envoie un agrandissement… »

Quelques clics de souris plus tard, l'image s'afficha sur l'écran de Karna, lequel l'observa un bon moment avant de demander : « Vous voyez la fente dont je parle ? Elle est comme hachurée. On dirait une série de huit encoches.

— Exact, dit Pete.

— Et la fente plus longue sur la face opposée ?

— Je la vois.

— Celle-ci, oubliez-la. C'est un leurre. Sauf erreur de ma part, nous avons affaire à un genre de serrure à combinaison.

— Les encoches sont presque aussi fines que du papier, fit remarquer Wendy. Comment…

— Oui, deux millimètres, je dirais. Vous aurez besoin d'un genre de cale très mince et très solide. Chacune des encoches abrite une fine lamelle de cuivre ou de bronze, avec trois incises verticales : en haut, au centre et en bas.

— Attendez, dit Wendy. Je fais le cal… Ça veut dire plus de 6 500 combinaisons possibles.

— Pas de quoi fouetter un chat, se vanta Pete. Avec un peu de temps et de patience, on devrait y arriver.

— Ce n'est pas faux, à un petit détail près : on n'a droit qu'à un seul essai. Entrez la mauvaise combinaison et le mécanisme interne se verrouillera automatiquement.

— Ça risque de compliquer les choses.

— Et ce n'est qu'un début, mon garçon. Une fois qu'on aura entré la bonne combinaison, il faudra passer aux choses sérieuses.

— Comment cela ? dit Wendy. Quoi ?

— Avez-vous entendu parler des casse-tête chinois ?

— Oui.

— Dites-vous que vous avez devant les yeux le plus complexe des casse-tête chinois. Cela dit, je crois pouvoir vous fournir la combinaison de la première serrure. On s'y met tout de suite… ? »

Trois heures plus tard, les Fargo, frais et dispos, rejoignaient Karna devant son écran, une tasse de thé à la main. À peine furent-ils installés qu'ils entendirent Pete proclamer : « Je l'ai ! » Wendy et lui étaient penchés sur la grande table de travail ; entre eux, le coffre éclairé par le plafonnier halogène.

Le visage de Selma s'encadra dans une deuxième fenêtre de dialogue : « De quoi parles-tu ?

— En effet, c'est un vrai casse-tête chinois, répondit Wendy. Après qu'on a entré la combinaison, un panneau étroit s'est ouvert brusquement. À l'intérieur, on a trouvé trois petites manettes en bois. Jack nous a dit sur laquelle appuyer. Un autre panneau s'est ouvert, avec d'autres manettes, et ainsi de suite... Combien d'étapes avons-nous franchies, Jack ?

— Soixante-quatre. Il en reste une. Si nous n'avons pas commis d'erreur jusqu'à présent, le coffre s'ouvrira. Dans le cas contraire, nous risquons de perdre son contenu à tout jamais.

— Vous pouvez m'expliquer pourquoi ? demanda Sam.

— Oh, c'est vrai ! J'ai oublié de vous parler du piège !

— Il est encore temps, dit Remi.

— Si le coffre contient bien un disque, il sera suspendu au centre du compartiment principal dont les cloisons supportent plusieurs fioles en verre remplies d'acide. En cas de mauvaise manipulation et de tentative d'effraction... » Karna siffla entre ses dents. « Il ne restera plus rien qu'une masse d'or impossible à identifier.

— J'espère avoir tort, glissa Selma, mais ça m'étonnerait que le fameux disque se trouve là-dedans.

— Pourquoi cela ? demanda Pete.

— C'est une question de probabilités. Quelles sont les chances pour que Sam et Remi soient tombés sur celui des trois coffres contenant le disque authentique ?

— Mais enfin, ils ne sont pas *tombés* dessus par hasard. Ils étaient sur les traces de Lewis King, lequel a passé onze ans de sa vie à courir après le Theurang. Peu importe ses motifs, je doute fort qu'il participait à une chasse à la pintade le jour où il a pénétré dans les grottes de Chobar. Apparemment, il n'a jamais trouvé la tombe de la Sentinelle, mais pourquoi aurait-il déployé tant d'efforts pour un coffre vide ?

Selma prit le temps de méditer l'argument de Karna, puis lâcha un seul mot en guise de réponse : « Logique.

— Il n'existe qu'une seule façon d'en avoir le cœur net, intervint Sam. Qui est volontaire pour s'y coller ? Pete… Wendy ?

— Je suis un homme galant, dit Pete. À toi Wendy. »

Wendy prit une profonde inspiration, glissa la main dans le coffre et baissa la manette appropriée. Une trappe rectangulaire, large de deux centimètres, s'ouvrit en coulissant.

« À présent, murmura Karna, faites glisser tout doucement votre petit doigt sur la paroi intérieure du coffre. Vous sentirez un bouton carré. »

Wendy s'exécuta. « OK, je l'ai trouvé.

— Poussez ce bouton… Laissez-moi réfléchir… vers la droite. Non, à gauche ! Poussez-le vers la gauche.

— À gauche, répéta Wendy. Vous êtes sûr ? »

Karna eut une seconde d'hésitation, puis confirma d'un signe de tête. « Oui, à gauche.

— C'est parti. »

Les haut-parleurs de l'ordinateur portable transmirent un genre de déclic.

« Le couvercle est ouvert ! cria Wendy.

— À présent, soulevez-le à 90°. S'il y a un disque, vous le trouverez suspendu en dessous. »

Procédant avec une lenteur excessive, Wendy souleva le couvercle un centimètre après l'autre. « Il pèse son poids.

— Empêchez-le de se balancer, murmura Karna. Un peu plus… »

Pete dit d'une voix rauque : « Je vois une ficelle qui pend. Un boyau de chat ou quelque chose de similaire. »

Wendy soulevait toujours.

La lampe halogène éclaira un objet solide, arrondi, qui émettait un vif éclat.

« Tenez-vous prêt, Pete », ordonna Karna.

Wendy finit de rabattre le couvercle. Au bout de la ficelle, apparut le trophée tant convoité : un disque d'or de huit centimètres de diamètre.

Pete tendit ses mains gantées de latex, attrapa délicatement l'objet et le déposa sur le plateau tapissé de mousse qui l'attendait sur la table.

Tout le monde souffla en même temps.

« À présent, on passe au plus difficile, dit Karna.

— Quoi ? fit Wendy, exaspérée. Je croyais qu'on avait fait le plus difficile !

— Je crains que non, ma chère. À présent, nous devons nous assurer que ce disque est le bon. »

# 21

La pendule sur le tableau de bord de la Fiat afficha 9 heures du matin, à l'instant même où Sam et Remi croisaient la pancarte BIENVENUE À VLORË. Deuxième ville d'Albanie, adossée à une chaîne montagneuse, Vlorë abritait 100 000 âmes au fond d'une baie ouverte sur la mer Adriatique.

C'était là que Sam et Remi espéraient découvrir un deuxième disque d'or.

Une heure après que Wendy et Pete eurent extrait du coffre le disque Theurang pour commencer à étudier sa provenance, le visage de Selma était réapparu sur l'ordinateur de Karna.

De ce ton coupant qui lui était familier, elle avait déclaré : « Jack, vos méthodes de recherche sont remarquables. Sam, Remi, je pense que sa théorie sur les deux prêtres orthodoxes tient la route. Reste à savoir comment nous pourrons les retrouver, ainsi que les deux autres disques.

— Qu'as-tu d'autre ? demanda Sam.

— Besim Mala et Arnost Deniv sont devenus des personnages importants. À leur mort, ils étaient évêques. Ils ont participé à la fondation de plusieurs églises, écoles et hôpitaux dans leurs pays respectifs.

— Ce qui laisse penser qu'ils ne reposent pas dans des tombes anonymes, dit Karna.

— Je n'ai rien concernant leur inhumation mais je me range à votre avis, répondit Selma. Aux XV$^e$ et XVI$^e$ siècles, l'EOC…

— Le quoi ? l'arrêta Remi.

— L'Église orthodoxe orientale. L'EOC – surtout dans les Balkans et au sud de la Russie – avait tendance à célébrer fastueusement ce type d'événement. Il n'était pas rare qu'on bâtisse des cryptes et des mausolées à la mémoire des dignitaires défunts.

— Ce qui ne nous renseigne guère sur le lieu où ils reposent, intervint Karna.

— Pour Deniv, on cherche encore, mais d'après les registres ecclésiastiques, l'évêque Besim Mala serait à Vlorë, en Albanie. »

Pour tuer le temps, en attendant que Selma leur indique une piste plus précise, Sam et Remi décidèrent de visiter la ville. Ils passèrent une heure à admirer son architecture composite, délicieux mélange de styles grec, italien et médiéval. Peu avant midi, ils se garèrent sur le parking de l'hôtel Bologna, qui surplombait les eaux bleues de l'Adriatique, et s'installèrent à la terrasse d'un café ombragé par des palmiers.

Selma appela sur le téléphone satellite de Sam qui alluma le haut-parleur.

« Jack est en ligne avec nous, déclara Selma. Nous avons…

« — Si tu prévois de nous faire choisir entre les bonnes et les mauvaises nouvelles, laisse tomber, dit Remi. Nous sommes trop fatigués pour jouer.

— Pour tout dire, je n'ai que de bonnes nouvelles à vous annoncer.

— On t'écoute », dit Sam.

Jack Karna prit la parole : « Je crois que le disque est authentique. Je n'en serai sûr à 100 % qu'après l'avoir comparé aux cartes murales dont je vous ai parlé. Mais tous les espoirs sont permis.

— Quant à la dernière demeure de Besim Mala, renchérit Selma, la grille de recherche ne couvre qu'une centaine d'hectares.

— Ne me dis pas qu'elle est sous l'eau ? fit Sam, sceptique.

— Non.

— Un marais infesté d'alligators ? proposa Remi.

— Non, vous avez droit à un troisième essai.

— Voyons un peu…, dit Sam. Une grotte. La tombe est dans une grotte.

— Encore raté, dit Karna. D'après nos recherches, l'évêque Mala aurait été enterré dans le cimetière du monastère de Sainte-Marie, sur l'île Zvernec.

— Qui se trouve où ? demanda Remi.

— Pas loin de vous. À neuf kilomètres à vol d'oiseau vers le nord, sur la côte. Si vous avez un accès Wifi, je vous enverrai les détails sur votre iPad, madame Fargo. »

Ils s'accordèrent une courte pause-détente dans le café-restaurant de l'hôtel, puis commandèrent un savoureux déjeuner albanais, composé de boulettes d'agneau parfumées à la menthe et à la cannelle, de feuilletés aux épinards épicés et d'un jus de raisin rehaussé de sucre et de moutarde. Par chance, l'établissement possédait une connexion Wifi, si bien qu'entre chaque bouchée, ils purent avancer leur lecture du « dossier de voyage » que Selma leur avait concocté. Comme de bien entendu, il était complet. Ils trouvèrent des itinéraires routiers, un historique de la région et une carte topographique de l'île où s'élevait le monastère. Ne manquait que l'emplacement de la tombe de l'évêque Mala.

Après avoir payé la note, Sam et Remi tournèrent le capot de leur Fiat en direction du nord. Quinze kilomètres plus loin, après le village de Zvernec, ils virent une pancarte indiquant la lagune de Narta, une étendue maritime de presque trois mille hectares.

Ils empruntèrent le sentier qui en faisait le tour et s'arrêtèrent dans un parking désert, aménagé sur une langue de terre qui se projetait dans la mer.

Sam et Remi descendirent et étirèrent leurs membres. Le temps était doux pour la saison. Il faisait 21 °C. et quelques nuages flottaient vers l'intérieur des terres.

« Je parie que c'est là que nous allons », dit Remi en tendant le doigt.

Une passerelle pour piétons, longue de deux cents mètres, conduisait à l'île de Zvernec où se trouvait le monastère Sainte-Marie, soit quatre bâtiments conventuels de style médiéval, tenant une surface de huit mille mètres carrés près de la rive.

Avant de passer sur le pont, Remi l'examina d'un œil inquiet. Les ouvrages suspendus qu'elle avait dû franchir ces derniers temps, dans les gorges de Chobar puis aux abords du chantier de fouilles clandestin de King, dans la vallée de Langtang, lui avaient laissé un souvenir plus traumatisant qu'elle n'aurait cru.

Sam fit demi-tour et prit Remi par les épaules. « Il est solide. Je suis ingénieur, Remi. Ce monastère est une attraction touristique. Chaque année, des dizaines de milliers de personnes empruntent cette passerelle. »

Elle le regarda de travers. « Tu me taquines, c'est ça ?

— Loin de moi cette idée.

— Quand même…

— Non, pas cette fois-ci. Viens, dit-il avec un sourire encourageant. Nous allons traverser ensemble. Tu verras, c'est comme si tu marchais sur un trottoir. »

Elle hocha bravement la tête. « Faut remonter sur le cheval. »

Sam lui prit la main et l'entraîna sur le pont. À mi-chemin, elle s'arrêta net. « Je pense que ça va mieux, dit-elle en souriant.

— Guérie ?

— Je n'irai pas jusque-là, mais ça peut aller. Continuons. »

Deux minutes suffirent pour atteindre l'île. Les bâtiments religieux qui, de loin, paraissaient presque neufs – murs en pierre délavés par le soleil, toits de tuile rouge – présentaient des signes de délabrement, maintenant que Sam et Remi les voyaient de près. Il manquait des tuiles et certains murs penchaient dangereusement, pour ceux qui tenaient encore debout. Un clocher s'était même écroulé autour de sa cloche encore accrochée à la poutre de soutien.

Entre les édifices, serpentait un sentier bien entre-tenu, tandis que des pigeons, alignés sur les gout-tières, roucoulaient et observaient de leurs yeux fixes le couple de visiteurs.

« Je ne vois personne dans les parages, dit Sam. Et toi ? »

Remi secoua la tête. « Selma a parlé d'un gardien mais pas d'un office de tourisme.

— Alors, partons en exploration, dit Sam. Quelle est la superficie de cette île ?

— Quarante kilomètres carrés.

— On ne devrait pas tarder à trouver le cimetière. »


Quand ils eurent rapidement inspecté chacun des bâtiments, ils s'engagèrent sur un sentier qui s'en-fonçait dans une pinède aux arbres si serrés qu'ils cachaient presque la lumière du soleil. C'était une forêt ancienne avec un épais sous-bois, des ronces et assez de souches et de branches basses pour dis-suader les promeneurs de s'y aventurer. Au bout de quelques centaines de mètres, le sentier se divisait en deux.

« Et bien sûr, pas le moindre panneau indicateur, ronchonna Remi.

— Choisis.

— Gauche. »

Le sentier de gauche suivait un tracé en zigzag et se terminait par un ponton délabré, qui donnait sur un marécage.

« Mauvaise pioche », dit Remi.

Ils revinrent sur leurs pas pour prendre le bras qui virait à droite et s'enfonçait encore davantage dans la pinède.

Sam partit en éclaireur et, au bout de quelques petites foulées, se retourna pour appeler Remi. « Clairière en vue ! » Quand elle le rejoignit, Remi lui trouva un sourire étonnamment radieux.

« D'habitude, la vue d'une clairière ne t'excite pas à ce point, dit-elle.

— C'est parce que d'habitude, les clairières ne contiennent pas de pierres tombales.

— Je te suis, grand chef. »

De forme ovale, la clairière devait mesurer soixante mètres dans sa plus grande longueur et, en effet, elle abritait bien un cimetière. Mais tout de suite ou presque, Sam et Remi devinèrent que quelque chose clochait. Au loin, sur une hauteur de cinq mètres, étaient entassés des branches de pin et des fagots de brindilles sèches. Quant au sol de la clairière, c'était un vrai champ de bataille. On l'aurait dit creusé de trous d'obus. Et la moitié des tombes avaient été retournées.

À l'est, un sentier plus rectiligne que celui par lequel ils étaient venus débouchait sur la lagune.

Sur les douzaines de pierres tombales visibles, il en restait peu d'intactes. Les autres avaient été brisées ou arrachées. Sam et Remi dénombrèrent quatorze mausolées présentant des signes de dégradation, les uns à demi renversés, les autres éventrés.

« Que s'est-il passé ici ? demanda Remi.

— Un ouragan, je suppose, dit Sam. On dirait que le vent a soufflé depuis la mer et qu'il a tout détruit sur son passage. Quelle pitié. »

Remi hocha la tête d'un air grave. « Voyons l'aspect positif. Ça nous fera moins de travail et nous n'aurons pas besoin de profaner le mausolée de Mala. Enfin, pas vraiment.

— Tant mieux. Mais il reste un souci, dit Sam.

— Lequel ?

— Allons d'abord jeter un œil. Je ne veux pas nous porter la poisse. »

Ils se séparèrent, Sam à l'est, Remi à l'ouest, et marchèrent en direction du nord. Sans prêter attention aux simples tombes, ils s'arrêtèrent devant chaque mausolée et prirent le temps de déchiffrer les noms gravés dans la pierre.

Lorsque Remi atteignit le tas de bois, au bout du cimetière, elle nota que le dernier édicule de la rangée paraissait moins endommagé que les autres. Seules quelques lézardes fendillaient ses murs. C'était également le plus orné, remarqua-t-elle en retenant son souffle.

« Sam, cria-t-elle. Je crois qu'on a décroché la timbale.

— Qu'est-ce qui te fait dire ça ? demanda-t-il en la rejoignant.

— Regarde cette croix. Dans ma rangée, je n'en ai pas rencontré d'aussi grande. Et toi ?

— Pareil. »

En effet, sur le mur qui leur faisait face, était sculptée une croix orthodoxe d'un mètre vingt sur un mètre cinquante, avec trois barres transversales – deux horizontales en haut et une oblique près de la base.

« J'en ai vu beaucoup de semblables, mais pas de cette taille. »

Ils contournèrent le mausolée chacun de son côté et se rejoignirent devant la façade ceinte d'une barrière en fer forgé haute de quarante centimètres, dont un bord gisait à plat sur le sol. Trois marches menaient à la porte d'entrée en contrebas, ou plus exactement à une ouverture béante, puisque le battant avait disparu. L'intérieur du caveau était plongé dans l'obscurité.

Sous le toit en pente de l'édicule, quatre lettres étaient gravées en travers du fronton : MALA.

« Content de vous avoir enfin trouvé, Votre Éminence », murmura Sam.

Ils franchirent la barrière, descendirent les marches, et s'arrêtèrent à l'entrée tant l'odeur de moisissure les prenait à la gorge. Sam trouva son stylo-torche au fond de sa poche.

« Il est vide », murmura Remi en pénétrant dans le caveau.

Sam éclaira les murs dans l'espoir de découvrir une antichambre en dessous, mais il ne trouva rien. « Tu vois des inscriptions ? demanda-t-il.

— Non. Sam, cette odeur n'est pas normale. On dirait…

— De l'eau stagnante. »

Sam éteignit la torche et ils sortirent. « Il a été transféré quelque part, dit-il. Tous les mausolées que j'ai inspectés étaient vides.

— Moi pareil. Quelqu'un a exhumé ces gens, Sam. »


De retour dans l'enceinte du monastère, ils avisèrent un homme juché sur une échelle posée contre le clocher en ruine. Entre deux âges, trapu, il portait une casquette de cycliste noire.

« Excusez-moi », dit Remi en albanais.

L'homme se retourna et baissa les yeux vers eux.

« *A flisni anglisht ?* » Parlez-vous anglais ?

L'homme secoua la tête. « *Jo.*

— Zut », marmonna Remi en sortant son iPad.

Soudain l'homme s'écria : « Earta ? »

Une petite fille blonde arriva en courant de derrière le bâtiment et s'arrêta en dérapant devant Sam et Remi. Elle leur sourit, puis s'adressa à l'homme : « *Po ?* »

Il prononça quelques phrases en albanais, auxquelles l'enfant répondit par un hochement de tête. « Bonjour, je m'appelle Earta. Je parle anglais, claironna-t-elle.

— Et couramment avec ça, dit Sam avant de finir les présentations.

— Enchantée de vous connaître. Vous vouliez poser une question à mon père ?

— Oui, dit Remi. Est-il le gardien de cet endroit ? »

Earta fronça les sourcils. « Gar… dien ? Gardien ? Oui, c'est le gardien.

— Le cimetière nous intrigue. Nous avons fait un tour là-bas et…

— C'est triste ce qui s'est passé, n'est-ce pas ?

— Oui. Cela remonte à quand ? »

Earta interrogea son père, écouta sa réponse puis dit : « Deux mois, une tempête venue de la baie. Des vents violents. Il y a eu beaucoup de dégâts. Le lendemain, la mer est montée, elle a inondé la lagune et une partie de cette île. Le cimetière était sous l'eau. Beaucoup de dégâts là-bas aussi.

— Qu'est-il arrivé aux… occupants ? » demanda Sam.

Earta traduisit la réponse de son père : « Pourquoi cette question ?

— J'ai peut-être des parents éloignés enterrés ici, dit Remi. Au moins un, d'après ce que dit ma tante.

— Oh, fit Earta, attristée. Je suis désolée de l'apprendre. » Elle se retourna vers son père qui répondit longuement. « Environ la moitié des tombes a été endommagée. Les autres… quand l'eau s'est retirée, les gens n'étaient plus dans la terre. Mon père, mes sœurs et moi nous les avons trouvés plusieurs jours après. » Les yeux d'Earta s'illuminèrent. « Il y avait même un crâne dans un arbre ! Posé juste là. C'était marrant. »

Remi fixa la petite fille d'un air interdit. « Oui, je vois.

— Le gouvernement a décidé de déplacer les corps jusqu'à ce que le cimetière soit… heu… réparé. C'est le mot juste ?

— Oui, fit Sam en souriant.

— Revenez l'année prochaine. Ce sera bien plus joli. Et ça sentira meilleur.

— Où sont entreposés les corps, à présent ? » demanda Remi.

Earta discuta avec son père, hocha la tête, puis dit : « Sur l'île de Sazan. » Elle désigna la baie de Vlorë. « Il y a un ancien monastère, plus vieux encore que celui-ci. Le gouvernement les a tous rangés là-bas. »

# 22

« Eh bien, c'est pas de chance, dit Selma quand Sam et Remi, assis sur le capot de la Fiat, lui transmirent les dernières nouvelles. Ne quittez pas. Je vais voir si j'ai des infos sur l'île de Sazan. »

Ils l'entendirent pianoter sur son clavier, puis elle revint en ligne : « Nous y voilà. Avec ses cinq cent dix-huit hectares, Sazan est la plus grande île d'Albanie. Elle occupe une position stratégique entre le détroit d'Otrante et la baie de Vlorë. Inhabitée, visiblement. Son domaine maritime est protégé. Un parc national. Au cours des siècles, plusieurs nations l'ont annexée : les Grecs, les Romains, l'Empire ottoman, l'Italie, l'Allemagne et maintenant l'Albanie. Les Italiens y ont bâti des fortifications durant la dernière guerre, et… oui, c'est cela : ils ont transformé le monastère de l'époque byzantine en un genre de place forte. » Selma s'accorda une pause. « Oh, ça c'est embêtant. Je crois que je me suis trompée.

— Des grottes ? suggéra Sam.

— Des marais ? Des alligators ? Oh, seigneur ! renchérit Remi.

— Non, je me suis trompée quand j'ai dit qu'elle était inhabitée. En fait, elle abrite une base de garde-côtes, avec une trentaine d'hommes et trois ou quatre patrouilleurs.

— Donc la zone est interdite au public, conclut Remi.

— C'est probable, madame Fargo. »

Sam et Remi se regardèrent, consternés. La question suivante coulait de source : « Comment fait-on pour y accéder sans être coulés par les gardes du parc national ? »

Après avoir écarté la première – et prévisible – suggestion de Selma : « On évite de se faire prendre », ils étudièrent les options envisageables. Bien sûr, pour commencer, il fallait trouver un moyen de transport, ce qui ne poserait pas de problème majeur, d'après Selma.

Pendant que Selma se mettait au travail, Sam et Remi repartirent en direction de Vlorë où ils regagnèrent leur quartier général *de facto* : le café-restaurant de l'hôtel Bologna. Depuis la terrasse, on apercevait l'île de Sazan qui, à cette distance, n'était qu'un point posé sur les eaux bleues de l'Adriatique.

Selma rappela une heure plus tard. « Que diriez-vous d'utiliser des kayaks ?

— Tant qu'ils sont gentils avec nous », plaisanta Sam.

Remi lui donna une tape sur le bras. « Continue, Selma.

— J'ai repéré une zone de loisirs à la pointe nord de la péninsule : des plages, des rochers d'escalade, des grottes sous-marines, des criques pour la baignade, ce genre de choses. Seulement, il y a un hic : les véhicules motorisés sont interdits et le parc est fermé la nuit. Je suppose que vous préférez opérer de nuit ?

— Tu nous connais bien, répondit Sam. J'imagine que tu as trouvé une boutique de nautisme dans le coin.

— En effet. Et j'ai pris la liberté de louer deux kayaks.

— Tu as des infos sur le vent et les marées ? demanda Remi.

— Ce soir, le ciel sera légèrement couvert et il n'y aura pas beaucoup de vent. Un quartier de lune. En revanche, une tempête est prévue pour demain matin. Les cartes nautiques en ligne que j'ai à ma disposition indiquent un courant modéré à l'intérieur de la baie, mais quand on pousse vers l'est de l'île de Sazan et de la péninsule, on pénètre dans l'Adriatique. Et dans ce coin-là, les courants ne pardonnent pas.

— En d'autres termes, on gagne un aller simple pour l'Afrique du Nord, dit Sam.

— À supposer que vous y arriviez sans…

— On a compris, Selma, l'interrompit Remi. On évitera de s'aventurer à l'est. »

Sam et Remi se regardèrent en hochant la tête. « Selma, le soleil se couche dans combien de temps ? » demanda Sam.

Ils s'aperçurent bientôt que le coucher du soleil ne serait pas leur plus gros problème. Le magasin de nautisme – qui se trouvait à Orikum, une station balnéaire à quinze kilomètres au sud de Vlorë – offrait un large choix de kayaks avec coque en plastique moulé par injection mais, hélas, aucun de ces esquifs ne passait inaperçu. Il y en avait des rouges, des jaunes, des orangés. D'autres mélangeaient les trois couleurs, comme dans un tableau de Jackson Pollock. N'ayant pas le temps de chercher des modèles plus discrets ailleurs, ils prirent les deux meilleurs kayaks, auxquels ils ajoutèrent des pagaies et des gilets de sauvetage.

Ils regagnèrent Vlorë après un petit détour par une quincaillerie. Puis, comme à Katmandou, ils eurent la chance de tomber sur un surplus de l'armée où ils firent emplette de vêtements noirs : bottes, chaussettes, caleçons longs, pantalons de laine, bonnets et pulls à col roulé suffisamment larges pour couvrir les gilets de sauvetage orange fluo. Ils complétèrent cet équipement avec un fourre-tout léger, deux sacs à dos de couleur sombre, et se mirent en route.

Sam prit le temps d'inspecter le périmètre de la zone de loisirs au volant de la Fiat. L'endroit paraissait désert, de même que les parkings et les plages. Ils s'arrêtèrent au sommet d'une falaise pour scruter la mer. Pas d'embarcation en vue.

« La saison n'a pas commencé, dit Sam. Les enfants sont encore à l'école.

— Il faut s'attendre à des patrouilles, dit Remi. Les gardiens du parc ou la police locale. »

Sam hocha la tête. « Bonne remarque. » S'ils laissaient la Fiat n'importe où, ils risquaient une contravention ou un enlèvement par la fourrière. Autrement dit, des embêtements. Plus grave encore, les autorités pouvaient donner l'alerte en croyant avoir affaire à des vacanciers imprudents qui se seraient perdus en mer. Cela déclencherait une opération de sauvetage par la Marine ou les garde-côtes – ce que Sam et Remi tentaient justement d'éviter.

Après avoir sillonné les chemins de terre de la zone de loisirs pendant une vingtaine de minutes, Sam trouva un canal de drainage encombré de broussailles. Il s'y gara en marche arrière puis, avec Remi toujours attentive aux détails, disposa des branchages sur le véhicule de façon à ce qu'on ne le remarque pas depuis la route.

Ils reculèrent pour admirer leur camouflage.

« Tu aurais pu bosser pour les Alliés lors du Débarquement, remarqua Sam.

— J'ai un don pour ça », admit Remi.


Sacs au dos, ils traînèrent les kayaks jusqu'à une anse écartée qu'ils avaient repérée quelques minutes plus tôt. Large d'une dizaine de mètres seulement, elle abritait une petite plage de sable blanc, lovée au fond d'une passe longue de deux cents mètres, à l'abri des regards.

Comme il ne restait que quarante-cinq minutes de jour, ils passèrent tout de suite à la première étape de leur plan : le camouflage des kayaks. Avec des bombes de peintures noire et grise, ils tracèrent à la va-vite de larges lignes brisées sur le plastique jusqu'à ce que le revêtement criard soit entièrement recouvert. Sam travaillait vite et bien mais, à l'arrivée, son kayak n'était pas aussi beau que celui de Remi, laquelle s'était appliquée à reproduire les motifs ornant les cuirassés de la Première Guerre mondiale.

Sam recula de quelques pas, compara leurs œuvres respectives et dit : « Tu ne serais pas la réincarnation d'un agent de l'OSS ?

— Pas vraiment. » Du menton, elle désigna le kayak de Sam. « Tu permets ?

— Je t'en prie. »

Deux minutes et une demi-bombe de peinture plus tard, les deux kayaks avaient la même apparence. « Qu'en penses-tu ? demanda Remi.

— Je me sens… dévirilisé. »

Remi s'approcha de lui et l'embrassa. « Si cela peut te rassurer, je crois que ton kayak est plus grand que le mien.

— Très drôle. Changeons-nous. »


Quand ils furent entièrement vêtus de noir, ils rangèrent leurs tenues de ville dans les sacs à dos et glissèrent ces derniers dans le compartiment de proue de chaque kayak.

Puis ils se posèrent sur le sable et regardèrent le soleil disparaître, les ombres s'étirer sur la mer et l'obscurité grignoter peu à peu la crique.

Dès qu'il fit noir, ils tirèrent les kayaks jusqu'à l'eau, sautèrent dedans et s'éloignèrent de la rive en poussant avec leurs pagaies. Pendant dix minutes, ils s'exercèrent à la manœuvre puis, quand ils furent prêts, Sam partit en tête.

Remi se cala sur sa droite, légèrement en retrait. Leurs rames fendaient la surface sans émettre d'autre bruit qu'un léger clapotis. Bientôt, ils sortirent de la passe et affrontèrent l'étendue sombre de la mer.

Comme l'avait prédit Selma, le ciel était peu couvert et une demi-lune pâle se mirait dans l'eau. Au nord, trois kilomètres plus loin, on apercevait la tache noire de l'île de Sazan.

Soudain, Sam cessa de ramer et leva son poing fermé : *Stop*. Remi sortit sa pagaie, la déposa en travers de ses cuisses et attendit. Avec des gestes d'une extrême lenteur, Sam montra son oreille puis le haut de la falaise, sur leur droite.

Dix secondes s'écoulèrent.

Puis Remi l'entendit : un bruit de moteur, suivi d'un faible coup de frein.

Sam se tourna vers elle, désigna la paroi, puis replongeant sa pagaie dans l'eau, bifurqua vers la côte. Remi suivit le mouvement. Quand Sam fut parallèle à la falaise, il pivota sur son siège, attrapa la proue du kayak de Remi et le fit tourner.

« Des gardes ? murmura-t-elle.

— Espérons que non. »

Ils attendirent en silence, les yeux braqués vers le haut.

Au bord de la falaise, une allumette s'enflamma puis s'éteignit, remplacée par le rougeoiement d'une cigarette. À la faveur de cette faible lueur, Sam reconnut la visière d'une casquette militaire. L'homme fuma pendant cinq minutes, puis tourna les talons. On entendit une portière claquer. La voiture démarra, s'éloigna, des roues crissèrent sur le gravier.

Sam et Remi patientèrent encore cinq minutes, au cas où l'homme changerait d'avis. Puis ils repartirent.

Quand ils eurent ramé sur quatre cents mètres, les prédictions de Selma se révélèrent fondées. Le courant dans la baie n'était pas bien méchant. Toutefois, ils n'ignoraient pas que la mer pouvait se montrer changeante ; il aurait suffi d'une légère dérive vers l'est pour se voir déportés sur une zone plus dangereuse. Et là, ils auraient dû redoubler d'efforts rien que pour rajuster leur cap et éviter d'être emportés au large, vers la Grèce.

Ayant trouvé le bon rythme, ils ramèrent à l'unisson et parcoururent rapidement la distance qui les séparait de l'île. À mi-chemin, ils s'accordèrent une pause. Remi amena son kayak contre celui de Sam, et ils soufflèrent quelques instants en se laissant bercer par les vagues.

« Patrouille », articula soudain Remi.

Au nord-est, un gros bateau à moteur contournait la pointe la plus avancée de l'île. Quand sa proue s'encadra dans leur ligne de mire, Sam et Remi retinrent leur souffle, le regard braqué sur la silhouette sombre du patrouilleur à l'approche. Malgré leur habile camouflage, les kayaks n'échapperaient pas au faisceau d'un projecteur, même à cette distance.

À l'avant du navire, un projecteur s'alluma, balaya la rive sud de l'île, puis s'éteignit. Le patrouilleur se dirigeait droit vers eux.

« Allez les mecs, murmura Sam. C'est l'heure d'aller faire dodo. »

Le navire vira vers l'est.

« C'est bien. Continue comme ça », dit Remi.

Comme s'il leur obéissait, ses feux de navigation s'éloignèrent peu à peu puis se confondirent avec les lumières de Vlorë qui brillaient dans le lointain.

Sam regarda sa femme. « Prête ?

— Prête. »

Ils couvrirent les derniers quinze cents mètres en une vingtaine de minutes. Sam avait déjà repéré un point de débarquement en effectuant une reconnaissance virtuelle sur Google Earth.

Sazan ressemblait à un poisson difforme. Le bâtiment des garde-côtes était juché sur la nageoire dorsale et la plage où ils devaient débarquer se trouvait au bout de la queue, sur la pointe sud, près des fortifications de la Seconde Guerre mondiale.

Pour seule végétation, on n'apercevait que des broussailles et quelques pins rabougris. Deux hautes collines dénudées se dressaient au centre. Sur l'une d'elles, ils espéraient découvrir l'antique monastère et, pour peu que la jeune Earta leur ait fourni les bonnes informations, les pensionnaires du cimetière de Zvernec, dont feu l'évêque Besim Mala.

Sam et Remi avaient coutume de se lancer dans des aventures lointaines et périlleuses sur la base de simples hypothèses. Tel était le quotidien des chasseurs de trésors, du moins celui qu'ils connaissaient depuis qu'ils exerçaient cette profession.

Cependant qu'ils approchaient, la mer devint plus agitée. Les vagues se fracassaient sur les bas-fonds et les pierres plates où s'agrégeaient des coquillages et autres coraux. Les kayaks en plastique firent merveille, rebondissant contre les rochers et glissant sur les récifs. À l'aide de leurs rames, Sam et Remi atteignirent les abords du rivage, sautèrent par-dessus bord et pataugèrent dans l'eau peu profonde jusqu'à la terre ferme où ils s'accroupirent, le temps de reprendre leur souffle et d'inspecter les alentours.

La plage caillouteuse, juste assez grande pour accueillir les kayaks, était fermée par une butée d'un mètre de haut formant la base d'une colline escarpée, parsemée de buissons épineux. À mi-pente, on apercevait un bâtiment de la taille d'un garage.

« Blockhaus », murmura Sam.

Sur les hauteurs, se dressait une cabane en pierre sèche – un poste de vigie peut-être – et une centaine de mètres plus loin, au sommet, un édifice en briques de deux étages aux allures de caserne, dont les fenêtres noires et béantes regardaient vers la mer.

« Personne dans les parages, dit Sam. Il y a un truc bizarre. Tu n'as pas remarqué ?

— Non.

— On ne voit aucun graffiti.

— Que faut-il en déduire ?

— Si j'étais ado et que je vivais à Vlorë, je crois que je serais tenté de traîner par ici. Ça n'a jamais été ma tasse de thé mais dans ma jeunesse, j'ai connu pas mal de types qui auraient adoré laisser leur marque sur ce blockhaus.

— J'en conclus que soit les jeunes Albanais sont particulièrement respectueux de la loi, soit…

— Les petits curieux qui osent se pointer ici se retrouvent en taule avant d'avoir eu le temps de l'enfreindre », termina Sam.

## 23

*Île de Sazan, Albanie*

Sous la lueur argentée du croissant de lune, ils s'engagèrent sur la route qui grimpait le long de la colline. À vol d'oiseau, la distance qui les séparait du sommet ne dépassait pas les quinze cents mètres, mais le sentier en lacet la multipliait par deux.

Quand ils eurent franchi le dernier tournant, Sam fit signe à Remi d'attendre, puis se faufila entre les broussailles pour voir ce qu'il y avait derrière la crête. Rassuré, il agita le bras dans sa direction.

« La terre promise, dit-elle en arrivant à sa hauteur.

— Une terre promise qui a connu des jours meilleurs », répondit Sam.

Sur Google Earth, le bâtiment cruciforme leur avait paru très banal. Une église comme une autre. À présent qu'ils le découvraient à l'horizontale, son état de délabrement les frappa. Un clocher pointu, de hautes fenêtres condamnées, fermées par des planches, et un toit en tuile dont l'ancienne couleur rouge avait viré au rose buvard, sous les rayons du soleil.

Comme son grand portail refusait de s'ouvrir, ils contournèrent l'édifice et, sur la façade nord, trouvèrent un pan de mur défoncé. De ce côté, on profitait d'une vue plongeante sur le nord de l'île. Huit cents mètres en dessous, ils repérèrent les bâtiments du poste de garde, posés sur une digue en béton qu'éclairaient des réverbères. Sam et Remi comptèrent trois navires de patrouille et trois constructions en dur.

« Trouvons l'évêque Mala et fichons le camp d'ici », dit Remi.

# 24

*Île de Sazan, Albanie*

Dès qu'ils eurent pénétré dans l'église par le trou dans le mur, Sam et Remi comprirent que leur tâche serait plus complexe que prévu. Au lieu de l'espace ouvert qu'ils s'attendaient à découvrir, ils se retrouvèrent à l'intérieur d'un labyrinthe.

En face et de chaque côté d'eux, étaient empilés des cercueils en bois vermoulu. Ils comptèrent huit couches disposées sur quatre rangées et, au centre, une allée si étroite qu'ils frôlèrent les cercueils au passage. Ils suivirent le rayon de leur lampe frontale et, parvenus au bout, tombèrent sur un embranchement en forme de T. L'entassement macabre se poursuivait à gauche et à droite.

« Tu les as comptés ? murmura Sam.

— J'en suis à cent quatre-vingt-douze.

— Le cimetière de Zvernec n'en contenait pas autant.

— Peut-être que si. À condition qu'ils les aient enterrés côte à côte sur plusieurs couches. Nous savons que Mala est mort en 1436. Par conséquent, on peut supposer que les plus anciennes dépouilles ont plus de cinq cents ans.

« — Tu me donnes froid dans le dos. Gauche ou droite ? »

Remi choisit la gauche. Après quelques pas, la lampe frontale de Sam éclaira un mur de brique.

« On est tombés sur un os, dit-il.

— Tu te crois drôle ?

— C'est juste un lapsus. »

Ils firent demi-tour, Remi en tête. Après l'embranchement, ils continuèrent tout droit jusqu'au bout et trouvèrent une nouvelle allée qui partait vers la droite, bordée par soixante-quatre cercueils, puis une autre à gauche. Cinq tournants plus tard, ils dépassaient le chiffre de six cents dépouilles.

Finalement, ils pénètrent dans une vaste salle, elle-même remplie de cercueils empilés sur huit niveaux, si bien qu'ils touchaient aux poutres du plafond voûté. Sam et Remi marchèrent en cercle. Leurs lampes glissaient sur les parois de pin blanc.

« Par ici », dit soudain Sam.

Sur le mur ouest, posés contre une montagne de cercueils en bois vermoulu, s'alignaient plusieurs sarcophages en pierre. « Quatorze, dit Remi. Autant que de mausolées dans le cimetière.

— Ça, c'est ce que j'appelle un coup de bol, répondit Sam en comptant les boîtes en pin, derrière les sarcophages. Incroyable, il y a plus de mille corps dans cette église.

— Earta a dû se tromper. Après l'ouragan et l'inondation, ils ont sûrement transféré toutes les dépouilles. Zvernec est plus un charnier qu'un cimetière.

— Je ne sens aucune odeur.

— Selma disait que la dernière inhumation remontait à 1912. Même si les cadavres ont été embaumés, la chair a sans doute disparu depuis longtemps. »

Sam sourit et se mit à chantonner : « Mais où sont les funérailles d'antan...

— Pas de relâchement ! On a du pain sur la planche. Vérifions les inscriptions. Souviens-toi de la croix patriarcale sur le mausolée de Mala. On en trouvera peut-être une autre sur son sarcophage. »

Comme à la première vérification aucune croix n'apparut, Sam et Remi progressèrent lentement le long de la rangée en éclairant chaque couvercle. Sur le flanc des trois derniers sarcophages, des croix orthodoxes étaient gravées.

Ils s'assirent par terre pour mieux examiner le dernier de la rangée. Remi demanda : « Combien crois-tu qu'il pèse ?

— Dans les deux cents, deux cent cinquante kilos. » Puis il ajouta : « Mais le couvercle... C'est une autre histoire. Pied-de-biche.

— Pardon ? » fit Remi dans un sourire. Son mari avait l'habitude de sauter du coq à l'âne ; c'était sa manière de résoudre les problèmes.

« On a oublié le pied-de-biche. Ce couvercle ne pèse pas plus de cinquante kilos mais pour le forcer, il faudrait d'abord dégager... Bon sang, j'étais sûr qu'on avait oublié un truc important.

— Heureusement, tu as un plan. »

Sam confirma d'un signe de tête. « Heureusement, j'ai un plan. »

Connaissant depuis belle lurette la valeur universelle des trois objets suivants, à savoir corde, fil de fer et bande adhésive, Sam et Remi partaient rarement en expédition sans les emporter avec eux, même quand rien ne laissait présager qu'ils leur seraient utiles. Cette fois-ci, dans leur hâte d'arriver à destination avant la tombée de la nuit, ils avaient non seulement oublié le pied-de-biche mais aussi l'indispensable fil de fer. Sam espérait toutefois que les quinze mètres de corde en nylon et le rouleau d'adhésif feraient l'affaire.

Quelques minutes passées à inspecter à tâtons les solives de l'église lui suffirent pour trouver ce qu'il cherchait : une équerre d'assemblage. Il l'arracha de son support, puis appuya dessus de toutes ses forces pour en resserrer les deux montants autour du centre de la corde. Ensuite, il monta sur le sarcophage, introduisit l'équerre dans l'interstice entre le couvercle et le socle, côté mur, empoigna les deux bouts de la corde comme la bride d'un cheval et tira jusqu'à ce que la languette d'acier s'enfonce et reste en place. Sam et Remi lancèrent les deux extrémités de la corde par-dessus une poutre et s'y suspendirent chacun d'un côté, jusqu'à ce que le couvercle se soulève de quelques centimètres.

« Ça marche », dit Remi entre ses dents, puis elle attrapa le bout de corde que tenait Sam. « Vas-y. »

Sam lâcha, se pencha sur le couvercle, glissa les doigts dans la fente et, poussant sur ses jambes, s'arc-bouta en arrière. Le couvercle glissa d'un seul coup et tomba à ses pieds. On entendit le tintement de l'équerre qui s'envolait.

Sam et Remi se penchèrent ensemble sur le cercueil ouvert.

« Des os, des os et encore des os, dit Remi.

— Et pas le moindre éclat d'or. En voilà déjà un de fait. Il en reste deux. »

Ils se gardaient bien d'exprimer leur inquiétude mais, l'un comme l'autre avaient le pressentiment que les deux sarcophages restants n'offriraient rien de plus. Une petite voix intérieure leur serinait de laisser tomber : l'archevêque Besim Mala avait certainement renié la promesse faite au roi du Mustang ; le deuxième disque Theurang et l'Homme d'Or étaient perdus pour toujours ; personne ne découvrirait jamais l'emplacement de Shangri-La.

Trente minutes et quelques tractions plus tard, le deuxième couvercle s'ouvrait, révélant un autre tas d'ossements poussiéreux.

Une heure et demie après leur entrée dans l'église, ils retirèrent le couvercle du troisième et dernier sarcophage. Épuisés, Sam et Remi se laissèrent choir sur le sol.

« Prête ? demanda Sam quand ils eurent retrouvé un peu d'énergie.

— Pas vraiment, mais allons-y quand même », répondit Remi.

Ils s'avancèrent à quatre pattes jusqu'au bord du cercueil de pierre, inspirèrent à fond et regardèrent à l'intérieur.

Un éclat d'or perça les ténèbres.

## 25

Peu après le lever du jour, fourbus mais triomphants, Sam et Remi roulaient en direction de leur hôtel, à Vlorë.

Pour leur éviter d'expédier le disque Theurang à San Diego par la voie classique, l'habile Selma avait déjà trouvé une solution. Par l'intermédiaire de Rube Haywood, leur vieil ami de la CIA, elle avait déniché à Sofia une société de livraison qui assurait des services discrets et garantis. Rube avait refusé de dire si cet organisme était ou non en cheville avec son prestigieux employeur mais, selon Sam, la plaque « SOFIA ACADEMIC ARCHIVIST SERVICES LTD » fixée sur la porte d'entrée était assez explicite.

« Ils l'auront demain midi au plus tard, dit Sam à Remi. Tu as un itinéraire pour moi ? »

Remi sourit en lui montrant son iPad. « Tout est là-dedans. »

Huit cents mètres avant d'entrer dans Sofia, Remi rangea son iPad car les panneaux indicateurs, marqués en cyrillique et en anglais, suffisaient à les guider. Ils enfilèrent donc la rue Vasil Levski, passèrent devant le Parlement, l'Académie des sciences, et débouchèrent sur la grande place accueillant le centre spirituel de la ville, la cathédrale Alexandre-Nevski.

La basilique bâtie sur un plan cruciforme projetait vers le ciel ses gigantesques dômes dont le plus impressionnant, placé au centre et doré à l'or fin, s'élevait à une hauteur de quarante-cinq mètres, lui-même dominé par un campanile.

Remi se plongea dans la lecture du guide touristique qui s'affichait sur l'écran. « Douze cloches pesant de dix kilos à douze tonnes, soit un poids total de vingt-quatre tonnes.

— Impressionnant, répondit Sam en s'engageant dans le flux des véhicules qui encerclait la cathédrale. Et assourdissant, j'imagine. »

Après avoir effectué deux tours de la place bordée d'arbres, Sam repéra dans une rue voisine un emplacement où garer la Fiat.

Ils supposaient déjà que leur passage par la cathédrale Alexandre-Nevski ne serait que la première étape d'une longue quête. Selma et Karna s'accordaient sur le fait que l'évêque Arnost Deniv était mort à Sofia en 1442, mais ni l'un ni l'autre n'avait réussi à déterminer le lieu de sa sépulture. Le conservateur en chef de la bibliothèque Alexandre-Nevski serait peut-être capable de les placer sur la bonne piste.

Ils s'engagèrent sur le parvis derrière la file des touristes qui s'étirait sur le flanc ouest de la cathédrale, jusqu'aux marches donnant accès à son portail massif sculpté dans le bois. Ils s'en approchaient quand une femme aux cheveux blonds coupés au carré s'adressa à eux en bulgare. Au mot « anglais », ils saisirent le sens de sa question et répétèrent : « anglais ».

« Bienvenue dans la cathédrale Alexandre-Nevski. Puis-je vous aider ? demanda-t-elle.

— Nous aimerions parler au conservateur de votre bibliothèque, répondit Remi.

— Bibliothèque ? Oh, vous voulez parler de l'archiviste ?

— Oui.

— Je suis désolée, nous n'avons pas d'archiviste ici.»

Sam et Remi se regardèrent, interloqués. Remi sortit son iPad et montra à leur interlocutrice le fichier PDF que Selma avait envoyé. Il s'agissait d'un court article sur l'histoire de l'Église orthodoxe de Bulgarie. Remi lui désigna le passage concerné ; la femme le lut en articulant silencieusement.

« Je vois, dit-elle d'un air pénétré. Ces informations ne sont pas à jour. À présent, cette personne travaille au Palais du Saint-Synode. »

La femme leur indiqua au sud-est un bâtiment entouré d'un petit bois. « C'est là-bas. Vous y allez et ils vous aideront.

— Qu'est-ce que c'est que le Saint-Synode ? » s'enquit Sam.

La femme adopta le discours du guide touristique : « Le Saint-Synode est une assemblée de métropolites, autrement dit d'évêques, chargés d'élire les Patriarches et d'autres hauts dignitaires de l'Église orthodoxe bulgare. La tradition du Saint-Synode a été instituée par les apôtres à Jérusalem. »

Sa présentation terminée, elle sourit en inclinant la tête comme pour dire : *Y a-t-il d'autres questions ?*

Sam et Remi la remercièrent, tournèrent les talons et partirent en direction du fameux palais. À l'intérieur, ils filèrent immédiatement à l'accueil où ils exposèrent la raison de leur visite, à savoir un travail de recherches en vue de la rédaction d'un ouvrage sur l'histoire de l'Église orthodoxe. On leur dit de s'asseoir et, une heure plus tard, apparut un prêtre en soutane noire, avec une longue barbe poivre et sel. Quand il les guida jusqu'à son bureau, Sam et Remi comprirent qu'il ne parlait pas davantage l'anglais qu'eux le bulgare. On convoqua donc un interprète devant lequel ils se présentèrent de nouveau, avant de produire la lettre d'introduction de l'éditeur que Wendy leur avait fabriquée de toutes pièces sur Photoshop. L'interprète la lut à voix haute, le prêtre écouta avec attention, puis se carra dans son fauteuil et se caressa longuement la barbe avant de répondre.

« Je crains de ne pouvoir vous aider, traduisit l'interprète. Les registres que vous recherchez ne sont pas ici. La dame de la cathédrale vous a mal orientés.

— Dans ce cas, où pourrions-nous nous adresser ? » demanda Sam.

Cette question une fois traduite, le prêtre pinça les lèvres, se caressa encore la barbe, puis tendit la main vers le téléphone. Après un bref échange, il raccrocha et débita quelques phrases en bulgare.

« Les registres concernant la période qui vous intéresse sont entreposés dans la Sveta Sofia…, dit l'interprète. Enfin, je veux dire l'église Hagia Sofia.

— Où se trouve-t-elle ? demanda Remi.

« — Pas loin, répondit l'homme. De l'autre côté de la place, à une centaine de mètres. »

Peu après, Sam et Remi pénétraient dans l'église. Une nouvelle attente commença, qui ne devait durer que quarante minutes. On les escorta vers un autre bureau, occupé par un autre prêtre, lequel parlait anglais couramment, si bien qu'il leur répondit aussitôt. Non seulement la guide touristique s'était trompée, mais le prêtre du Palais du Saint-Synode aussi.

« Les registres antérieurs au règne du premier exarque bulgare, Antim I$^{er}$, qui fut démis de ses fonctions en 1877, au début de la guerre russo-turque, sont conservés au Methodius. »

Sam et Remi échangèrent un regard, inspirèrent profondément, puis demandèrent : « Qu'est-ce que le Methodius, exactement ?

— Mais voyons, c'est la Bibliothèque nationale de Bulgarie.

— Où se trouve-t-elle ?

— Pas loin, en face du Musée national d'Art étranger. »

C'est ainsi que, deux heures après l'avoir quittée, Sam et Remi repassèrent devant leur voiture qui, tout compte fait, était garée juste devant la bibliothèque nationale bulgare, leur ultime destination.

Du moins le croyaient-ils.

Cette fois, après vingt petites minutes de conversation avec un bibliothécaire, ils apprirent que le

Methodius ne possédait aucun document sur le métropolite Arnost Deniv.

Le bibliothécaire s'excusa et les laissa seuls à une table de lecture.

« En comparaison, notre jeu de bonneteau avec les cercueils de Sazan n'était qu'une aimable plaisanterie, dit Sam, découragé.

— Je ne m'avoue pas vaincue, s'obstina Remi. Arnost Deniv a bel et bien existé. Il figure forcément sur des documents. »

Depuis la table voisine, une voix de basse s'éleva tout à coup : « Le problème, ma chère, c'est qu'il y a plusieurs Arnost Deniv dans l'histoire de l'Église orthodoxe. Et la plupart ont vécu avant la guerre russo-turque. »

Sam et Remi se retournèrent vers l'homme qui venait de s'exprimer. Il avait des cheveux argentés et des yeux d'un vert lumineux. Avec un grand sourire chaleureux, il ajouta : « Désolé, mais j'ai surpris votre conversation.

— Vous êtes pardonné, répondit Remi.

— Cette bibliothèque fonctionne mal en ce moment, poursuivit l'homme. Ils sont en train de numériser leurs fichiers et n'ont pas encore créé de liens informatiques entre les diverses références de leur catalogue. En conséquence de quoi, si votre recherche n'est pas assez ciblée, vous êtes renvoyé à la case départ.

— Nous acceptons tous les conseils », dit Sam.

L'homme leur fit signe de le rejoindre à sa table et, après avoir réorganisé les piles de livres qui l'entouraient, déclara : « Il se trouve que je me pique un peu d'histoire, moi aussi.

— Vous travaillez sur celle de l'Église orthodoxe ? », demanda Remi.

L'homme confirma dans un sourire. « Entre autres sujets. Mes intérêts sont quelque peu… éclectiques, dirons-nous.

— Je me félicite que nos chemins se soient croisés, dit Sam en étudiant le visage de son interlocuteur.

— La réalité est souvent plus étrange que la fiction. Ce matin même, alors que j'étudiais la période ottomane en Bulgarie, je suis tombé sur le nom d'Arnost Deniv – un métropolite du XVe siècle.

— Mais le bibliothécaire disait qu'il n'y avait…, le coupa Remi.

— Elle a dit qu'elle ne possédait pas de documents sur un métropolite répondant à ce nom au cours de cette période. Mais l'ouvrage que je consultais ce matin n'a pas encore été numérisé. Voyez-vous, quand l'Empire ottoman a envahi la Bulgarie, des milliers de religieux ont été massacrés. Les rares survivants ont été déchus ou contraints à l'exil, parfois les deux. Tel fut le sort d'Arnost Deniv. Cet homme possédait une grande influence, ce qui n'était pas pour plaire aux nouveaux maîtres de la Bulgarie.

« Au retour de sa mission d'évangélisation en Orient, il a été nommé métropolite, mais hélas, quatre ans plus tard, il dut partir en exil sous peine de mort. Les Ottomans l'ont expédié dans un petit village où il mourut deux ans plus tard.

— Laissez-moi deviner, intervint Sam. Les Ottomans se sont ingéniés à détruire tous les registres ecclésiastiques.

— Exact, répondit l'homme. Si l'on en croit les chroniques de l'époque, Arnost Deniv a fini dans la peau d'un simple curé de village.

— Savez-vous où il est enterré ? demanda Remi.

— Non seulement je le sais, mais je peux vous dire où sont exposés tous ses biens terrestres. »

## 26

*Sofia, Bulgarie*

Après cela, ils n'eurent plus qu'à suivre les indications de leur sympathique sauveur : rouler plein nord
sur quinze kilomètres jusqu'à la ville de Kutina, perchée sur les contreforts des monts Stara Planina, où se
trouvait le musée abritant la collection Deniv.

Ils y arrivèrent peu après 1 heure de l'après-midi,
et s'arrêtèrent dans un bistrot pour déjeuner. Leur
vocabulaire réduit leur permit toutefois d'obtenir la
direction du musée.

« Au fait, dit Sam en ouvrant la portière de la Fiat, tu
as retenu le nom de ce monsieur ? J'ai beau me creuser
la cervelle, je ne m'en souviens pas. »

Remi, qui allait s'asseoir de son côté, suspendit son
geste et marmonna : « C'est drôle… moi non plus. Ça
commence par un C, je crois.

— Oui, d'accord, fit Sam en hochant la tête, mais
est-ce son nom ou son prénom qui commence par un
C ? Ou les deux ? »

Ayant eu leur content d'églises orthodoxes, Sam
et Remi furent soulagés de constater que le musée

occupait une vieille ferme aux murs couleur beurre rance, entourée de verts pâturages surplombant l'Iskar.

Ils se garèrent sur le petit chemin couvert de gravier qui faisait le tour du bâtiment, descendirent de voiture et grimpèrent les marches du perron. Sur la vitre de la porte d'entrée, était collé l'écriteau en forme de pendule qui partout sert à dire : « De retour à… » Les aiguilles de celui-ci indiquaient 14 h 30.

« Vingt minutes à attendre », dit Sam.

Ils s'installèrent sur la balancelle de la véranda et se mirent à papoter pour tuer le temps, tandis qu'une petite pluie tambourinait sur l'avant-toit.

« On devrait s'acheter un truc comme ça, non ? dit Remi. C'est relaxant.

— Mais nous avons déjà une balancelle, s'écria Sam. Je te l'ai offerte voilà quatre ans, pour Arbor Day. » Sam aimait surprendre sa femme en lui faisant des cadeaux inopinés, à l'occasion des fêtes que personne ne célébrait. « Je n'ai pas eu le temps de la monter. Mais dès notre retour, je la mets en tête de ma liste des choses à faire.

— Oh, c'est vrai ! Arbor Day, la fête des arbres ! C'est drôle, je croyais que c'était pour la fête de la marmotte.

— Nous étions à Ankara le jour de la fête de la marmotte.

— Vraiment ? J'aurais juré que notre voyage à Ankara remontait au mois de mars… »


À 14 heures et 28 minutes, une vieille Bulgaralpine verte s'arrêta sur la pelouse du musée. En descendit une femme mince comme un fil, coiffée d'un béret, des lunettes de grand-mère perchées sur le nez. Dès qu'elle les aperçut sous le porche, elle leur adressa un signe amical. « *Sdrawei !* lança-t-elle.

— *Sdrawei !* » répondirent-ils en chœur. « Bonjour ! » et « Parlez-vous anglais ? » étaient les deux expressions qu'ils s'efforçaient de mémoriser à chacun de leurs voyages à l'étranger.

Sam se servit de la seconde pendant que la femme les rejoignait sur la véranda. « Oui, je parle anglais, dit-elle. Ma sœur, elle vit en Amérique – à Dearborn, dans le Michigan. Elle me donne des cours par Internet. Je m'appelle Sovka. »

Sam et Remi se présentèrent.

« Vous venez pour visiter le musée ? demanda Sovka.

— Oui, dit Remi.

— Très bien. Suivez-moi, je vous prie. » Sovka déverrouilla la porte d'entrée. Sam et Remi la suivirent à l'intérieur. Ça sentait le bois et le chou bouilli, et la peinture sur les murs rappelait la teinte extérieure. La femme suspendit son manteau dans un placard et les fit passer dans la petite pièce de devant, reconvertie en bureau.

« Qu'est-ce qui vous amène ici ? » demanda-t-elle.

Sur la route de Kutina, Sam et Remi avaient réfléchi à la manière d'aborder le sujet et décidé d'opter pour la franchise. « Nous menons des recherches sur le père Arnost Deniv. Nous nous sommes adressés à la bibliothèque nationale où quelqu'un nous a indiqué votre fonds. Il paraît que vous possédez quelques objets… »

Sovka écarquilla les yeux. « Le Methodius ? Ils connaissent notre musée au Methodius ? À Sofia ? »

Remi confirma d'un signe de tête. « Mais oui, je vous assure.

— Dingue ! Je vais marquer ça dans notre feuille d'information. Quel honneur pour nous ! Et je vous rassure tout de suite : on vous a bien orientés. Nous ne possédons pas quelques objets mais tous les effets personnels du père Deniv. Puis-je connaître le but de votre démarche ? » Sam et Remi exposèrent leur projet d'ouvrage historique. « Une sale époque pour notre Église, commenta Sovka d'un air grave. Je suis contente que ça vous intéresse. Venez. »

Sovka leur fit traverser le hall et monter les deux volées de marches. À l'étage, ils débouchèrent dans une grande salle qui autrefois avait dû être divisée en plusieurs pièces. L'espace mesurait à présent cent mètres carrés. Sovka s'arrêta devant une série de vitrines disposées en alcôve, éclairées par des spots encastrés dans le plafond et entourées de pièces de tapisserie.

Remi fut la première à l'apercevoir. « Tu vois ce que...

— Je vois », confirma-t-il.

Sovka se retourna, un peu surprise. « Faites excuse ?

— Non, non, rien », répondit Remi.

Malgré les trois mètres qui les en séparaient, le rebord incurvé de l'objet semblait leur faire signe depuis son socle. Le cœur battant, Sam et Remi se glissèrent dans l'alcôve pour mieux contempler le disque Theurang, posé sur les plis d'une soutane noire réhaussée de rouille.

D'un geste théâtral, Sovka écarta les bras et dit : « Bienvenue dans la collection Deniv. Tout ce que le saint homme possédait au moment de sa mort est exposé ici. »

Non sans quelque difficulté, Sam et Remi réussirent à lâcher le disque du regard pour se pencher sur le reste, à savoir une vingtaine de pièces : vêtements, objets de toilette, manuscrits et fragments de correspondance protégés dans des écrins.

« Quel est cet objet exposé ici ? » l'interrogea Remi d'une voix volontairement neutre.

Sovka tourna la tête vers le disque Theurang. « Nous ne savons pas vraiment. Peut-être un souvenir qu'il aurait rapporté de ses missions d'évangélisation.

— C'est fascinant, dit Sam, le nez collé à la vitrine. Si vous n'y voyez pas d'inconvénient, nous aimerions inventorier la collection.

— Bien sûr. Je ne serai pas loin, si vous avez besoin d'aide. »

Au lieu de regagner son bureau, Sovka se retira dans un coin de la pièce.

« Voilà qui complique les choses », murmura Remi.

Ils n'avaient pas eu le moindre scrupule à soulager feu Besim Mala de son précieux disque. Mais ici, c'était une tout autre histoire. Le disque d'Arnost Deniv entrait dans les collections d'un musée. Non pas que s'introduire dans le bâtiment de nuit pour dérober ce trésor eût présenté de grosses difficultés techniques. Néanmoins, ce genre de pratique ne correspondait guère à leur éthique professionnelle.

« Réunion au sommet », suggéra Remi.

Ils s'excusèrent un instant auprès de Sovka, sortirent sur la véranda et composèrent le numéro de Selma, laquelle fit en sorte d'établir la connexion avec Jack Karna. Après deux minutes de craquements divers, la ligne partagée fut enfin installée. Sam se chargea d'exposer la situation.

« Jack, demanda Remi, de quoi avez-vous besoin exactement ? Du disque lui-même ou simplement des inscriptions qui figurent dessus ?

— Des deux, j'imagine. Pensez-vous qu'elle accepterait de vous le prêter ?

— J'en doute, répondit Sam. Elle semble y tenir comme à la prunelle de ses yeux. Et je crains qu'elle ne se méfie, si jamais nous abordons le sujet. Pour l'instant, elle est gentille et serviable. Il ne faudrait pas que ça change.

— Jack, les deux disques ont-ils la même taille et la même forme ? demanda Selma.

— Je dirais qu'ils sont presque identiques. Vous en aurez le cœur net dès que nous pourrons comparer celui que Sam et Remi viennent de vous envoyer avec celui du coffre.

— Selma, dis-nous le fond de ta pensée, l'encouragea Remi.

— C'est un peu prématuré, madame Fargo, mais si vous patientez… »

On entendit plusieurs déclics sur la ligne, puis plus rien. Selma revint trois minutes plus tard. « Je peux en fabriquer un, annonça-t-elle sans préambule. Pas moi, mais j'ai un ami capable de le reproduire avec la précision d'un ajusteur assisté par ordinateur. À condition qu'on lui fournisse un grand nombre de photos de l'objet prises selon une méthode particulière, cela va sans dire.

— Je suppose que tu possèdes les détails de cette méthode ? dit Sam.

— Je vous envoie la liste du matériel dans deux petites secondes. »

Contre la promesse d'une petite contribution pécuniaire aux travaux de rénovation du toit, Sovka accepta le principe de la séance photos. Sam et Remi regagnèrent alors Sofia pour se procurer les articles figurant sur la liste de Selma : deux règles à échelle triangulaire de qualité professionnelle, un plateau tournant, un socle noir épais de deux centimètres où déposer le disque, des lampes et un pied photographique.

À 16 heures, ils étaient de retour à Kutina. Pour ne pas éveiller les soupçons de Sovka, ils commencèrent par des objets de la vie quotidienne et gardèrent le disque Theurang pour la fin. Au bout de quelques minutes, Sovka se lassa de les regarder et descendit dans son bureau.

« Ce serait plus facile si nous avions moins de scrupules, observa Sam.

— Dis-toi que tu œuvres pour ton karma. En plus, tu ignores les sanctions qu'encourent les voleurs d'antiquités en Bulgarie.

— Voilà deux raisons valables. »

Ils redressèrent le caisson lumineux, tendirent un tissu blanc dans le fond, et Sam régla les lampes selon les instructions de Selma. Quand ce fut fait, Remi plaça le socle sur le plateau tournant, puis le disque sur le socle. Et enfin, elle installa les règles à échelle triangulaire de manière à former un L autour du disque.

Après quelques clichés d'essai suivis d'un réglage plus précis de son appareil, Remi se mit au travail : cinq photos par rotation de huit degrés, pour un total de quarante-cinq rotations, soit deux cent vingt-cinq photos en tout. Ils répétèrent le procédé au verso du disque, poursuivirent en redressant l'objet sur son socle et terminèrent par une série de gros plans des symboles sur les deux faces.

« On arrive à huit cents vues, annonça Remi en se relevant.

— Ça représente combien de gigas ? »

Remi vérifia l'écran LCD de son appareil. « Ouah. Huit. Beaucoup trop pour un simple e-mail.

— Je crois savoir comment contourner l'obstacle, répondit Sam. Rangeons le fourbi et allons-y. »

Ils contactèrent Selma qui, à son tour, appela Rube, lequel téléphona à ses amis de Sofia. Tant et si bien qu'à leur retour, à 18 h 30, Sam fut aimablement reçu par les employés de la société Sofia Academic Archivist Services. Comme lors de sa précédente visite, il n'eut qu'à fournir son identité et un nom de code – différent de la première fois – pour accéder à un poste informatique. Grâce à la ligne internet à haut débit, les fichiers d'images furent transférés sur le site de stockage de Selma en moins de trois minutes. Sam attendit le message de confirmation, puis rejoignit Remi dans la voiture.

« Où allons-nous maintenant ? » demanda-t-elle.

Sam ne savait que répondre. Tant de choses s'étaient passées depuis leur arrivée à Katmandou qu'ils n'avaient pas eu le temps de réfléchir à la question.

« Je vote pour un retour à la maison.

— Adopté. »

## 27

*Goldfish Point, La Jolla, Californie*

« Super… merci. Nous l'attendons avec impatience. »

Selma raccrocha pour se tourner vers le petit groupe assis à la grande table d'érable : Sam, Remi, Pete et Wendy.

« C'était George, annonça-t-elle. La copie du disque Theurang est prête. Il nous l'envoie par coursier.

— J'ai hâte de voir la transposition en trois dimensions de mes huit cents photos », dit Remi.

En regagnant leurs pénates après leur interminable voyage en avion – Sofia-Frankfort-San Francisco-San Diego –, Sam et Remi avaient salué leurs amis puis filé au lit sans traîner. Dix heures de sommeil plus tard, ils avaient émergé, frais et dispos, sans plus vraiment ressentir les effets du décalage horaire. Puis ils avaient rejoint l'équipe pour un point sur les derniers événements.

« Même si la reproduction est bonne, dit Pete, on ne pourra pas la comparer à l'original. »

Posés dans leurs écrins de mousse noire préformée, les deux disques authentiques brillaient sous la lumière vive des suspensions halogènes.

« Pour ce qui est de l'aspect, je suis d'accord, répondit Sam. Mais si jamais la copie nous donne la clé de l'énigme… elle sera à mes yeux plus précieuse que de l'or.

— Vous y croyez ? demanda Selma.

— À quoi ?

— À la prophétie. La théorie de Jack selon laquelle le Theurang serait le chaînon manquant dans le processus d'évolution. Shangri-La… et tout.

— Eh bien, Jack lui-même n'en est pas certain, répondit Remi. Nous disposons seulement de quelques dessins et rien ne permet de déterminer s'ils ont été exécutés d'après nature ou s'ils ne font qu'illustrer le mythe du Theurang. Mais j'estime son hypothèse assez convaincante pour nous inciter à faire toute la lumière sur le sujet. »

Sam approuva d'un hochement de tête. « Quant à Shangri-La… Bon nombre de légendes reposent sur un fond de vérité. De nos jours, Shangri-La est devenu synonyme de Paradis. Mais pour le peuple du Mustang, ce nom pouvait désigner tout autre chose, par exemple le lieu où se trouvait le Theurang quand ils l'ont découvert – et qu'il devrait légitimement réintégrer. Les toponymes n'ont de signification que celle que nous leur prêtons.

— Sam, tu es d'humeur poétique ? dit Remi.

— Oui, ça m'arrive parfois. »

L'interphone bourdonna. Selma répondit, sortit de la pièce et revint une minute plus tard avec un colis. Après l'avoir ouvert, elle en examina le contenu avant d'y plonger la main et de déposer la copie du disque Theurang sur le support en mousse.

Rien ou presque ne la différenciait des originaux.

« Je suis bluffé, murmura Sam. Excellente initiative, Selma.

— Merci, monsieur Fargo. On appelle Jack ?

— Tout à l'heure. Pour l'instant, j'aimerais faire un point de la situation avec King Charlie. Si j'arrive à le faire sortir de ses gonds, il parlera peut-être.

— Qu'as-tu en tête ? demanda Wendy.

— Imaginons que ses contacts sur place ne soient pas très compétents. À l'heure qu'il est, King peut très bien croire que nous avons été emportés par la crue de la Kali Gandaki. Je vais le rassurer sans tarder. Selma, peux-tu m'ouvrir une ligne sécurisée sur ce haut-parleur ?

— Oui, monsieur Fargo. Un instant. »

Après quelques sonneries, Charlie King répondit en maugréant : « Ici King.

— Bonjour, monsieur King. Ici, Sam et Remi Fargo. »

Il y eut un temps d'hésitation, puis retentit un tonitruant : « Bonjour à vous deux ! Ça fait un bail que j'ai pas de vos nouvelles. Je commençais à me dire que vous aviez rompu notre contrat.

— De quel contrat parlez-vous ?

— J'ai fait relâcher votre ami. Maintenant, à vous de me remettre ce que vous avez trouvé.

— Vous prenez vos désirs pour des réalités, Charlie. Nous étions convenus de rencontrer Russell et Marjorie pour parvenir à un compromis.

— Vingt dieux, mon gars, c'était pourtant clair. Je vous ai donné Alton, maintenant vous me donnez ce que je veux.

— C'est vous qui avez rompu le contrat, Charlie, dit Remi.

— Qu'est-ce que vous racontez ?

— Le faux guide touristique que vous avez embauché pour nous tuer, au Mustang.

— Je n'ai rien…

— Certes, ce n'est pas tout à fait exact, l'interrompit Sam. Votre femme et vos enfants ont agi à votre place, mais sur votre ordre.

— C'est ce que vous croyez, hein ? Eh bien alors, prouvez-le.

— Nous ferons encore mieux que ça », déclara Sam. À côté de lui, Remi articula en silence : *Quoi ?* Ce à quoi Sam répondit pareillement : *J'improvise.*

« Fargo, j'ai déjà été menacé par des types plus costauds et plus riches que vous, dit King. Je ne sais plus quoi faire de leurs cadavres. Vous devriez vous montrer raisonnable. Donnez-moi ce que je veux et nous nous quitterons bons amis.

— C'est trop tard – pour se quitter bons amis, je veux dire. Quant au trésor que vous convoitez – et que votre père a passé sa vie à rechercher – nous l'avons. Il est là, juste sous nos yeux.

— Bordel !

— Si vous le demandez poliment, on vous enverra une photo. Mais d'abord, expliquez-nous pourquoi ce truc vous intéresse à ce point.

— Dites-moi plutôt ce que vous croyez avoir trouvé, que je rigole.

— Un coffre en bois, en forme de cube, gardé par un soldat mort depuis plus de cinq cents ans. »

King ne répondit pas aussitôt, mais on l'entendait respirer à l'autre bout de la ligne. Finalement, d'une voix étouffée, il dit : « Vous l'avez vraiment.

— En effet. Et à moins que vous nous disiez enfin toute la vérité, nous comptons l'ouvrir pour voir ce qu'il a dans le ventre.

— Non, n'y touchez pas. N'allez pas faire une chose pareille.

— Alors, dites-nous ce qu'il contient.

— De deux choses l'une : soit une grosse médaille soit un tas d'os. De toute manière, ça n'a aucune valeur pour vous.

— Alors pourquoi en faire tout un plat ?

— C'est pas vos affaires. »

Debout devant son portable, Selma leva le doigt à l'intention de Sam, lequel réagit en disant : « Monsieur King, ne quittez pas ! »

Sans attendre la réponse, Pete coupa le son du téléphone.

« J'ai oublié de vous dire, fit Selma. J'ai continué à fouiller dans la biographie de King en me focalisant sur son adolescence, et je suis tombée sur le blog d'une ancienne journaliste du *New York Times*. Elle prétend qu'au cours d'une interview, trois ans auparavant, elle a posé à King une question qu'il n'a pas appréciée. Il l'a foudroyée du regard et a refusé de poursuivre. Deux jours après, elle s'est fait virer. Depuis, elle n'a pas retrouvé de boulot dans le journalisme. King l'a fait mettre à l'index.

— Quelle était cette question ? dit Remi.

— Elle lui a demandé pourquoi on le surnommait Adolf dans l'album annuel de son lycée.

— C'est tout ? s'étonna Sam.

— C'est tout.

— Nous savons que Lewis King n'était nazi que sur le papier, intervint Wendy, et que Charlie n'en a rien à battre. Alors pourquoi…

— Tu sais comment sont les gosses, intervint Remi. Mets-toi une seconde à sa place : depuis tout petit, Charlie a souffert de l'absence de son père. Pour couronner le tout, dès qu'il mettait les pieds quelque part, on devait le taquiner sur ses origines. De notre point de vue, ça ne paraît pas bien méchant, mais pour un enfant, un adolescent… C'est peut-être son talon d'Achille. Le gamin colérique et impuissant est devenu un milliardaire colérique et plus puissant que la plupart des chefs d'État. »

Sam médita un instant puis, d'un signe de tête, demanda à Pete de remettre le son. « Toutes mes excuses, Charlie. Où en étions-nous ? Ah oui : le coffre. Vous disiez qu'il contenait soit une médaille, soit des ossements, c'est cela ?

— Oui.

— Pourquoi votre père tenait-il tant à s'en emparer ? Pour quelque sombre rituel nazi ? Le coffre recèlerait-il un objet merveilleux tout droit sorti des fantasmes malsains d'Himmler et de son pote Adolf ?

— Fermez-la, Fargo.

— Votre père a passé sa vie à courir après ce truc. Il aurait très bien pu garder des liens avec un groupuscule nazi, après la guerre.

— Je vous préviens… Fermez votre gueule ou…

— Je comprends mieux. Voilà pourquoi l'Homme d'Or vous intéresse tant. Vous espérez accomplir l'œuvre que votre nazillon de père a laissée inachevée. »

On entendit dans le haut-parleur le bruit d'un objet lourd qui s'abattait sur une surface en bois, puis des parasites brouillèrent la réception. Soudain, King se mit à hurler : « Je suis pas nazi ! »

— Allons Charlie, les chiens ne font pas des chats. Voilà comment je vois les choses. Pendant l'expédition de 1938, votre paternel entend parler du Theurang pour la première fois. Après la guerre et votre installation en Amérique, il continue à vous endoctriner. Dans vos pauvres cerveaux malades, le Theurang est un peu comme le Saint-Graal. Ensuite, Lewis disparaît en pleine quête mais il vous a bien éduqué. Vous n'avez pas l'intention de...

— Ce salopard ! Ce fieffé crétin ! Il abandonne ma mère en Allemagne pour aller courir le monde et quand on s'installe ici, le voilà qui remet ça ! Quand ma mère se suicide aux barbituriques, il ne fait même pas l'effort d'assister aux funérailles. Elle est morte à cause de lui et il n'a même pas eu la correction de venir ! Quel excentrique, ce bon vieux Lewis ! Tu parles ! Il se fichait pas mal de ce qu'on racontait sur lui, et il ne comprenait même pas que j'en souffrais. Chaque jour, chaque putain de jour, je les entendais chuchoter derrière mon dos en faisant le salut hitlérien ! J'ai dû me battre, et c'est pas encore terminé. Aujourd'hui, je pourrais les anéantir, tous autant qu'ils sont.

« Vous croyez que je cherche l'Homme d'Or parce que mon père y tenait ? Vous croyez que je suis un bon fils obsédé par son devoir ? Quelle blague ! Dès que je mettrai la main sur ce truc, je le réduirai en poussière !

Et s'il y a un Dieu dans le ciel, j'espère que ce vieux salaud me verra faire ! » King reprit son souffle et ricana. « En plus, vous n'avez pas cessé de me mettre des bâtons dans les roues depuis le départ. Je préfère crever la bouche ouverte plutôt que de vous laisser prendre ce qui me revient de droit. »

Sam laissa passer quelques secondes avant de répondre. Il vit à son expression que Remi pensait la même chose que lui. Ils plaignaient sincèrement le jeune Charlie, mais King n'était plus un enfant et son désir insensé d'exercer sa vengeance contre un père mort depuis bien longtemps avait coûté la vie à plusieurs personnes.

« Alors ce n'est que ça ? dit Sam. Une simple crise de colère ? King, vous êtes devenu un assassin, un ravisseur, un esclavagiste, rien que pour exprimer votre fureur. Vous êtes un sociopathe.

— Fargo, vous ne savez pas ce que vous…

— Je sais ce que vous avez fait. Et je sais ce que vous êtes encore capable de faire. Je vais vous promettre une chose, King : non seulement vous ne mettrez jamais la main sur l'Homme d'Or, mais nous ferons tout ce qui est en notre pouvoir pour vous envoyer en prison.

— Fargo, écoutez-moi bien ! Je vous tuerai… »

Sam appuya sur le bouton de déconnexion.

Un silence pesant s'abattit sur la pièce.

Selma le brisa en murmurant : « Eh bien, ça m'a tout l'air d'un gros caprice. »

Son intervention eut le mérite de provoquer un éclat de rire général. Quand ils furent calmés, Remi dit en forme de conclusion : « La question qui se pose maintenant est la suivante : si nous parvenons à tenir notre promesse, King finira-t-il en prison ou dans une cellule capitonnée ? »

*

*Thisuli, Népal*

Si le colonel Zhou avait consenti à cette rencontre en pleine nuit, c'était en partie par curiosité et en partie parce qu'il comptait en tirer profit. L'accord passé avec les *zázhŏng* – métis – américains lui avait rapporté gros, mais à présent qu'il connaissait leur véritable identité et celle de leur père, Zhou n'avait de cesse que d'en revoir les termes. Il se fichait éperdument de ce que Charles King fabriquait au Népal. En revanche, il estimait très insuffisante la somme accordée à ses enfants pour couvrir… les frais généraux, comme disaient les Américains. Convoyer les fossiles jusqu'à Lhassa et leur faire passer la douane ne posait pas de problèmes majeurs, mais trouver des distributeurs de confiance pour une marchandise aussi strictement réglementée était bien plus aléatoire – et nettement plus coûteux.

Peu avant minuit, le colonel Zhou entendit gronder un moteur de 4 × 4. Les deux soldats assis derrière lui se levèrent d'un bond, leur fusil d'assaut en position de tir.

« J'ai ordonné qu'on les fouille, ce coup-ci, dit-il à ses hommes. Mais ne baissez pas la garde. »

Un soldat placé en sentinelle à l'extérieur franchit le seuil, fit un signe de tête à Zhou et ressortit aussitôt. Un instant plus tard, Marjorie et Russell King passèrent de l'obscurité à la lueur vacillante de la lampe à pétrole.

Ils n'étaient pas seuls. Une troisième personne, une Chinoise élancée au visage maussade, les accompagnait. À la manière dont se tenaient les jumeaux King, Zhou comprit que la Chinoise parlerait pour les trois.

Leur ressemblance ne lui apparut que dans un deuxième temps. Leurs yeux, leur nez, leurs pommettes. Une mère et ses enfants, songea Zhou. Intéressant. Résolu à tirer avantage de sa découverte, il se leva de la table à tréteaux et salua poliment la femme. « Dois-je vous appeler madame King ?

— Non. Hsu. Zhilan Hsu.

— Asseyez-vous, je vous prie. »

Zhilan choisit le banc et posa ses mains croisées sur la table, pendant que ses enfants restaient debout au garde-à-vous, en imitant les hommes du colonel.

« Que me vaut ce plaisir ? demanda Zhou en se rasseyant.

— Mon mari a une requête à vous présenter.

— Vraiment ?

— Oui. Pour commencer, il tient à ce que vous compreniez ceci : nous savons que vous ne vous appelez pas Zhou et que vous n'êtes pas colonel dans l'Armée populaire de Libération. Votre nom est Feng et vous avez le grade de général. »

Le général Feng sentit son estomac se changer en bloc de glace. Il dut se faire violence pour cacher la panique qui s'emparait de lui. « Tiens donc !

— Eh oui. Vous n'avez pas de secrets pour nous. Nous possédons la liste de vos activités illicites : contrebande d'armes légères, trafic d'héroïne, et j'en passe. Nous connaissons aussi bien vos alliés que vos adversaires au sein de l'armée. Pour tout dire, mon mari est en très bons termes avec un certain général Gou. Ce nom vous évoque-t-il quelque chose ? »

Feng déglutit. Son univers était en train de s'écrouler autour de lui. Il parvint toutefois à émettre un son à peine articulé : « Oui.

— Le général Gou ne vous porte pas dans son cœur, n'est-ce pas ?

— Non.

— Me suis-je bien fait comprendre ? insista Zhilan Hsu.

— Parfaitement.

— Maintenant, parlons de notre partenariat. Mon mari, qui est satisfait de vos services, souhaite vous accorder une augmentation de 15 % sur toutes les transactions.

— C'est très généreux de sa part.

— Mon mari en est conscient. Aussi vous demande-t-il une faveur en échange. »

Déjà Feng se maudissait pour n'avoir pas tenu sa langue. « Une faveur n'implique pas de compensation. »

Zhilan braqua ses yeux d'obsidienne sur le visage de Feng et finit par répondre : « Je me suis mal exprimée. J'aurais dû parler de "travail". Bien sûr, monsieur King est prêt à vous verser une compensation. Deux cent mille dollars américains. Mais seulement en cas de succès. »

Feng s'efforça de ne pas sourire. « C'est tout à fait normal. En quoi consiste ce travail ?

— Certaines personnes – deux personnes, pour être exacte – menacent nos intérêts commerciaux dans ce pays. Nous savons qu'elles voyageront le long de la frontière au cours des prochaines semaines, peut-être même s'introduiront-elles dans la Région autonome du Tibet, ajouta Zhilan. Nous voulons que vous les interceptiez.

— Soyez plus précise.

— Vous nous les livrez ou bien vous les tuez sur place. Je vous donnerai les détails au moment voulu.

— À quelle distance longeront-elles la frontière ?

— À quelques kilomètres, selon les endroits.

— Cette frontière s'étire sur plusieurs centaines de kilomètres. Comment voulez-vous qu'on retrouve deux individus sur un tel périmètre ?

— Ne jouez pas à l'imbécile avec moi, trancha Zhilan. Vous disposez de quatorze hélicoptères Harbin Z-9 équipés de radars infrarouges, de caméras à vision nocturne et de missiles antiaériens et antichars. »

Feng soupira. « Vous êtes extrêmement bien informée.

— Sans compter les soixante-dix-neuf postes d'observation le long de la frontière. Est-ce exact ?

— Oui.

— Ces personnes auront certainement recours à un hélicoptère pour franchir certains reliefs. Au Népal, il n'existe qu'un petit nombre de compagnies privées susceptibles d'offrir ce service. Nous les surveillerons afin de vous faciliter les choses.

— Dans ce cas, pourquoi ne pas les intercepter avant qu'elles n'embarquent ?

— Nous les laisserons… terminer leur mission. Et après, ce sera à vous de jouer.

— Quelle est leur mission ?

— Ils cherchent quelque chose. Nous voulons qu'ils réussissent.

— Que cherchent-ils ?

— Vous n'avez pas besoin de le savoir, général. Je vous ai tout expliqué. Maintenant, faites-moi connaître votre décision. Alors, j'attends.

— J'accepte. Mais j'aurai besoin d'informations sur les cibles. »

Zhilan glissa deux doigts dans la poche avant de sa parka et en retira une carte SD qu'elle fit glisser sur la table. « Assurez-vous que tout soit prêt au moment où je vous téléphonerai. »

## 28

*Jomsom, Népal*

Sam et Remi ne se faisaient pas d'illusions. Ils avaient mis en rage un lion qui, jusqu'alors, se contentait de montrer les crocs. Aussi demandèrent-ils à Selma de leur trouver un itinéraire détourné pour rejoindre le Mustang.

Tout le monde savait désormais que le Theurang était caché quelque part dans la chaîne de l'Himalaya. King devait se douter que les Fargo profiteraient de leur avance pour retourner au Népal, et il avait dû ordonner à Zhilan Hsu et aux jumeaux de guetter leur arrivée. Il aurait sans doute recours à d'autres mesures de rétorsion mais, pour l'instant, ignorant lesquelles, Sam et Remi devaient surtout redoubler de prudence jusqu'à ce que cette odyssée se termine.

Après plusieurs correspondances, leur marathon aérien s'acheva à New Delhi. Ensuite ils roulèrent pendant quatre cents kilomètres vers le sud-est. Arrivés à Lucknow, ils louèrent un monomoteur qui les projeta trois cents kilomètres plus loin, direction Jomsom, au nord-est. Ayant quitté la capitale régionale du trekking moins d'une semaine plus tôt, ils ressentirent une impression de déjà-vu quand les roues de l'avion crissèrent sur le tarmac. Impression renforcée par la présence d'une foule de randonneurs sollicités par des guides qui rivalisaient pour décrocher un engagement.

Comme Jack Karna l'avait promis, ils passèrent la douane sans qu'on les harcèle ou les questionne. Au bord du trottoir, devant le terminal, un autre souvenir récent les attendait près d'une Toyota Land Cruiser blanche, sous les traits d'un chauffeur népalais arborant une pancarte marquée de leurs noms.

« Vous êtes là pour nous, j'imagine, dit Sam en lui serrant la main.

— Je m'appelle Ajay. Monsieur Karna m'a chargé de vous transmettre un message : le nouveau poisson de Selma est un *Apistogramma iniridae*. Je l'ai bien prononcé ?

— Parfaitement, répondit Remi. Comment s'appelle-t-il ?

— Frodon. » Selma et Jack Karna s'étaient découvert des affinités au cours de leurs longues conversations téléphoniques. Parmi lesquelles leur commune passion pour la trilogie du *Seigneur des Anneaux*. « Oui ? OK ? demanda Ajay dans un sourire.

— OK, répondit Sam. Allons-y. »


Ajay était non seulement meilleur guide touristique que son prédécesseur, mais il conduisait nettement mieux, négociant les virages de main de maître et déjouant les dangers qui guettaient les touristes dans le ravin de la Kali Gandaki. C'est ainsi que, huit heures après avoir quitté Jomsom, ils frappaient à la porte de Jack Karna, à Lo Manthang.

Karna les serra contre son cœur et les conduisit au salon où les attendaient des scones et du thé brûlant. Une fois réchauffés, confortablement installés sur les coussins, Sam et Remi sortirent les disques Theurang et les déposèrent sur la table basse.

Pendant une bonne minute, Karna se contenta de les admirer en souriant. Finalement, il les souleva l'un après l'autre pour les examiner sous tous les angles. La copie l'impressionna presque autant que les vrais.

« À part les symboles, il est quasiment identique à l'original, n'est-ce pas ? Votre Selma… c'est une sacrée bonne femme, je dois dire. »

Remi décocha à Sam un regard en coin assorti d'un petit sourire. Guidée par son intuition féminine, elle avait remarqué la petite flamme qui grandissait entre Selma et Jack. Sam n'avait pas voulu la croire mais, à présent, il devait bien se rendre à l'évidence.

« Je suis d'accord avec vous, dit Sam. Alors, vous pensez que ça va marcher ?

— Je n'ai aucun doute là-dessus. Demain matin, Ajay nous emmènera dans les grottes. Avec un peu de chance, avant la fin de la journée, nous aurons trouvé une concordance. Ensuite, il suffira de suivre la carte jusqu'à Shangri-La.

— Il est rare que ce soit aussi simple, répliqua Remi. Faites-nous confiance. »

Karna haussa les épaules. « Si vous le dites. » Il leur reversa du thé et fit passer l'assiette de scones. « Bon, si vous me parliez de Selma et de sa passion pour le thé et les poissons tropicaux. »

Levés avant l'aube, ils eurent droit à un robuste petit déjeuner à l'anglaise, servi par le valet de Karna : du bacon, des œufs, du boudin noir, des tomates et des champignons grillés, du pain frit, des saucisses et des litres de thé. Quand ils furent rassasiés, Sam et Remi repoussèrent leurs assiettes.

« C'est votre régime matinal habituel ? demanda Remi à Karna.

— Bien sûr.

— Comment faites-vous pour garder la forme ? s'étonna Sam.

— Je marche beaucoup. Il faut tenir compte du froid et de l'altitude. On brûle très vite les calories par ici. Si je n'en consomme pas au moins 5 000 par jour, je m'étiole.

— Vous devriez peut-être créer un centre de remise en forme, suggéra Remi.

— C'est une idée », dit Karna en se levant. Il frappa dans ses mains, les frotta l'une contre l'autre et déclara : « Parfait ! On part dans dix minutes. Ajay nous rejoindra devant la porte ! »


En effet, quelques minutes plus tard, ils étaient à bord de la Land Cruiser et filaient en direction du sud-est vers les premiers contreforts. Au bout de quatre kilomètres, le paysage changea du tout au tout. Les collines ondoyantes gagnèrent en altitude et perdirent en rondeur. Le terrain passa du gris au brun et la végétation déjà chiche se réduisit à de rares broussailles. Ajay devait à présent slalomer entre les pierres qui encombraient la piste. Bientôt, les oreilles de Sam et Remi se mirent à siffler.

Depuis le siège avant, Karna leur lança : « Il y a deux packs d'eau à l'arrière. Il ne faut pas hésiter à s'hydrater. Plus on monte, plus on a besoin de boire. »

Sam attrapa quatre bouteilles, en tendit une à Remi, deux à Karna, puis demanda : « À quelle distance sommes-nous de la frontière tibétaine ?

— Un peu plus de dix kilomètres. N'oubliez pas : le monde entier ou presque considère cette frontière comme celle du Tibet, mais pas les Chinois. Ils sont très à cheval là-dessus. Officiellement, on parle de Région autonome du Tibet, mais pour Pékin ce territoire appartient à la Chine. Si vous regardez attentivement, vous allez bientôt apercevoir des avant-postes chinois, perchés sur les crêtes. Il se peut même qu'on croise des patrouilles.

— Des patrouilles ? répéta Sam. De l'armée chinoise ?

— Oui. Leurs unités terrestres autant qu'aériennes ne se gênent pas pour empiéter sur le territoire du Mustang. Que voulez-vous que fasse le gouvernement népalais, à part déposer une plainte pour la forme ?

— Que se passe-t-il si quelqu'un se perd et franchit la frontière par inadvertance ?

— Tout dépend de l'endroit. Entre ici et le nord du Myanmar, la frontière s'étire sur trois mille kilomètres. Elle traverse essentiellement des zones isolées et très accidentées. En revanche, là où nous sommes, il arrive que les Chinois renvoient sans ménagement les brebis égarées de l'autre côté de la frontière. Mais, la plupart du temps, ils les incarcèrent. Trois trekkeurs auraient été enlevés l'année dernière. »

Derrière le volant, Ajay leva quatre doigts.

« Au temps pour moi, ils étaient quatre, dit Karna. Ils ont fini par les relâcher, sauf un. C'est bien cela, Ajay ?

— Oui.

— Qu'entendez-vous par "fini" ?, demanda Remi.

— Au bout d'un an. Le quatrième, celui qu'ils ont gardé, n'a pas donné de nouvelles depuis six ans. Les Chinois aiment faire des exemples, voyez-vous. Ils estiment qu'une politique moins sévère nuirait à leurs intérêts. Comme si, dès qu'ils avaient le dos tourné, des hordes d'agents occidentaux franchissaient la frontière déguisés en trekkeurs.

— Ils le pensent vraiment ? s'étonna Sam.

— Oui, du moins certains fonctionnaires. Mais je soupçonne que c'est surtout pour la galerie. Certaines zones le long de la frontière méridionale chinoise sont impossibles à surveiller depuis le sol, donc la Chine redouble de sévérité sur les régions qu'elle est en mesure de contrôler. Je tiens de source sûre – Karna montra Ajay en faisant un clin d'œil – que des trekkeurs traversent régulièrement la frontière nord de l'Inde ; en fait, certaines compagnies touristiques s'en sont fait une spécialité. Est-ce exact, Ajay ?

— Exact, monsieur Karna.

— Pas d'inquiétude, les Fargo. Ajay et moi traînons nos guêtres par ici depuis des lustres. Notre unité GPS est parfaitement réglée et nous connaissons la zone comme notre poche. Je peux vous assurer qu'on évitera l'Armée chinoise. »

Une heure plus tard, ils pénétraient dans une gorge bordée de falaises si érodées qu'elles ressemblaient à des termitières posées en rang d'oignons. Une bâtisse aux allures de château-fort semblait à moitié encastrée dans la façade rocheuse. Les murs du rez-de-chaussée étaient peints en rouille, comme les grands édifices de Lo Manthang, tandis que les deux étages, posés sur des poutres horizontales qui dépassaient des murs, avaient l'air de rétrécir progressivement, si bien qu'en haut, ils se confondaient avec la paroi. Des drapeaux de prière décolorés, suspendus entre deux toits pointus, claquaient dans la brise.

« Tarl Gompa, commenta Karna.

— Nous avons entendu prononcer ce nom à plusieurs reprises, dit Remi, mais sa définition semble… indéfinissable.

— Je ne saurais dire mieux. Les gompas sont tantôt des places fortes vouées à la culture de l'esprit et de l'âme, tantôt des monastères, tantôt des casernes militaires. Tout dépend de l'époque et des occupants.

— Combien y en a-t-il ?

— Rien qu'au Népal, j'en connais plus d'une centaine. Multipliez ce chiffre par trois et vous approcherez de la vérité. Si vous incluez aussi le Tibet et le Bhoutan, ils sont des milliers.

— Pourquoi choisir de s'arrêter dans celui-ci ? demanda Sam.

— Surtout par respect. Dès qu'il y a des grottes sacrées quelque part, on trouve un conseil des anciens chargé de les préserver. Ces grottes-ci sont encore peu connues et les anciens les protègent jalousement. Si nous manquions d'égards envers eux, ils auraient tôt fait de nous coller leurs fusils sous le nez. »

Ils descendirent de voiture. Karna mit ses mains en porte-voix et cria quelque chose en népalais. Un moment plus tard, un vieil homme vêtu d'un pantalon kaki et d'une parka bleu vif surgit d'un coin obscur. Il tourna vers ses visiteurs un visage couleur noisette marqué de profondes rides, prit le temps de les observer entre ses cils épais, puis enfin, se fendit d'un grand sourire.

« *Namaste*, Jack, cria l'homme.

— *Namaste*, Pushpa. *Tapaai laai kasto chha ?* »

Les deux hommes s'étreignirent, puis échangèrent quelques mots à voix basse. Karna se retourna pour désigner Sam et Remi qui, par réflexe, esquissèrent un pas en avant.

Ajay les arrêta. « C'est mieux si vous attendez là. Pushpa est un *sgonyer* – gardien de la porte. Monsieur Karna est bien connu par ici mais ces gens se méfient des étrangers. »

Karna et Pushpa discutèrent encore un petit moment, puis le vieillard secoua la tête et donna une double claque amicale sur les bras de Karna.

« Pushpa nous accorde la permission de continuer, dit-il en rejoignant ses compagnons. Il va contacter un guide local qui nous retrouvera devant les premières grottes.

— Le contacter, mais comment ? s'écria Remi. Je ne vois aucun…

— Par le langage des signes », répondit Karna.

Il pointa une arête rocheuse en forme de dent de requin, au sommet de la paroi qui leur faisait face. Une silhouette y était perchée. Pushpa leva le bras, sa main décrivit une série de gestes précis auxquels la silhouette répondit avant de disparaître derrière la falaise.

« Le temps qu'on arrive, les habitants sauront que nous avons le droit de pénétrer sur leur territoire.

— En d'autres termes, les villageois ne nous accueilleront pas à coups de fourche, dit Remi.

— À coups de fusil », corrigea Sam.

Karna sourit pour les rassurer. « Ni l'un ni l'autre. On y va ? »


Tandis que Tarl Gompa rétrécissait dans leurs rétroviseurs, ils suivirent la direction de l'est pendant trois kilomètres, avant de déboucher sur un lit de rivière asséché. Quatre cents mètres plus loin, ils aperçurent, de l'autre côté d'un pont, un ensemble de bâtiments de style gompa, tapi au pied d'une autre termitière géante, haute de plusieurs dizaines de mètres et s'étirant à perte de vue vers le nord et le sud.

Ajay fit passer la Land Cruiser sur les galets de la rivière, s'engagea sur le pont et le traversa. Comme ils approchaient, le terrain caillouteux et instable disparut, remplacé par un sable brun orangé. Ajay gara le véhicule près du muret en pierre qui cernait le village. Quand ils descendirent de voiture, une rafale de vent souleva un nuage de sable piquant.

« Ça caille, pas vrai ? » dit Karna.

Occupés à rabattre leur capuche, Sam et Remi lui firent un signe d'assentiment. Sam dut crier pour couvrir le bruit du vent : « On fait le reste du chemin à pied ?

— Oui. On passe entre ces trucs. » Karna montra les fourmilières. « En route. »

Karna leur indiqua une fissure où ils se faufilèrent. Après un sentier creusé dans la roche, ils suivirent une épaisse haie broussailleuse qui partait vers la gauche, firent quelques pas sous une pergola naturelle, puis émergèrent sur une petite place pavée accueillant en son centre une fontaine bouillonnante. Tout autour, des jardinières regorgeaient de fleurs rouges et pourpres.

« Ils détournent un peu d'eau de la rivière pour irriguer, alimenter les maisons, les fontaines, expliqua Karna. Ces gens adorent les fontaines.

— C'est magnifique », dit Remi.

On comprenait aisément pourquoi la légende de Shangri-La avait surgi en ces lieux, pensa-t-elle. Au cœur d'un territoire aride et perdu au milieu de nulle part, cette minuscule oasis ressemblait à un vrai paradis.

Sur un banc voisin, ils avisèrent un petit homme entre deux âges portant une veste de jogging à carreaux et une casquette de base-ball ornée du logo des Chicago Bears.

Il les salua d'un geste et vint à leur rencontre. Karna et lui s'embrassèrent, ils discutèrent un peu puis Karna lui présenta Sam et Remi.

« *Namaste… namaste*, dit l'homme en souriant.

— Voici Pushpa », fit Karna, et devançant leur question, il ajouta : « Oui, il porte à peu près le même nom que mon ami du gompa. Pour nous, ça sonne pareil ; pour eux, non. C'est une question d'inflexion. Pushpa nous servira de guide. On fait une pause, le temps de boire une tasse de thé avec lui, et après, on passe aux choses sérieuses. »

# 29

*Jomsom, Népal*

Une fois leurs sacs à dos bien arrimés, ils refirent le chemin à l'envers, dépassèrent la Land Cruiser, puis suivirent le mur entourant le village, d'abord vers le sud, puis vers l'est en direction des falaises-termitières.

« Je me sens minuscule tout à coup, dit Remi en tournant la tête vers Sam.

— Je veux bien te croire. »

Quand ils avaient découvert ces falaises, tout à l'heure, leur éloignement et leurs formes fantastiques avaient contribué à les rendre irréelles, comme le décor d'un film de science-fiction. À présent qu'ils progressaient dans leur ombre, Sam et Remi n'en revenaient pas d'un tel gigantisme.

Pushpa, qui ouvrait la marche, s'arrêta pour attendre qu'ils se remettent de leurs émotions et finissent de prendre des photos. Dix minutes plus tard, ils parvenaient devant une fissure à peine plus haute que Sam, dans laquelle ils se glissèrent, car elle se prolongeait par un sentier tenant du tunnel. Ses parois lisses couleur rouille s'incurvaient au-dessus de leurs têtes, se touchant presque, si bien qu'elles ne laissaient entrevoir qu'un trait de ciel bleu.

Le sentier continuait vers l'est selon un tracé si tourmenté, passant du zigzag à la spirale, que Sam et Remi ne savaient plus quelle distance ils venaient de parcourir. D'un cri, Pushpa annonça une halte. Placé en bout de file, Ajay crut bon de préciser : « Maintenant on grimpe.

— Comment ? demanda Remi. Je ne vois pas de prises. Et nous n'avons pas d'équipement.

— Pushpa et ses amis ont creusé un chemin. Le calcaire ici est très friable ; les pitons et les vis de roche font trop de dégâts. »

Pushpa et Karna échangèrent quelques mots, puis le premier disparut dans une niche sur la paroi de gauche. Karna retrouva Sam et Remi sur le sentier.

« Pushpa est déjà en train de monter, dit-il. Après, ce sera au tour d'Ajay. Puis vous, Remi, puis vous, Sam. Je grimperai en dernier. Les marches sont impressionnantes mais solides, je vous assure. Il suffit de prendre son temps. »

Sam et Remi hochèrent la tête. Karma et Ajay échangèrent leurs places.

Ajay resta quelques minutes la tête levée, puis s'introduisit dans la niche et disparut. Sam et Remi s'avancèrent pour regarder ce qui se passait en haut.

« Mon Dieu, murmura Remi.

— Oups », fit Sam.

Les marches auxquelles Karna avait fait allusion n'étaient autres que des morceaux de bois encastrés dans le calcaire, censés offrir une prise pour les mains et les pieds des grimpeurs. Le dispositif, qui tenait plus de l'échelle que de l'escalier, suivait la paroi sur une trentaine de mètres, le long d'une fissure en conduit de cheminée, avant de bifurquer derrière une corniche.

Ils virent Ajay se hisser d'un degré à l'autre, puis ils le perdirent de vue. Remi marqua un temps d'hésitation, se tourna vers Sam en souriant, l'embrassa sur la joue et lança un cordial : « On se voit là-haut ! »

Sur ces mots, elle prit appui sur le premier échelon et amorça son escalade.

Quand elle fut à mi-hauteur, Karna s'exclama derrière l'épaule de Sam : « C'est une vraie pile électrique, cette fille. »

Sam sourit. « À qui le dites-vous, Jack.

— Elle est comme Selma, alors ?

— Pas vraiment. Selma est… unique. »

Une fois que Remi fut hors de vue, Sam s'élança à son tour. D'emblée, la stabilité des échelons le surprit agréablement. Après quelques essais destinés à mieux répartir le poids de son sac, il adopta un rythme régulier, tandis que les parois de la cheminée se refermaient autour de lui. La faible clarté qui venait d'en dessous baissait progressivement. On n'y voyait plus guère. Six mètres au-dessus de lui, vers la gauche, il repéra la fin des marches et la présence d'une planche horizontale soutenue par des pieux. Une deuxième planche la prolongeait, celle-ci formant un angle qui rejoignait une autre corniche. Remi se tenait entre les deux, les deux pouces levés.

Quand Sam atteignit la première planche, il s'aperçut qu'elle était moins étroite qu'il ne le craignait. Une fois juché dessus, il assura son équilibre et se mit à avancer, un pied devant l'autre, jusqu'au coin. Il passa sur la deuxième planche, en trouva une troisième, puis une quatrième qui débouchait sur une corniche, et une grotte dans laquelle il retrouva Pushpa, Ajay,

Remi assis autour d'un réchaud à gaz supportant une théière miniature.

L'eau commençait à bouillir lorsque Karna apparut à l'entrée de la grotte. Il s'assit. « Magnifique. Du thé ! »

Sans mot dire, Pushpa sortit cinq tasses en émail rouge du fond de son sac, les fit passer, et versa le thé qu'ils sirotèrent, serrés les uns contre les autres, en silence. De temps à autre, une rafale de vent sifflait en s'introduisant dans la cavité.

Quand ils eurent fini de boire, Pushpa rangea prestement les tasses, puis ils allumèrent leurs lampes frontales et se remirent en marche, Pushpa en tête, Ajay en dernier.

Le tunnel tourna à gauche, à droite, puis s'arrêta brusquement devant une paroi verticale percée d'un orifice voûté. Pushpa s'entretint quelques secondes avec Karna. Ce dernier dit à Sam et à Remi :

« Pushpa sait que vous n'êtes pas bouddhistes et que notre tâche risque d'être un peu compliquée. Alors, il ne nous demandera pas de respecter les coutumes. Une seule chose, quand vous entrerez dans la salle principale, vous en ferez une fois le tour dans le sens des aiguilles d'une montre. Après cela, vous pourrez circuler comme bon vous semblera. D'accord ? »

Sam et Remi hochèrent la tête.

Pushpa se pencha, franchit le seuil et prit sur la gauche. Ils se retrouvèrent dans un couloir couvert de symboles rouges et jaunes presque effacés, que Sam et Remi n'avaient jamais vus, et de centaines de lignes d'écriture, sans doute un dialecte dérivé du lowa.

Karna leur murmura : « C'est une formule de bienvenue, en quelque sorte. Une introduction historique au système de grottes. Rien de particulier sur le Theurang ou Shangri-La.

— Ces cavités sont-elles naturelles ou creusées par l'homme ? demanda Remi en montrant les parois et le plafond.

— Un peu des deux. Voilà environ neuf cents ans, le peuple loba croyait que ces grottes sacrées étaient révélées par la nature à leur stade embryonnaire. Une fois découvertes, on pouvait donc les creuser en se laissant guider par l'inspiration. »

Toujours pliés en deux, ils reprirent leur progression jusqu'à un autre passage voûté, celui-ci à peine plus haut que Sam.

Karna déclara d'une voix enjouée : « Nous y sommes. »

Au premier abord, la chambre principale, d'un diamètre de dix mètres sur une hauteur de deux mètres cinquante, ressemblait à une coupole parfaite grâce à son plafond qui s'élevait à l'oblique vers un point central. Une fresque courait sur l'ensemble de la paroi circulaire. Mais contrairement à celle du couloir, les textes et les symboles étaient teintés de rouge et de jaune si vifs qu'ils formaient un contraste saisissant avec leur substrat, couleur moka.

« C'est superbe », dit Sam.

Fascinée, Remi approuva d'un signe de tête. « Jack... Pourquoi cette différence dans les couleurs ?

— Pushpa et son peuple ont restauré cette fresque en employant un pigment traditionnel dont ils conservent jalousement le secret. Même à moi, ils n'en révéleront pas la composition. Pushpa dit qu'elle n'a pas changé depuis neuf cents ans. »

Debout au centre de la chambre, Pushpa tentait d'attirer leur attention. « Allons-y, dit Karna. Faisons le tour. Sans rien dire. Tête baissée. »

Quand ils furent revenus à leur point de départ, Pushpa les remercia d'un signe, puis s'agenouilla près de son sac dont il sortit deux lampes à pétrole qu'il suspendit à des crochets. L'espace fut bientôt nimbé d'une lumière ambrée.

« On peut vous aider ? demanda Remi.

— J'ai besoin des disques et de silence. Pour le reste, je me débrouillerai. »

Sam piocha la mallette en Lexan au fond de son sac, et la remit à Karna déjà muni d'un rouleau de ficelle, de ruban adhésif, d'une règle parallèle, d'un compas d'architecte et d'une boussole. Pushpa posa un escabeau rudimentaire devant la fresque.

Sam, Remi et Ajay s'assirent tranquillement près de l'entrée.


Karna travailla près d'une heure sans s'arrêter, mesurant chacun des symboles qui figuraient sur la fresque et notant ses relevés dans un carnet. De temps à autre, il reculait d'un pas, fixait la paroi en marmonnant et se mettait à faire les cent pas.

À la fin, il appela Pushpa qui attendait à côté, les mains croisées devant lui. Les deux hommes s'agenouillèrent, ouvrirent la mallette et passèrent plusieurs minutes à examiner les disques Theurang. Ils les placèrent côté à côte, puis essayèrent plusieurs combinaisons.

Quand ils eurent trouvé la disposition qui convenait, Karna et Pushpa posèrent les disques sur certains symboles et déplièrent le ruban mesureur en discutant à voix basse.

Au bout d'un moment, Karna recula pour examiner encore une fois l'ensemble de la fresque, les mains sur les hanches. Soudain, il parut se rappeler la présence de Sam et Remi.

« Selma m'a dit que vous adoriez jouer à bonne nouvelle/mauvaise nouvelle. »

Sam et Remi échangèrent un sourire complice. « Selma vous a fait marcher. En fait, c'est elle qui adore ça, rectifia Sam. Nous, moins.

— Allons-y quand même, Jack, dit Remi.

— La bonne nouvelle, c'est que nous sommes au bon endroit. Mon estimation était correcte.

— Fantastique, dit Sam. Et… la mauvaise ?

— J'y arrive, mais avant cela, j'ai une autre bonne nouvelle. Nous disposons désormais d'une description de Shangri-La – ou du moins, d'indices qui nous permettront de savoir si nous en sommes proches.

— À présent, la mauvaise nouvelle, l'encouragea Remi.

— La carte montre le chemin que la Sentinelle Dhakal aurait emprunté. Comme je le supposais, il part vers l'est à travers l'Himalaya. J'ai compté vingt-sept points sur son tracé.

— Ce qui signifie ? demanda Sam.

— Que Shangri-La peut se trouver sur n'importe laquelle de ces vingt-sept étapes, depuis ici jusqu'au Myanmar oriental. »

# 30

*Katmandou, Népal*

« C'est sûr, vous ne changerez pas d'avis, Jack ? », insista Remi. Derrière elle, les rotors d'un Bell 206b Long-Ranger III blanc et bleu commençaient à tournoyer en gémissant.

« Non, ma chère, je suis désolé mais je ne peux pas vous accompagner. J'ai une sainte horreur de tous les engins volants. La dernière fois que j'ai pris l'avion pour rentrer en Grande-Bretagne, j'ai dû m'abrutir avec des sédatifs. »

Ils avaient regagné Lo Manthang la veille pour faire le point et organiser la suite. En fait, ils n'avaient pas le choix. Ils devraient suivre fidèlement l'itinéraire de Dhakal à travers le Népal, et visiter chaque site parmi les vingt-sept portés sur la fresque, jusqu'à trouver le bon.

En raison de l'altitude et des distances entre les diverses étapes, ils avaient ensuite rejoint Katmandou afin d'y louer un hélicoptère avec pilote, au risque de faire de mauvaises rencontres. Avec un peu de chance, leur recherche aboutirait avant que les King ne réagissent.

« Et s'ils s'en prenaient à vous ? demanda Sam.

— Bon sang, j'ai oublié de vous dire, répondit Karna. Ajay a servi dans l'armée indienne – il était gurkha. C'est un vrai dur. Il me protégera. »

Ajay leur fit un sourire de requin.

Karna remit aux Fargo la carte plastifiée qu'il avait passé la nuit précédente à compléter. « J'ai éliminé deux sites de la grille de recherche prévue pour aujourd'hui. Ils correspondent à deux sommets qui devaient être couverts de glace à l'époque où Dhakal a entrepris son périple… »

Il était de plus en plus convaincu que Shangri-La se trouvait dans un lieu doté d'un climat tempéré et de saisons régulières. Malheureusement, la chaîne de l'Himalaya était truffée de vallées répondant à cette description, tels de petits paradis verdoyants lovés entre les glaciers.

« Ce qui vous en laisse six à explorer, conclut Karna. Ajay a fourni toutes les coordonnées à votre pilote. » Les rotors du Bell tournaient de plus en plus vite. Karna leur serra la main et cria : « Bonne chance ! On se retrouve ici ce soir ! »

Puis Ajay et lui rejoignirent la Land Cruiser à petites foulées.


Le col d'Hutabrang, leur première étape, était à moins de cinquante kilomètres au nord-est de Katmandou. Hosni, un ancien pilote de l'armée de l'air pakistanaise, fila plein nord pendant dix minutes, histoire de leur montrer les pics et les vallées. Quand Sam et Remi eurent étudié la configuration du terrain, il vira plein est.

La voix de Hosni résonna dans leurs écouteurs. « On arrive sur la zone. Je volerai en cercle dans le sens des aiguilles d'une montre en essayant de descendre le plus bas possible. Le vent souffle en rafales par ici. C'est dangereux. »

Assis derrière Hosni, Sam et Remi se collèrent contre leurs hublots respectifs. « En position pour la chasse aux champignons, lança Remi.

— Entendu, capitaine. »

Sur la fresque de la grotte, Karna avait décrypté une vague indication qui, espéraient-ils, leur permettrait d'identifier leur cible : Shangri-La se trouvait aux abords d'une éminence rocheuse en forme de champignon. La fresque étant antérieure à la découverte de l'aviation, cette forme caractéristique n'était sans doute visible que depuis le sol. En revanche, ils ignoraient ses dimensions et le texte mural ne disait pas si Shangri-La était dessus, dedans ou à côté de ce champignon. Restait à espérer que les gardiens de l'Homme d'Or avaient choisi une formation rocheuse assez grande pour qu'on la distingue de ses voisines.

Conscients que leurs recherches nécessiteraient plusieurs atterrissages et décollages, Sam et Remi avaient versé à Hosni le double ou presque du tarif habituel et réservé l'appareil pour cinq jours fermes, et cinq autres en cas de besoin.

Le Bell franchit une crête boisée. Hosni inclina le nez de l'appareil pour descendre dans la vallée. Quand il arriva à cent mètres de la cime des arbres, il redressa et réduisit sa vitesse.

« On y est », annonça-t-il.

Sam et Remi inspectèrent la vallée à travers leurs jumelles. « Rappelle-moi, les coordonnées fournies par Jack ont quelle précision ? dit Remi dans son micro.

— Un demi-kilomètre. Un tiers de mile.

— Ça ne me dit pas grand-chose. » Remi n'aimait pas trop les chiffres ; évaluer les distances l'insupportait tout particulièrement.

« Quatre cent cinquante mètres environ. Imagine la longueur d'une piste de course.

— Je vois. Quand je pense que cette Sentinelle avait l'obligation de suivre un itinéraire hyper-précis, avec des étapes calculées pile poil.

— Ces types savaient s'orienter, c'est sûr, confirma Sam. Karna a raison de les comparer à nos Forces spéciales. »


Hosni eut beau parcourir toute la longueur de la vallée en frôlant la cime des arbres, ils ne virent rien de notable. Sam lui demanda de passer aux coordonnées suivantes.


La matinée s'écoula ainsi. Le Bell volait vers l'ouest à petite vitesse. La plupart des sites n'étaient séparés que de quelques kilomètres mais, comme l'appareil ne montait pas au-dessus de cinq mille mètres, Hosni devait louvoyer entre les plus hauts sommets.

Peu après 13 heures, tandis qu'il obliquait vers le nord-ouest pour contourner l'un des pics du Ganesh Himal, Hosni s'écria : « Nous avons de la compagnie. Hélico à 2 heures. »

Remi passa du côté de Sam pour voir ce qu'il se passait.

« Qui est-ce ? demanda-t-elle.

— Les Chinois. Un Z-9.

— Où est la frontière tibétaine ?

— À trois kilomètres derrière eux. Pas d'inquiétude, ils ont l'habitude d'envoyer des patrouilles pour surveiller l'espace aérien autour de Katmandou. Ils font ça pour se dégourdir les muscles.

— N'importe où ailleurs, on parlerait d'une invasion, observa Sam.

— Bienvenue au Népal. »

Après avoir escorté le Bell pendant quelques minutes, l'hélico chinois s'éloigna et repiqua vers la frontière. Ils le perdirent de vue.


Dans l'après-midi, ils se posèrent deux fois, après avoir cru discerner des formations rocheuses qui correspondaient à la description. Peu avant 16 heures, Sam traça une croix au crayon rouge sur le dernier point figurant sur la carte du jour, et Hosni repartit vers Katmandou.


Au matin du deuxième jour, ils volèrent pendant quarante minutes jusqu'à la vallée de la Budhi Gandaki, au nord-ouest de Katmandou. Karna leur avait indiqué trois sites au cœur de cette vallée qui suivait la limite occidentale des Annapurna. Sam et Remi profitèrent de trois heures de spectacle grandiose – épaisses forêts de conifères, prairies luxuriantes envahies de

fleurs sauvages, sommets déchiquetés, rivières tumultueuses, cascades impressionnantes – mais, à part cela,
rien de bien intéressant, si ce n'est une formation qui,
du dessus, rappelait assez un champignon pour les
pousser à atterrir et constater, hélas, qu'il s'agissait
d'un simple rocher posé de guingois.

À midi, ils firent halte dans le village de Bagarchap,
une étape bien connue des randonneurs. Pendant que
Sam et Remi avalaient leur casse-croûte, Hosni amusa
les gosses en leur offrant des tours d'hélicoptère.

Puis ils repartirent plein nord par le glacier Bintang
vers le mont Manaslu.

« Huit mille cent mètres de hauteur », cria Hosni en
désignant le sommet.

Sam traduisit pour Remi : « Dans les vingt-quatre
mille pieds.

— Et deux mille de moins que l'Everest, ajouta
Hosni.

— Ça n'a rien à voir avec ce qu'on aperçoit sur les
photos, dit Remi. Je comprends mieux pourquoi on
parle de "toit du monde". »

Après avoir tourné en rond pour laisser à Remi le
temps de mitrailler le paysage, Hosni vira vers l'ouest
et longea un autre glacier – le Pung Gyen – sur une
douzaine de kilomètres avant de repartir vers le nord.

« Revoilà nos amis chinois, dit Hosni dans le casque.
À notre droite. »

Sam et Remi observèrent le Z-9 par le hublot. Il volait
parallèlement à eux, comme la fois précédente, mais à
une distance moindre. Quelques centaines de mètres.

En fait, il était si proche qu'on apercevait leurs occupants, tournés vers le Bell.

Le Z-9 les suivit comme une ombre sur quelques kilomètres, puis vira et s'évanouit dans un banc de nuages.

« Prochaine zone de recherches dans trois minutes », annonça Hosni.

Comme Sam et Remi en avaient pris l'habitude, Hosni redressa le nez du Bell pour franchir la crête. Puis l'appareil gîta fortement tout en descendant vers la cible.

Quand il se stabilisa en vol stationnaire, Sam le premier fut surpris par l'aspect magique du paysage en dessous. Des forêts de conifères recouvraient les plus hautes pentes, alors que les parois inférieures tombaient à la verticale vers un lac, comme tranchées par une gigantesque pelle à gâteau. Sur le contrefort opposé, un plateau incurvé, pris par les glaces, se projetait au-dessus du lac. Le torrent qui le parcourait finissait en cascade.

« Hosni, quelle est sa profondeur, à votre avis ? demanda Sam. Je veux parler de la vallée.

— De la crête au lac, il y a dans les deux cent cinquante mètres.

— Les falaises font au moins la moitié de ça », dit Sam.

Le Bell repartit le long de la pente. Accrochés à leurs jumelles, Sam et Remi ne perdaient pas une miette du spectacle. Quand ils arrivèrent à la hauteur du plateau, ils comprirent qu'il n'était pas si vaste. En réalité, il rétrécissait sur une centaine de mètres et venait buter contre un immense mur de glace coincé entre des falaises à pic.

« C'est un glacier, dit Sam. Hosni, je n'ai vu ce plateau sur aucune carte. Vous le connaissez ?

— Non. Il m'a l'air récent. Vous voyez la couleur du lac, ce gris-vert ?

— Oui, dit Remi.

— Elle prouve que le glacier a reculé. À mon avis, cette partie de la vallée n'existait pas deux ans avant.

— Changement climatique ?

— Sûrement. Le glacier que nous avons survolé plus tôt – le Pung Gyen – a reculé de douze mètres rien qu'au cours de l'année dernière. »

Collée à la vitre, Remi lâcha presque ses jumelles. « Sam, regarde ça ! »

Il se faufila de son côté et se pencha sur le hublot. Juste en dessous, on voyait un genre de cabane en bois à moitié enfouie dans un bloc de glace haut d'environ un mètre.

« Qu'est-ce que ça peut bien être ? demanda Sam. Hosni ?

— Aucune idée.

— À quelle distance sommes-nous de la cible ?

— Moins d'un kilomètre.

— Sam, s'exclama Remi, c'est une nacelle.

— Pardon ?

— Une nacelle en osier – pour une montgolfière.

— Tu en es sûre ?

— Hosni, on se pose ! »

## 31

*Nord du Népal*

Hosni survola le plateau à l'oblique, à la recherche d'un terrain assez solide pour supporter le poids de son appareil. Une fois posés, Sam et Remi attendirent que les rotors cessent de tourner, puis ils descendirent après avoir enfilé vestes, bonnets et gants.

« Regardez bien où vous marchez, leur cria Hosni. Ce type de terrain est truffé de crevasses. »

D'un signe, ils le remercièrent pour le conseil et avancèrent en direction de l'édicule en osier.

« Hé, attendez... ! » hurla Hosni en sautant du cockpit pour courir vers le compartiment de stockage placé en queue. Il en retira un objet qui ressemblait à un piquet de tente pliable, et le tendit à Sam. « Sonde d'avalanche. Ça fonctionne aussi pour les crevasses. Mieux vaut prévenir que guérir.

— Merci. » Sam secoua légèrement la sonde qui se déplia ; grâce au tendeur interne, les segments s'encas-trèrent à la perfection. « Astucieux. »

Quand ils repartirent, Sam s'en servit pour tester le sol avant chaque pas.

La couche de glace qui le recouvrait en partie était traversée de vaguelettes, comme la surface d'un carton ondulé. Les traces laissées par le glacier en se retirant, supposèrent-ils.

La forme étrange qu'ils avaient aperçue depuis le ciel reposait à l'autre bout du plateau.

Ils progressaient avec une telle prudence qu'il leur fallut cinq minutes pour parcourir la distance.

« Heureusement que je n'ai pas parié avec toi, dit Sam. C'est bien une nacelle.

— Posée à l'envers. Voilà pourquoi nous l'avons prise pour une cabane, au départ. On n'en fait plus des comme ça, aujourd'hui. Qu'est-ce que ce truc fabrique dans un endroit pareil ?

— Aucune idée. »

Remi allait avancer quand Sam la retint par l'épaule. Il sonda la glace devant la nacelle. Comme elle tenait bon, ils entreprirent de longer l'étrange édicule.

« Elle paraît longue », murmura Sam.

Ils progressèrent en biais vers la gauche, en testant le sol.

Lorsqu'ils atteignirent le bout, Sam dit en fronçant les sourcils : « De plus en plus bizarre.

— Quelle longueur, d'après toi ? demanda Remi.

— Dans les dix mètres.

— C'est impossible. En général, elles ne mesurent pas plus d'un mètre de côté, non ?

— Plus ou moins. » Il posa la sonde en travers de la base inversée et la fit glisser le plus loin possible. « Presque deux mètres cinquante de large. »

Sam donna la sonde à Remi, puis s'agenouilla et marcha à quatre pattes dans la neige, en suivant le bord de la nacelle.

« Sam, fais atten… »

Soudain, le bras de Sam s'enfonça jusqu'au coude. Il s'immobilisa.

« Je n'en suis pas sûr à cent pour cent, dit-il avec un grand sourire, mais je crois avoir trouvé quelque chose. » Il se coucha à plat ventre.

« Je te tiens », dit Remi en l'attrapant par les bottes.

Avec ses deux mains, Sam creusa un trou de la taille d'un ballon de basket dans la glace, puis il plongea la tête dedans. « Une crevasse sous la nacelle, dit-il en émergeant. Très profonde. La nacelle est à cheval dessus, enfin à moitié, vu qu'elle penche. »

Après un dernier coup d'œil dans le trou, il recula en se trémoussant jusqu'à ce qu'il sente sous son ventre le sol assez ferme pour le soutenir. « J'ai compris comment elle a pu arriver là, dit-il en se relevant sur les genoux.

— Comment ?

— Par les airs. J'ai vu des gréements encore reliés à la nacelle – des cales en bois, un genre de cordage tressé... Même du tissu. Tous ces trucs sont emmêlés, suspendus à l'intérieur de la crevasse. »

Remi s'assit près de lui dans la neige. « Une prochaine énigme à résoudre ? »

Sam confirma d'un signe de tête. « Absolument. Notons son emplacement, on s'en occupera plus tard, quand nous reviendrons. »

Ils se levèrent. « Écoute », dit Sam en penchant la tête.

Dans le lointain, on entendait vrombir les rotors d'un hélicoptère. Ils pivotèrent sur eux-mêmes pour déterminer d'où venait le bruit. Debout à côté du Bell, Hosni lui aussi l'avait entendu car il fouillait le ciel du regard.

Soudain sur la gauche, un hélico vert olive surgit au-dessus de la ligne de crête, plongea au creux de la vallée, puis vira dans leur direction. Sur la porte de l'engin, une étoile rouge à cinq branches entourée de jaune.

L'hélicoptère remonta jusqu'au plateau, puis s'immobilisa en vol stationnaire, à quinze mètres de Sam et Remi. Le nez de l'appareil et ses missiles étaient pointés vers eux.

« Ne fais pas un geste, dit Sam.

— L'armée chinoise ? demanda Remi.

— Oui. C'est le Z-9 que nous avons repéré hier.

— Que veulent-ils ? »

Sam n'eut pas le temps de répondre. L'hélico effectua un quart de tour, révélant une porte ouverte dans son milieu. À l'intérieur, un soldat était recroquevillé derrière une mitrailleuse.

Sam sentit la tension dans le corps de Remi. Il lui prit la main et serra de plus en plus fort. « Ne cours pas. S'ils voulaient nous tuer, nous serions déjà morts. »

Hors champ, Sam vit quelque chose bouger. Son regard coulissa vers le Bell. Hosni ouvrait la porte latérale. Un moment plus tard, il sautait dans la neige, armé d'une mitraillette compacte.

« Hosni, non ! » cria Sam.

La mitraillette s'agita entre ses mains ; du canon jaillit un éclair orangé. Des balles criblèrent le pare-brise du Z-9, lequel en basculant sur la droite s'éloigna à grande vitesse et survola le lac en direction de la ligne de crête où il effectua un demi-tour avant de revenir en ligne droite vers le Bell.

« Hosni, sauvez-vous ! hurla Sam. Remi, derrière la nacelle ! Vite ! »

Remi partit à fond de train, Sam sur les talons.

« Remi, attention à la crevasse ! cria Sam. Tourne à gauche. »

Remi s'exécuta puis elle prit son élan, les deux jambes plantées dans la neige, et plongea tête la première vers la nacelle où Sam la rejoignit un instant plus tard. En poussant avec les genoux, il l'aida à se réfugier sur la corniche glacée. Ils firent le reste du chemin sur les fesses et atterrirent les quatre fers en l'air.

De l'autre côté du plateau, la mitraillette de Hosni se remit à cracher. Sam se releva et passa la tête au-dessus de la glace. Avec un air de défi, Hosni braquait courageusement son arme sur le Z-9 qui se rapprochait toujours.

« Hosni, fichez le camp ! »

Le Z-9 s'immobilisa à une centaine de mètres de lui. Sam vit jaillir un éclair sur le côté gauche de l'hélico chinois. Hosni le vit également. Il fit demi-tour et se mit à courir vers Sam et Remi.

« Plus vite ! » brailla Sam.

Il y eut un éclair aveuglant, un filet de fumée, puis deux missiles quittèrent le compartiment du Z-9 et en une fraction de seconde frappèrent le Bell. L'un heurta le sol sous la queue, l'autre toucha le moteur.

Le Bell eut un spasme avant d'être projeté dans les airs où il explosa.

Sam se coucha sur Remi. Ils sentirent l'onde de choc secouer le plateau, la glace craquer sous leurs corps. Une pluie de shrapnel arrosa la nacelle et s'enfonça dans la couche de glace à trente centimètres de leurs têtes.

Puis le silence se fit.

« Suis-moi », dit Sam en rampant péniblement sur toute la longueur de la nacelle. Arrivé au coin, il jeta un œil plus loin.

Le plateau était jonché d'éclats métalliques en tout genre. Des plaques de fuselage tournoyaient encore au milieu des flaques de kérosène en flammes. Les lames de rotor déchiquetées dépassaient des congères.

Le Z-9 s'éloignait au-dessus du lac. Quand il atteignit la ligne de crête, il resta en vol stationnaire, ses têtes de missiles pointées vers le plateau.

« Tu vois Hosni ? demanda Remi.

— Je cherche. »

Sam le repéra gisant près d'un morceau de pare-brise. Son corps était totalement calciné. Ensuite, Sam aperçut la mitraillette, tombée dans la neige à six mètres de la nacelle. Elle paraissait intacte. Il recula et se tourna vers Remi.

« Il est mort. Il n'a pas souffert.

— Oh non !

— J'ai vu son arme. Je crois pouvoir l'atteindre.

— Sam, non. Tu ne sais même pas si elle fonctionne. Où est le Z-9 ?

— Il fait du surplace. Ils doivent être en train d'appeler leur base pour demander les prochaines instructions. Ils nous ont vus ; ils vont revenir.

— Tu ne pourras pas les tenir en respect bien longtemps.

— Je suppose qu'ils nous veulent vivants. Sinon, ils seraient déjà en train d'arroser le plateau avec leurs missiles.

— Pourquoi ? Que cherchent-ils ?

— J'ai ma petite idée.

— Moi aussi. Nous les comparerons plus tard, si nous sommes encore de ce monde. Quel est ton plan ?

— Ils ne peuvent pas atterrir, pas avec tous ces débris. Donc ils vont devoir planer au-dessus du plateau et descendre de l'appareil avec des cordes. Si je peux saisir le bon moment, peut-être… » Sam ne termina pas sa phrase. « Peut-être, reprit-il. Tu votes quoi ? Se battre au risque d'y laisser sa peau ou se rendre et finir dans un camp de prisonniers en Chine ? »

Remi sourit courageusement. « Tu as vraiment besoin de me poser la question ? »


Espérant sans trop y croire que le Z-9 effectuerait un passage de reconnaissance avant d'envoyer ses hommes au sol, Sam fit reculer Remi, laquelle s'enfouit dans la neige entre deux congères. Tapi contre le flanc de la nacelle, Sam se prépara à l'action.

Au bout d'une minute interminable, il entendit approcher le Z-9. Il attendit que le battement des rotors devienne assourdissant pour risquer un œil au coin de la nacelle.

Le Z-9 faisait du surplace à quelques mètres du bord du plateau. Soudain, il glissa sur le côté, telle une libellule à l'affût de sa proie. Par la porte latérale, Sam vit l'artilleur penché sur sa mitrailleuse.

L'hélicoptère vira et disparut en contrebas du plateau. Sam le vit s'éloigner sur le lac. Sans prendre le temps de réfléchir, il bondit hors de sa cachette et courut, plié en deux, vers l'arme de Hosni. Puis il revint à toute vitesse vers la nacelle.

« Je l'ai eue », lança-t-il à Remi avant de vérifier si la mitraillette fonctionnait encore. La crosse en bois était brisée et sa base noircie par le feu, mais le mécanisme et le canon n'avaient pas subi de dommages. Il éjecta le chargeur et compta les balles. Treize.

« Que font-ils ? s'écria Remi.

— Soit ils s'en vont, soit ils décident de brûler assez de carburant pour revenir jusqu'ici et descendre en rappel. »

Le Z-9 atteignit la limite du lac et monta le long de la paroi vers la ligne de crête. Sam le regarda faire en croisant mentalement les doigts pour qu'il continue sa route.

Raté.

Le Z-9 répéta les manœuvres précédentes, vira au sommet de la montagne et retraversa le lac.

« Ils reviennent, annonça Sam.

— Bonne chance. »

Sam répéta son plan dans sa tête. Tout dépendrait de la position de l'appareil au moment où les soldats commenceraient à descendre en rappel. Il était inutile de tirer dans le fuselage ; Hosni en avait fait l'amère expérience. Sam avait besoin d'une faille dans l'armure.

Le vacarme du moteur devint assourdissant, le battement des rotors torturait les tympans de Sam qui attendait, tête baissée, le regard braqué sur la glace devant lui.

*Patience… patience…*

La neige se soulevait en tourbillonnant.

Sam risqua un œil au coin de la nacelle.

Le Z-9 planait à dix mètres au-dessus du plateau.

« Vas-y, tourne-toi, marmonna Sam. Juste un petit peu. »

Le Z-9 pivota légèrement pour permettre à l'artilleur de couvrir la descente des soldats. Deux épaisses cordes noires se déroulèrent et touchèrent le sol gelé. Les deux premiers hommes apparurent à la porte. Derrière eux, en diagonale, Sam avisa le siège du pilote.

Il inspira, serra les dents, régla le sélecteur de tir sur la position COUP PAR COUP puis sortit de son abri, tête baissée. Genou au sol, il épaula, visa d'abord la porte ouverte du Z-9 avant de déplacer le viseur sur la gauche, juste au-dessus du casque de l'artilleur. Il tira. L'artilleur s'écroula. Sam régla le sélecteur sur trois coups. Cette fois, il toucha un soldat qui bascula en arrière ; son compagnon se jeta à plat ventre, dégageant momentanément la vue sur le siège du pilote. Sachant qu'il devait agir vite, Sam rajusta son angle de tir et vit dans le prolongement de son canon le pilote tendre le bras vers les commandes de l'appareil pour tenter de remédier à la confusion générale.

Sam se focalisa sur son dossier, inspira, souffla et pressa la détente. Trois balles se fichèrent quelque part à l'intérieur du Z-9. Sam tira une deuxième fois puis une troisième. C'est alors qu'il entendit un déclic. Le chargeur était vide.

Le Z-9 se mit à tanguer, sa queue se releva tandis qu'il piquait en spirale vers le sol. Le corps inerte de l'artilleur glissa par la porte ouverte et s'écrasa sur le plateau, suivi par un autre cadavre. Sam vit deux soldats perdre l'équilibre et basculer hors de l'appareil. L'un d'eux réussit à s'accrocher au train d'atterrissage tandis que l'autre heurtait la glace. Et enfin, le Z-9 sans pilote percuta le sol, écrasant le soldat suspendu sous sa masse.

Sam détacha son regard de ce spectacle dantesque pour plonger derrière la nacelle et retrouver Remi à plat ventre dans la neige. « Gare aux éclats ! » hurla-t-il en se jetant sur elle.

Un quart de seconde avant l'écrasement final, deux rotors giclèrent et se fichèrent dans la glace. À moitié enfouis sous la neige, Sam et Remi s'attendaient à une gigantesque déflagration. Ils en furent pour leurs frais. Un grincement strident retentit, puis trois puissantes détonations qui évoquaient l'explosion de grenades.

D'instinct, Sam se leva pour regarder par-dessus la nacelle.

Il n'en crut pas ses yeux : tel un insecte agonisant, le fuselage difforme du Z-9 se précipitait vers eux en glissant sur la glace, propulsé par ce qu'il restait des pales de queue.

Sam sentit une main empoigner la sienne. Avec une vigueur surprenante, Remi le tira en arrière pour l'obliger à se plaquer sur le sol. « Sam, mais qu'est-ce que tu fiches… »

Le Z-9 percuta la nacelle. Se sentant repoussés vers le bord du plateau, Sam et Remi commencèrent à pédaler dans l'autre sens, mais leurs pieds dérapaient sur la glace.

Soudain, la nacelle s'immobilisa. Pendant quelques secondes encore, on entendit les patins racler le sol gelé, le moteur eut deux ou trois quintes de toux puis s'éteignit.

Un silence irréel s'abattit sur le plateau. Sam et Remi se levèrent, pour contempler l'horrible spectacle.

« Eh bien, c'est pas tous les jours qu'on voit ça », dit simplement Sam.

## 32

### Nord du Népal

Il lui fallut une dizaine de secondes pour comprendre ce qu'il s'était passé.

Après avoir heurté la nacelle, le Z-9 avait rebondi et glissé en arrière vers le ruisseau qui traversait le plateau. Puis, coincé entre ses berges, il avait poursuivi sa course folle à la manière d'une boule de flipper jusqu'au bord du précipice et s'était arrêté juste avant de basculer dans le vide, seulement retenu par sa queue fichée dans la glace, ses patins d'atterrissage dressés vers le ciel.

L'eau du torrent arrosait le fuselage de l'appareil oscillant à la verticale du lac en contrebas, et s'engouffrait par la porte ouverte.

« Allons voir s'il y a des survivants », décida Remi.

Veillant à ne pas trop s'approcher du moteur encore chaud, ils avancèrent vers l'hélico. Sam s'agenouilla au bord du ruisseau et fit le reste du chemin à quatre pattes. Le fuselage suspendu au-dessus du lac était enfoncé au niveau du toit. Le pare-brise avait sauté. Par la porte béante, on n'apercevait presque rien tant l'eau du torrent bouillonnait à l'intérieur.

« Il y a quelqu'un ? hurla-t-il. Ohé ! »

Sam et Remi tendirent l'oreille. Aucune réponse.

Sam renouvela deux fois son appel. Sans résultat.

Alors il se releva et rejoignit Remi. « Aucun survivant.

— Je ne sais pas si je dois pleurer ou applaudir. Qu'est-ce qu'on fait maintenant ?

— On est coincés. Impossible de descendre d'ici sans risquer de se blesser. Même si on y arrivait, il nous resterait cinquante kilomètres à parcourir jusqu'au prochain village. Dormir à la belle étoile par une température négative tiendrait du suicide. Conclusion : commençons par trouver un moyen de passer la nuit prochaine.

— Haut les cœurs, dit Remi. On s'y met.

— Karna va finir par s'inquiéter. Il enverra une équipe de sauvetage, mais dans combien de temps ? Plus grave encore, il faut supposer que le Z-9 a pris contact avec sa base après que Hosni a ouvert le feu. Quand ils verront que l'appareil ne revient pas et qu'il ne répond plus, ils enverront un autre hélico, voire deux.

— Quand cela, d'après toi ?

— D'ici quelques heures, dans le pire des cas.

— Et dans le meilleur ?

— Demain matin. S'ils optent pour la première solution, nous aurons un avantage sur eux, le jour baisse déjà. Dans la nuit, ils auront du mal à nous trouver. Mais d'abord, il faut que j'entre dans ce machin.

— Quel machin ? Le Z-9 ? dit Remi. Sam, c'est…

— Une très mauvaise idée, je sais, mais il doit y avoir des vivres à l'intérieur et, si la chance est de notre côté, leur radio fonctionnera encore. »

Remi pesa le pour et le contre, puis se rendit à ses raisons. « OK. Mais avant, voyons ce qu'on peut trouver d'utile dans la carcasse du Bell. »

Ils comprirent bien vite que le Bell ne contenait plus grand-chose d'intéressant. Ils collectèrent néanmoins quelques bricoles dans ce qu'il restait de leurs sacs à dos à demi carbonisés, dont un fragment de corde et un bout de trousse à pharmacie. Ils récupérèrent également des outils et tous les ustensiles, identifiables ou non, qui semblaient pouvoir servir.

« Voyons un peu cette corde », dit Sam.

Remi s'agenouilla devant le tas d'objets noircis. « Il faudra l'épisser un peu, dit-elle, mais je pense qu'il reste cinq ou six mètres utilisables. Tu comptes t'en servir comme filin de sécurité ? »

Sam hocha la tête en souriant. « Il m'arrive d'être un peu stupide, mais pas question que je m'introduise dans ce piège mortel sans être solidement attaché. On va avoir besoin d'un piton.

— Je crois que j'ai ce qu'il faut. »

Remi traversa le plateau à l'aide de la sonde et revint en tenant dans une main un morceau de rotor, dans l'autre une grosse pierre. « Bon, maintenant, je m'occupe de la corde », dit-elle.

Sam se servit de la pierre pour marteler la plaque de métal. Quand il en eut aplani les bords d'un côté, il s'attaqua à l'autre extrémité qu'il effila jusqu'à obtenir une pointe acérée. Il rampa jusqu'à un gros bloc de glace qu'il avait repéré à droite du Z-9 et, tant bien que mal, y enfonça son piton improvisé sur une quarantaine de centimètres, veillant à le placer en biais, selon un angle de quarante-cinq degrés.

Remi le rejoignit et, conjuguant leurs forces, ils secouèrent le piton dans tous les sens pour s'assurer qu'il tiendrait bon. Remi déroula la corde épissée – qu'elle avait pris soin de renforcer par des nœuds placés tous les cinquante centimètres – et en attacha un bout au piton au moyen d'un nœud de chaise. Pendant ce temps, Sam s'était débarrassé de sa veste, de ses gants et de son bonnet, et se confectionnait une assise à l'autre bout.

« Si ce tas de tôle fait mine de basculer dans le vide, éloigne-toi, dit Sam.

— Ne t'inquiète pas pour moi, ça ira. Concentre-toi sur ce que tu dois faire.

— D'accord.

— Tu m'entends ?

— Je t'entends », confirma-t-il dans un sourire.

Il l'embrassa, puis se dirigea vers la queue dressée du Z-9. Après avoir testé la solidité de l'ensemble en poussant plusieurs fois sur le flanc en aluminium, il se hissa et commença à ramper vers la cabine.

« Tu te rapproches, cria Remi. Encore soixante centimètres.

— J'y suis. »

Arrivé au-dessus du précipice, Sam redoubla de prudence. Le Z-9 produisait d'effroyables craquements et autres gémissements mais demeurait stable. Sam poursuivit sa reptation au ralenti, jusqu'au ventre de l'hélico.

« Comment ça se présente ? » lança Remi.

Toujours à quatre pattes, Sam fit porter son poids d'un côté puis de l'autre, d'abord lentement, puis avec plus de vigueur. Un hurlement métallique déchira le silence, l'appareil tangua.

« J'ai trouvé ses limites, dit Sam.

— Tu crois ? répondit Remi. Continue à avancer.

— D'accord. »

Remi se déplaça de biais et, quand sa hanche toucha le patin du train d'atterrissage, il l'agrippa des deux mains et se pencha comme s'il cherchait quelque chose en bas.

« Qu'est-ce que tu fabriques ? cria Remi.

— Je cherche le mât du rotor. Il est là. On a de la chance, il est coincé dans le lit du ruisseau, comme une ancre.

— Ravie de l'apprendre, dit Remi avec impatience. Maintenant, entre là-dedans et ressors vite. »

Sam lui adressa un sourire qui se voulait rassurant.

Après avoir tiré sur la corde pour qu'elle se tende correctement, Sam empoigna les patins, glissa les jambes le long du fuselage et se retrouva aussitôt trempé jusqu'à la taille. Le froid lui arracha un gémissement. Les dents serrées, il tâtonna avec les pieds pour repérer le bon emplacement avant de se lâcher.

« J'y vais », lança-t-il à Remi.

Toujours suspendu par les mains, il se mit à osciller en projetant ses jambes d'avant en arrière et, quand il estima son impulsion suffisante, lâcha les patins. L'élan le projeta à travers la cascade puis au fond de la cabine où il atterrit comme un sac après avoir percuté la porte opposée.

Immobile, il écouta gémir la carcasse du Z-9. Un frisson parcourut le fuselage, puis plus rien. Sam releva la tête pour repérer les lieux.

Assis dans l'eau glacée qui lui montait jusqu'à la taille, il vit que le torrent ressortait de l'appareil par deux endroits : les interstices de la porte latérale toujours fermée et l'avant du cockpit dont le pare-brise avait explosé. À deux pas de lui, il repéra un cadavre. Sam parvint à ramper vers l'avant de l'appareil. Entre les deux sièges du cockpit, il aperçut les corps du pilote et du copilote, tués par ses tirs ou par l'impact, ou bien les deux.

Le poste de pilotage était plus endommagé qu'il ne l'avait cru. En plus du pare-brise, le nez de l'appareil et son tableau de bord – radio comprise – avaient disparu, sans doute au fond du lac.

Soudain, Sam sentit le sol se dérober. Son estomac remonta dans sa gorge.

Quand la carcasse cessa de remuer, Sam découvrit qu'elle venait de glisser de quelques dizaines de centimètres au bord du précipice. Il vit les eaux du lac briller sous ses yeux.

Il lui restait très peu de temps…

Sam fit volte-face et fouilla du regard l'ensemble de la cabine. Il devait trouver quelque chose… n'importe quoi. Un sac vert de marin à moitié vide gisait un peu plus loin. Sans prendre le temps d'en examiner le contenu, il ramassa au hasard les objets qui traînaient autour de lui. Peu importe ce que c'était, s'ils pouvaient entrer dans le sac, il les prenait. Ensuite, il fouilla le cadavre d'un soldat, ne trouva sur lui qu'un briquet, puis repassa dans le cockpit, récupéra un pistolet semi-automatique et une écritoire à pince. Au fond de la cabine, une trappe était entrebâillée. Il se hissa vers elle, passa la main dedans et sentit sous ses doigts la toile d'un sac à dos, lequel rejoignit ses autres trouvailles dans le sac de marin.

« Ne nous éternisons pas », murmura-t-il avant de crier par la porte : « Remi, tu m'entends ? »

La réponse lui parvint, assourdie mais compréhensible. « Je suis ici !

— Le piton tient… ? »

Soudain, l'hélicoptère se remit à basculer. Le nez plongea droit vers le précipice et resta suspendu dans cette position. Sam se retrouva juché sur le dossier du pilote.

« Est-ce que le piton tient bon ? cria-t-il.

— Oui ! Mais dépêche-toi, Sam. Sors de là !

— J'arrive. »

Sam remonta la fermeture Éclair du sac et passa la sangle autour de son cou. Il ferma les yeux, compta *Un… deux… trois* puis s'élança tête la première par la porte ouverte.

Sa prise d'appel sur le siège du pilote en fut-elle la cause ? – il n'en saurait jamais rien – mais à l'instant même où il traversait le rideau de la cascade, il entendit et sentit le Z-9 tomber. Sans céder au réflexe qui lui commandait de se retourner, il fixa la paroi rocheuse qui se précipitait vers lui et leva les bras pour se protéger le visage.

Le choc qui se répercuta dans son corps lui rappela ce qu'on ressent lorsqu'on emboutit un poteau rembourré, dans un match de football américain. Il comprit que le sac de marin avait amorti sa chute mais qu'il tombait encore, ou plutôt non, tournait sur lui-même, en rebondissant contre la pierre. Puis le mouvement s'apaisa, jusqu'à se réduire à un léger balancement.

Quand il leva la tête, le visage de Remi apparut au-dessus de lui ; il vit son expression affolée se muer en un sourire de soulagement. « Une fin digne d'un grand film d'aventures, dit-elle.

— Et en plus, je travaille sans filet », précisa-t-il.

Il regarda le lac qui miroitait en contrebas et la carcasse du Z-9 qui s'enfonçait peu à peu, amputée de sa partie arrière. Sam tourna la tête à gauche. La queue de l'hélico dépassait du ruisseau. Des bouts de métal issus du fuselage étaient encore fichés dans la glace.

« Grimpe, Sam, cria Remi. Tu vas mourir de froid. »

Il hocha la tête d'un air las. « Donne-moi juste une minute – ou deux – et je te rejoins. »

## 33

### Nord du Népal

Épuisé et tremblant à cause de la chute d'adrénaline, Sam se hissa péniblement le long de la corde. Remi lui tendit une main secourable et l'aida à grimper les derniers centimètres. Puis il roula sur le dos, les yeux tournés vers le ciel. Remi le serra contre elle en essayant de ravaler ses larmes.

« Ne refais plus jamais ça, le gronda-t-elle dans un soupir à fendre l'âme. Qu'y a-t-il dans ce sac ?

— Je ne sais pas. Un tas de trucs. J'ai fourré dedans tout ce qui me paraissait utile.

— Normal pour un fourre-tout », dit Remi en souriant. Elle fit doucement passer la sangle autour de la tête de Sam, ouvrit la fermeture Éclair et se mit à en inventorier le contenu. « Une Thermos, dit-elle en brandissant sa trouvaille. Vide. »

Sam s'assit pour renfiler sa veste, son bonnet et ses gants. « Bien. J'ai une mission à te confier : prends cette bonne vieille Thermos et remplis-la avec tout le carburant que tu pourras trouver dans le coin.

— Bonne idée. »

Sam hocha la tête en grommelant : « Je rêve d'un bon feu. »

Remi s'éloigna et s'agenouilla près d'un trou creusé dans la glace. « J'en ai trouvé un peu, cria-t-elle. Et là aussi. »

Quand elle eut fini sa tournée, elle retrouva près de la nacelle Sam qui trottinait sur place. Son pantalon trempé commençait à raidir.

« Elle est aux trois quarts pleine, annonça-t-elle. Cela dit, le carburant est mélangé à de la glace fondue. Allons-y, il faut que tu te réchauffes au plus vite. »

Sam s'agenouilla près du tas de débris qu'ils avaient sortis du Bell entreprit de les trier. « J'ai cru voir... oui, c'est ça. » Sam s'empara d'un bout de fil de fer dont chaque extrémité était passée dans un anneau de porte-clés. « Tronçonneuse de fortune, dit-il à Remi.

— Je te trouve bien optimiste, mais si tu le dis... »

Sam examina la nacelle, l'arpenta sur toute sa longueur puis revint sur ses pas. « Elle penche dans la crevasse mais je pense que j'ai trouvé ce qu'il nous faut. »

Il s'accroupit à l'endroit où des cales en osier s'étaient détachées. Comme s'il enfilait une aiguille, il glissa le fil de fer par un interstice entre les tiges, le récupéra de l'autre côté puis, attrapant les deux anneaux, se mit à exercer un mouvement de va-et-vient. La première coupe dura cinq minutes, mais une fois qu'il eut créé cette ouverture, son travail fut facilité. Si bien qu'en peu de temps, un monticule de tiges d'osier commença à se constituer.

« Cherchons des pierres plates », dit-il à Remi.

Les pierres furent vite empilées. Au sommet du foyer, Sam déposa les morceaux d'osier en pyramide tandis que Remi arrachait les pages de l'écritoire à pince, les froissait et les enflammait à l'aide du briquet.

Puis ils se blottirent l'un contre l'autre devant les flammes qui grandissaient, et se laissèrent doucement gagner par la chaleur. Presque aussitôt, ils retrouvèrent espoir et confiance.

« Les petits plaisirs de la vie, fit remarquer Remi.

— À qui le dis-tu !

— Que penses-tu de ces Chinois ?

— À mon avis, l'intervention de ce Z-9 n'a rien d'une coïncidence. Il nous a suivis dès le premier jour. Et voilà qu'il nous tombe dessus à peine avons-nous posé le pied sur ce plateau.

— Puisque King fait de la contrebande, il a forcément un complice en Chine. Un complice disposant d'une grande liberté de mouvement.

— Un membre de l'armée chinoise. Jack avait raison : King a dû deviner que nos recherches nous mèneraient dans cette région et, comme il a le bras long, il a demandé à son complice chinois de nous attendre au tournant.

— Reste une question : quelle était vraiment la mission du Z-9 ? Si Hosni n'avait pas ouvert le feu, qu'auraient fait les soldats ?

— Ce n'est qu'une supposition, mais comme nous sommes à trois kilomètres de la frontière, ils avaient peut-être reçu l'ordre de nous capturer et de nous emmener en Chine où personne n'aurait plus entendu parler de nous. »

Remi serra fort le bras de Sam. « Ça fout les jetons.

— Malheureusement, ce n'est pas fini. Ne perdons pas de vue qu'ils vont sans doute revenir – et sans tarder.

— J'ai vu un pistolet dans le gros sac. Tu n'as pas l'intention de…

— Non. J'ai eu un sacré coup de bol. Mais la prochaine fois, ils ne nous laisseront pas la moindre chance. Il faut qu'on soit partis avant l'arrivée des renforts.

— Comment cela ? Tu disais que c'était impossible.

— Je me suis mal exprimé. Il faut qu'ils croient qu'on est partis.

— Explique-moi », dit Remi. Sam lui exposa les grandes lignes de son plan, pendant qu'elle hochait la tête en souriant. « Ça me plaît. La version Fargo du cheval de Troie.

— La nacelle de Troie.

— Encore mieux ! Et, avec un peu de chance, elle nous évitera de mourir de froid cette nuit. »

Au moyen de la corde et du piton improvisé qu'ils transformèrent en grappin, ils tirèrent la nacelle hors de la crevasse. Le sol glacé leur facilita grandement la tâche. Le gréement enchevêtré que Sam avait repéré plus tôt apparut sous la structure d'osier. Tous deux se penchèrent au bord de la faille mais ne virent rien au-delà de trois mètres.

« Est-ce du bambou ? dit Remi en désignant un bâton emmêlé dans les cordages.

— Oui, je crois. De même que ce piquet recourbé que tu vois là-bas. Ce serait bien de pouvoir se débarrasser de tout ce bazar mais, en même temps, je me dis qu'il y a peut-être quelque chose d'utile là-dessous.

— Le piton ? proposa Remi. On pourrait s'en servir ? »

Sam s'agenouilla pour remonter un bout de cordage. « On dirait un tendon de bœuf ou autre. Il est remarquablement conservé.

— Les crevasses sont des frigos naturels, répondit Remi. Et avec le glacier qui recouvrait l'ensemble du plateau, c'était encore mieux. »

Sam remonta davantage de gréements et tira sur les cordages entremêlés. « Quelle légèreté ! Mais il me faudrait des heures pour dénouer tout ce bazar.

— Alors, on s'y mettra ensemble. »

Sam prit la sonde d'avalanche et s'en servit pour mesurer d'abord la largeur de la nacelle, puis celle de la faille.

« La crevasse fait dix centimètres de plus que la nacelle, annonça-t-il. Mon petit doigt me dit que l'osier va rester coincé en travers mais, dans le cas contraire, nous perdrons notre bois de chauffage.

— Ton petit doigt a toujours raison.

— Tu as oublié le Soudan ? Et l'Australie ? J'étais loin du compte…

— Chut. Aide-moi. »

Ils se placèrent chacun à un bout et, dans un même mouvement, fléchirent les genoux et agrippèrent le bord inférieur du panier géant. Au signal de Sam, ils tentèrent de le soulever en poussant sur leurs jambes. Peine perdue. Ils lâchèrent et reculèrent de quelques pas.

« Concentrons nos efforts », dit Sam.

Ils firent un autre essai en se plaçant côte à côte au milieu. Cette fois, la nacelle se souleva de soixante centimètres.

« Je la tiens, marmonna Sam entre ses dents. Essaie avec les jambes. »

Remi roula sur le dos et se tortilla pour se glisser sous le rebord. Quand elle fut positionnée, elle leva les jambes, genoux fléchis, et cala ses pieds contre l'osier. « Prête !

— Pousse ! »

La nacelle se redressa davantage.

« Encore une fois », dit Sam.

Ils recommencèrent l'exercice, jusqu'à ce que le panier bascule et retombe à l'endroit sur la glace. Remi jeta un œil à l'intérieur, poussa un petit cri et recula.

« Quoi ? demanda Sam.

— Des passagers clandestins. »

De l'autre côté de la structure d'osier, coincés dans un inextricable cocon formé de cordages et de bambous, reposaient deux cadavres en partie momifiés. Le reste de la surface se divisait en huit compartiments séparés par des cloisons en osier tressé, assez larges pour servir aussi de bancs.

« À ton avis ? demanda Remi. Le capitaine et son copilote ?

— C'est possible, mais une nacelle de cette taille pouvait accueillir quinze personnes sans problème – ce qui n'était pas de trop pour manœuvrer tous ces gréements, sans parler des ballons.

— Parce qu'il en avait plusieurs ?

— Nous en saurons davantage quand je verrai le reste de l'équipement, mais j'ai l'impression qu'il s'agit d'un vrai dirigeable.

— Et ces deux-là étaient les seuls survivants.

— Les autres sont peut-être… » Sam désigna la crevasse d'un geste du menton.

« C'est la seule explication.

— Nous y réfléchirons plus tard. »

Après avoir attaché le gréement pour qu'il pende au bout de la nacelle et ne se coince pas contre la paroi de la crevasse, Sam et Remi poussèrent jusqu'à ce que le fond en osier se décide à bouger. Quand la nacelle arriva près de la crevasse, ils redoublèrent d'efforts, puis se redressèrent et la regardèrent finir de glisser vers le trou. Elle chuta d'un coup. Sam et Remi se précipitèrent.

« Alors, tu vois que ton petit doigt a toujours raison », dit Remi dans un sourire.

La nacelle était à présent coincée entre les parois de la crevasse, trente centimètres sous leurs pieds.

Sam sauta dedans et, sans trop s'approcher des momies, la parcourut de long en large pour vérifier qu'elle tenait bon. Remi l'aida à remonter.

« Tout logis a besoin d'un toit » dit-elle.

Ils ratissèrent ensemble le plateau et ramassèrent au passage des plaques de carlingue aussi larges que la crevasse, qu'ils posèrent sur la nacelle en ne laissant qu'une étroite fente, en guise de porte d'entrée. « Tu es vraiment douée pour la déco, dit Sam.

— Je sais. Une dernière touche : le camouflage. »

Avec un fragment du pare-brise du Bell, assez creux pour servir de bol, ils puisèrent dans le ruisseau une quinzaine de litres d'eau qu'ils répandirent sur le toit d'aluminium. Par-dessus, ils ajoutèrent plusieurs couches de neige.

Ils reculèrent, pour admirer leur travail.

« Quand tout cela aura gelé, le toit se confondra avec le reste du plateau.

— Une question : pourquoi de l'eau ?

— Pour que la neige adhère à l'aluminium. Si notre intuition se confirme et que nous recevons la visite d'un autre Z-9, cette nuit, il serait dommage que le souffle du rotor balaie la neige qui dissimule notre abri.

— Sam Fargo, tu es un génie.

— C'est l'illusion que j'aime à donner. »

Sam leva les yeux vers le ciel. Le disque solaire allait bientôt toucher les massifs qui se profilaient au loin.

« Il est temps de gagner nos appartements, en espérant que la nuit sera douce. »


Après avoir rassemblé une partie de leurs provisions dans le sac de marin et enfoui l'autre sous la neige, Sam et Remi se retirèrent dans leur abri. Profitant des dernières lueurs du jour, ils firent l'inventaire de leurs maigres biens.

« Qu'est-ce que c'est ? demanda Remi en découvrant le sac à dos que Sam avait eu le temps d'attraper avant de sauter du Z-9.

— C'est un.... » Il s'arrêta, fronça les sourcils et sourit. « Ceci, ma chère, est un parachute de secours. Mais dans les circonstances présentes, ses quatorze mètres carrés feront une excellente couverture. »

En un rien de temps, le parachute fut enroulé en cocon autour de leurs deux corps. Profitant de la température relativement agréable et d'une tout aussi relative sensation de sécurité, ils discutèrent quelques minutes à voix basse, en regardant progresser les ombres, puis se laissèrent peu à peu gagner par le sommeil.

Tout à coup, Sam ouvrit les yeux dans le noir complet. Blottie entre ses bras, Remi murmura : « Tu entends ?

— Oui. »

Des rotors bourdonnaient dans le lointain.

« Combien de chances pour qu'il s'agisse d'une équipe de sauvetage ? demanda Remi.

— Quasiment aucune.

— Au moins ç'a le mérite d'être clair. »

Le battement se rapprochait peu à peu. Sam et Remi comprirent que l'hélico était descendu dans la vallée. Un moment plus tard, une vive lumière balaya la crevasse et des rais d'une blancheur aveuglante traversèrent les fissures du toit.

Le projecteur s'éloigna le long du plateau, revint de leur côté et repartit. La manœuvre se répéta deux fois encore puis, soudain, un bruit strident s'échappa du moteur de l'hélico.

« Il se positionne au-dessus de nous », murmura Sam.

Sam attrapa le pistolet qu'il avait glissé sous sa jambe et le fit passer dans sa main droite.

Le souffle des rotors produisit un effet de déflexion qui envoya à l'intérieur de la nacelle des giclées d'air glacial accompagnées de flocons tourbillonnants. À en juger d'après les ombres créées par le projecteur surpuissant, l'hélico avançait de biais, en effectuant des allers et retours. Qui recherchaient-ils ? Les Fargo ? Leurs éventuels camarades survivants ? Les deux ?

Sam et Remi espéraient que la queue du Z-9, toujours fichée dans le lit du ruisseau, les pousserait à conclure que l'hélico était tombé dans le lac, et ses occupants noyés.

Mais leurs visiteurs s'obstinaient. L'hélicoptère effectua encore trois passages en rase-mottes, puis, aussi soudainement qu'il était apparu, le projecteur s'éteignit et le battement des rotors se dissipa dans le lointain.

## 34

Malgré le froid intense, la caverne-nacelle les proté-
gea toute la nuit, grâce au toit couvert de neige qui les
garantissait non seulement contre le vent, mais aussi
contre la déperdition de chaleur. Vêtus de pied en
cap, blottis dans la toile de parachute, ils dormirent
en pointillé jusqu'à ce que le soleil, filtrant entre les
bardeaux d'aluminium, donne le signal du réveil.

Tout en redoutant une autre visite des Chinois,
Sam et Remi se rendaient bien compte que leur survie
dépendait de leur capacité à trouver le moyen de quitter cette vallée.

Une fois dehors, ils commencèrent par s'occuper
du petit déjeuner. Dans la carcasse du Bell, ils avaient
récupéré quelques maigres provisions, à savoir neuf
sachets de thé et une portion de bœuf Stroganoff déshydraté. De son côté, Sam, sans le savoir, avait sauvé
du Z-9 un paquet de biscuits de riz et trois boîtes de
conserve contenant visiblement des haricots mungos
cuisinés. Ils en partagèrent une, arrosée d'une tasse
de thé dont ils firent bouillir l'eau dans la boîte de
haricots vide.

Ils avaient rarement dégusté repas aussi délicieux, convinrent-ils.

« J'ai réfléchi, cette nuit…, dit Sam après avoir trempé les lèvres dans son thé.

— Je sais, tu as parlé dans ton sommeil, le coupa Remi. Tu veux construire quelque chose, c'est ça ?

— Nos amis momifiés sont arrivés jusqu'ici grâce à un ballon gonflé à l'air chaud. Pourquoi ne pas suivre leur exemple ? » Remi ouvrit la bouche, mais Sam ne lui laissa pas le temps de répondre. « Non, je n'ai pas l'intention de retaper leur ballon. Je songe à un truc plus modeste, genre… petite montgolfière.

— En ajoutant leurs gréements à nos… » Les yeux de Remi s'illuminèrent. « Le parachute !

— Tu lis dans mes pensées. Si nous pouvons lui donner la forme adéquate et le boucher, il ne nous restera plus qu'à le gonfler. Tout ce qu'on lui demande c'est de nous emmener loin de cette vallée. On se posera sur l'une de ces prairies que nous avons vues en arrivant – une affaire de six ou sept kilomètres maxi. Et après, on marchera jusqu'au premier village.

— C'est quand même alambiqué comme plan.

— On est des spécialistes des plans alambiqués, Remi. En plus, dis-toi bien une chose : sous une telle température, nous ne tiendrons pas plus de cinq jours. Peut-être qu'une équipe de sauvetage nous repérera avant, mais je me méfie des peut-être.

— Et n'oublions pas les Chinois.

— En effet. Je ne vois pas d'autre alternative. Soit on attend les secours, soit on se débrouille seuls – quitte à y laisser notre peau.

— Aucune hésitation : on tente le coup. Construisons un dirigeable. »

En premier lieu, l'inventaire. Pendant que Remi passait en revue les objets récupérés, Sam remonta prudemment les vieux gréements qui pendaient dans la crevasse. Parmi eux, il trouva juste quelques fragments de ballon – ou des ballons, en l'occurrence.

« Il y en avait au moins trois, supposa Sam. Peut-être quatre. Tu vois ces tiges d'osier recourbées ?

— Oui.

— Je crois qu'elles formaient un réseau, comme un filet rigide protégeant des ballons.

— Ce tissu est en soie très épaisse, ajouta Remi.

— Imagine un peu, Remi : une nacelle de dix mètres de long suspendue sous quatre ballons de soie retenus dans un treillage d'osier… des cales en osier, en bambou, des filins en tendons… Je me demande comment ils ont pu le faire voler, comment ils ont rempli ces ballons d'air chaud ? Quand ils… »

Remi se tourna vers Sam, colla les mains sur ses joues et l'embrassa. « La gamberge, ce sera pour plus tard, OK ?

— OK. »

Ils consacrèrent quelques minutes à défaire les nœuds et poser les haubans d'un côté, les cales en bambou et en osier de l'autre. Quand tout fut démêlé et classé, ils soulevèrent délicatement les momies et les débarrassèrent des derniers cordages.

« J'aimerais connaître leur histoire, dit Remi.

— Il me semble évident qu'ils se sont abrités sous la nacelle retournée, dit Sam. Peut-être que la crevasse s'est ouverte brusquement et a englouti tout l'équipage sauf eux.

— Alors pourquoi sont-ils restés comme ça ? »

Sam haussa les épaules. « Ils étaient sans doute trop faibles, à ce moment-là. Ils ont utilisé le bambou et les gréements pour se fabriquer une petite plate-forme. »

Remi examina les momies de plus près et ajouta : « Faibles et blessés. Celui-ci a le fémur brisé, à plusieurs endroits on dirait, et l'autre... Tu vois cette marque sur la hanche ? Elle est soit luxée, soit fracturée. C'est horrible. Ils sont restés couchés là, à attendre la mort.

— Nous ne connaîtrons pas le même sort, répondit Sam. Peut-être que notre ballon prendra feu et s'écrasera, mais pas ça.

— Très drôle. »

Remi se pencha pour ramasser un tube de bambou long d'un mètre cinquante et épais comme une batte de base-ball. « Sam, il y a un truc gravé dessus.

— Tu es sûre ? » Sam regarda par-dessus l'épaule de Remi. « C'est de l'italien.

— Tu as raison. » Remi passa le doigt sur les mots gravés tout en faisant tourner le bambou avec son autre main. « Mais ça non. » Elle désigna l'extrémité du tube.

C'était un dessin carré, d'un centimètre de côté. Une grille encadrant quatre caractères chinois. « C'est impossible, murmura Remi. Tu les reconnais ?

— Non. Je devrais ?

— Sam, ces quatre mêmes caractères étaient gravés sur le couvercle du coffre du Theurang. »

## 35

*Nord du Népal*

Sam ouvrit la bouche et la referma aussitôt. « Je sais ce que tu penses, dit Remi. Mais je suis sûre de ce que j'avance, Sam. Je me revois, une tasse de thé à la main, en train d'examiner ces caractères sur l'ordinateur de Jack.

— Je te crois. C'est juste que je ne saisis pas… Quand nous avons atterri ici, à quelle distance étions-nous du dernier site à explorer ?

— Moins d'un kilomètre, selon Hosni.

— Donc pas très loin du chemin que Dhakal est censé avoir suivi. Il est peut-être mort près d'ici, ou alors il a rencontré des problèmes et perdu le coffre du Theurang… »

Remi hocha la tête. « Et des siècles plus tard, nos amis aérostiers sont arrivés dans le coin. Ils se sont écrasés et ont trouvé le coffre. De quand date le premier vol en ballon ?

— Je dirais…. fin XVII$^e$, début XVIII$^e$ siècle. Mais, que je sache, à cette époque les dirigeables n'étaient pas aussi perfectionnés que celui-ci. Il aurait été très en avance sur son temps.

— Donc, au plus tôt, il s'est écrasé ici presque trois cents ans après que Dhakal a quitté le Mustang.

— C'est plausible, admit Sam, mais dur à avaler.

— Alors, explique-moi ces marques.

— Impossible. Je veux bien croire qu'il s'agisse de la malédiction du Theurang. Mais j'ai quand même du mal à intégrer tout cela.

— Bienvenue au club, Sam.

— Comment se porte ton italien ?

— Un peu rouillé, mais je ferai un essai plus tard. Pour l'instant, concentrons-nous sur nos projets de départ. »


Ils consacrèrent la matinée à vérifier les haubans, écartant ceux qui paraissaient trop effilochés ou moisis ; Sam les découpa avec son couteau suisse. Ils répétèrent l'exercice avec les montants d'osier et de bambou (sur lesquels Remi chercha en vain d'autres signes gravés) puis s'occupèrent du tissu de soie. Comme les plus grands morceaux ne mesuraient que vingt centimètres de large, ils décidèrent de tresser les bandes récupérables pour en faire des cordages, en cas de besoin. Vers midi, ils disposaient d'une belle quantité de matériel.

Pour améliorer la stabilité, ils voulurent renforcer les attaches du parachute avec huit tiges d'osier récupérées sur l'ancien treillage du dirigeable. Pour cela, ils travaillèrent à la chaîne : avec le poinçon de son couteau suisse, Sam perçait des doubles trous dans la toile, tandis que Remi y enfilait au fur et à mesure des lanières en tendon de vingt-cinq centimètres. Soit un total de trois cent vingt trous et cent soixante lanières.

En fin d'après-midi, Sam entreprit d'attacher les lanières avec des nœuds de cabestan. Il en avait presque fait un quart quand il décida de s'arrêter pour la nuit.

Le lendemain, ils reprirent leurs travaux de construction dès le lever du soleil.

Dans l'après-midi, ils mirent à profit les cinq dernières heures de jour pour fermer la bouche du parachute-ballon autour d'un gros anneau d'osier emmailloté dans des bandes de tissu.

Après un repas composé de quelques biscuits secs, ils se retranchèrent dans la nacelle. Une longue nuit les attendait encore.

« Dans combien de temps serons-nous prêts ? demanda Remi.

— Avec un peu de chance, on aura terminé le panier demain en fin de matinée. »

Toute la journée, Sam s'était acharné à résoudre un problème des plus épineux. Pour se chauffer et cuisiner un tant soit peu, ils avaient dû brûler peu à peu une bonne partie de la nacelle qui désormais ne mesurait plus que trois mètres. D'après ses calculs, l'osier qui restait, combiné au mélange chimique qu'il avait en tête, suffirait à les faire décoller. En revanche, rien ne prouvait que leur engin monterait assez haut pour franchir la ligne de crête.

Le seul facteur relativement stable était le vent qui, jusqu'à présent, avait soufflé du nord et sans violence.

Remi exprima ensuite à voix haute la deuxième inconnue qui tourmentait Sam : « Et pour l'atterrissage ?

— Je ne vais pas te mentir. C'est la partie la plus aléatoire. On ne peut pas savoir si nous serons en mesure de contrôler la descente, et comme nous n'avons presque aucun moyen de nous diriger…

— Tu as un plan B, je suppose ?

— Oui. Tu veux que je t'explique ? »

Remi laissa passer un ange. « Non. Tu me feras la surprise. »

Sam avait correctement estimé la durée de leurs préparatifs du lendemain. Il était presque midi quand ils achevèrent la confection des haubans et du panier. « Panier », c'était beaucoup dire puisqu'il s'agissait en fait d'une plate-forme de bambou large de soixante centimètres et reliée aux tuyaux verticaux par les lanières qui restaient.

Ils mangèrent en silence, tout en admirant leur œuvre : un engin bizarroïde d'une grande laideur, certes, mais dont ils n'étaient pas peu fiers.

« Il faut lui trouver un nom », dit Remi.

Bien sûr, Sam proposa *Le Remi*. L'idée fut rejetée par l'intéressée. « Quand j'étais gosse, j'avais un cerf-volant qui s'appelait *Voltigeur*, renchérit Sam.

— Ça me va. »

L'après-midi fut consacré à l'approvisionnement en combustible. Sam avait prévu de démantibuler les dernières cloisons de la nacelle au moyen de la scie en fil de fer, et de ne conserver que la surface indispensable à leur abri pour la nuit suivante. Sam s'installa donc à l'intérieur de la nacelle et se mit à l'ouvrage. Dès qu'il avait détaché une plaque d'osier, il la tendait à Remi postée au bord de la crevasse. Seuls trois morceaux leur échappèrent et tombèrent dans le vide.

Une fois qu'elle eut à sa disposition une quantité respectable de matière première, Remi entreprit de broyer les tiges et les derniers tendons avec une grosse pierre, de manière à obtenir une sciure épaisse dont Sam déposa une poignée au creux d'une pièce de métal incurvée issue de la carlingue du Bell. Il y ajouta du lichen qu'ils avaient au préalable glané par grattage à la surface des pierres affleurant sur le plateau, quelques gouttes de kérosène et des pincées de poudre extraite des balles de pistolet. Après trente minutes de tests, Sam présenta à Remi un pellet grossièrement malaxé et enveloppé dans du tissu de soie.

« À toi l'honneur, dit-il en lui tendant le briquet.

— Ça ne va pas exploser, au moins ?

— Rien n'est garanti. »

Remi lui jeta un regard cinglant.

« Il aurait fallu l'envelopper dans un truc solide », ajouta-t-il.

Remi tendit le bras au maximum et mit la flamme sous le pellet qui prit feu instantanément.

Soulagée autant que ravie, Remi sauta de joie et serra Sam contre son cœur. Ils s'accroupirent devant le pellet et le regardèrent brûler. Quand il finit par s'éteindre, Sam consulta sa montre : « Six minutes de combustion. Pas mal. Maintenant, il s'agit d'en fabriquer le plus possible mais en plus gros – disons de la taille d'un filet mignon.

— Une telle comparaison était-elle nécessaire ?

— Désolé. Dès qu'on aura regagné Katmandou, je te promets de t'inviter au resto-grill le plus proche. »

Stimulés par leur réussite, ils travaillèrent d'arrache-pied, si bien qu'au crépuscule, ils disposaient de dix-neuf pellets de belle taille.

Tandis que le soleil disparaissait derrière les montagnes, Sam mit la dernière main au brasero. Il fixa trois petits pieds dessous, le déposa sur une épaisse plaque d'aluminium concave, et relia le tout avec des lanières. En dernier lieu, il perça un trou à la base du couvercle en forme de cône.

« Pour quoi faire ? demanda Remi.

— Ventilation et trappe d'introduction du combustible. Dès que nous enflammerons le premier pellet, il se créera un appel d'air et, comme cet engin est conique, un tourbillon se formera qui propulsera la chaleur dans le ventre du ballon.

— C'est ingénieux.

— Ce n'est qu'un réchaud.

— Pardon ?

— Un bon vieux réchaud de camping piqué aux stéroïdes. Les randonneurs l'utilisent depuis un siècle. J'ai toujours su que mon intérêt pour les technologies obscures servirait un jour.

— Ô combien ! Retirons-nous dans notre bunker et tentons de reprendre des forces pour le vol inaugural – et final – du *Voltigeur*. »

Ils ne dormirent que deux heures en tout car ils ne cessaient de se réveiller, tenaillés par la faim, la fatigue et l'excitation. Dès l'aube, ils sortirent de leur abri pour engloutir leurs dernières provisions.

Sam reprit sa scie de fortune et se mit à découper l'osier restant. Le dernier coin de la nacelle toujours encastré dans la glace fut arraché au moyen d'une corde nouée autour du piton. Leur pile de combustible, une fois complétée, se révéla aussi haute que Sam.

Ayant repéré une surface presque dépourvue de glace, ils tirèrent prudemment le ballon vers cette aire de lancement. Sur la plate-forme en bambou, ils entassèrent des pierres de ballast ; au centre, le brasero qu'ils fixèrent au sol avec les lanières en tendons.

« Si on allumait le réchaud ? » proposa Remi.

En guise d'allume-feu, ils utilisèrent du lichen et du papier froissé. Par-dessus, ils déposèrent des tiges d'osier croisées à l'oblique et, quand la couche de braises fut assez épaisse, ils rajoutèrent peu à peu le combustible nécessaire pour obtenir de belles et grandes flammes.

Remi tendit la main au-dessus du brasero et la retira bien vite. « C'est brûlant !

— Parfait. Il ne nous reste plus qu'à attendre. Ça va prendre un peu de temps. »

Une heure passa, puis deux. Le ballon gonflait lentement et s'élargissait autour d'eux comme un chapiteau miniature, tandis que leur réserve de combustible baissait d'autant. À travers la toile de parachute, la lumière du soleil prenait un aspect brumeux. Sam comprit que le temps et la physique thermique jouaient contre eux, car l'air froid qui s'infiltrait dans le ballon en diminuait la portance.

Au bout de trois heures, le ballon toujours parallèle au sol commença toutefois à s'en détacher. Était-ce une illusion d'optique ? En tout cas, quarante minutes plus tard, les progrès n'étaient plus contestables. Désormais, le ballon se dressait à la verticale et sa toile semblait se tendre davantage à chaque seconde qui passait.

« Ça marche, murmura Remi. Ça marche vraiment. »

Sam hocha la tête sans rien dire, les yeux fixés sur l'engin.

« On embarque », dit-il enfin.

Remi courut ramasser le bambou gravé qu'elle glissa dans son dos, sous sa veste, puis revint à toute vitesse enlever une à une les pierres lestant la plate-forme, se ménageant un espace suffisant pour l'accueillir. L'autre côté de la plate-forme avait déjà décollé de quelques centimètres.

Sam s'empara du sac à parachute rempli d'ustensiles indispensables, du gros sac marin contenant leurs pellets et la dernière brassée d'osier, et s'agenouilla près de la plate-forme.

« Prête ? » demanda-t-il.

Remi ne remua pas un cil. « Allons-y. »

## 36

Les flammes qui jaillissaient du brûleur disparaissaient dans la bouche du ballon. Bientôt, la plate-forme
se mit à planer à cinquante centimètres du plateau,
devant les genoux de Sam et de Remi.

« À mon signal, pousse de toutes tes forces », dit
Sam.

Il glissa les deux dernières tiges d'osier dans le brasero et attendit, en regardant tour à tour les flammes,
le ballon et le sol.

« Maintenant ! »

Les jambes fléchies, ils poussèrent à l'unisson, s'éle-
vèrent à trois mètres du sol et retombèrent aussi sec.

« Prête pour un deuxième essai ? » cria Sam tandis
que ses pieds touchaient la glace. « Pousse ! »

De nouveau ils furent emportés et de nouveau ils
retombèrent, mais plus lentement que la première fois.

« On va y arriver, dit Sam.

— Il faut trouver le rythme, répondit Remi. Imagine
une balle qui rebondit. »

C'était la bonne méthode. Plus ils rebondissaient,
plus ils gagnaient en altitude. À leur gauche, le bord de
la falaise se rapprochait chaque fois davantage.

« Sam…, l'avertit Remi.

— Je sais. Ne regarde pas en bas, contente-toi de sauter. Soit on vole, soit on nage !

— Charmant ! »

Ils poussèrent une fois de plus. Une rafale de vent les rabattit vers le sol, leurs semelles dérapèrent sur la glace. La jambe de Remi glissa sur le bord de la falaise, mais elle demeura stoïque et se servit de son autre jambe pour donner une dernière impulsion.

Puis, soudain, ils n'entendirent plus rien que le vent qui sifflait à travers les haubans.

Le ballon avait pris son envol en direction du sud-est, vers l'autre versant de la vallée.


Dans le sac marin, Sam prit deux pellets qu'il ajouta au brasero. Quand le combustible s'enflamma, ils perçurent un léger souffle – *whoosh !* Des flammes jaillirent du conduit de cheminée. Ils gagnèrent de l'altitude.

« Un autre », dit Remi.

Sam laissa tomber une troisième briquette dans le brasero.

*Whoosh !* Ils grimpaient toujours.

Les conifères au loin ne cessaient de se rapprocher d'eux. Soudain, une rafale de vent fit tournoyer le ballon avec une telle force que Sam et Remi durent empoigner les filins et serrer les cuisses pour ne pas basculer. Après trois tours sur elle-même, la plate-forme se stabilisa.

Sam étira le cou pour estimer la distance qui les séparait de l'autre versant.

« On se rapproche ? demanda Remi.

— Deux cents mètres environ. Dans quatre-vingt-dix secondes. » Il regarda Remi dans les yeux. « Ça va se jouer sur le fil du rasoir. On tente le tout pour le tout ?

— Absolument. »

Sam jeta une quatrième briquette dans le brasero. *Whoosh !*

Sous leurs pieds, la cime des conifères semblait incroyablement proche. Le pied de Remi heurta quelque chose ; déséquilibrée, elle partit sur le côté. Sam la rattrapa par le bras.

Il ajouta un pellet. *Whoosh !*

Puis un autre. *Whoosh !*

« Cent mètres ! » annonça Sam.

Un autre pellet. *Whoosh !*

« Cinquante mètres ! » Il sortit une nouvelle briquette du sac, referma ses deux mains autour et la secoua, comme si c'était un dé à jouer. « Porte-moi chance ! »

Elle souffla dessus.

Il jeta le pellet dans le brasero.

« Lève les pieds ! » hurla Sam.

Ils sentirent et entendirent des branches racler le dessous de la plate-forme. Une secousse les déporta sur le côté.

« On est accrochés ! cria Sam. Penche-toi ! »

Ils firent contrepoids en s'agrippant à un filin. Sam donna un coup de pied vers le bas, pour tenter de les dégager.

Il y eut un fort craquement, puis la branche céda, libérant la plate-forme qui se redressa. Sam et Remi se rassirent normalement et jetèrent un coup d'œil en bas, puis en haut.

« On repart ! cria Remi. On a réussi ! »

Sam expulsa l'air qu'il retenait dans ses poumons. « Pas une seconde je n'en ai douté. »

Remi lui fit les gros yeux.

« D'accord, concéda-t-il. Peut-être une seconde ou deux. »

Lorsqu'ils eurent passé la crête, le vent diminua un peu, de telle sorte qu'ils continuèrent vers le sud à une allure de quinze kilomètres à l'heure, estima Sam. Au bout de quelques centaines de mètres, ils sentirent qu'ils perdaient de l'altitude.

Sam puisa une briquette dans le sac et l'introduisit dans le brasero. Ils remontèrent aussitôt.

« Combien nous en reste-t-il ? » demanda Remi.

Sam vérifia. « Dix.

— C'est peut-être le moment de m'exposer ton plan B pour l'atterrissage.

— Si par hasard nous n'arrivons pas à nous poser en douceur, nous pourrons toujours compter sur les conifères – il faudra repérer un bouquet bien épais et foncer dessus.

— Ce que tu viens de décrire porte un nom : atterrissage d'urgence sans terrain d'atterrissage.

— Quasiment.

— Exactement.

— OK, exactement. On s'accroche et on espère que les branches agiront comme un filet d'arrêt.

— Comme sur un porte-avions.

— Oui. »

Perdue dans ses pensées, Remi pinça les lèvres et souffla sur la mèche auburn qui pendait sur son front. « Ça me va.

— Je m'en doutais. »

Sam mit un autre pellet dans le brasero. *Whoosh !*


Le soleil déclinant leur caressait le dos. Ils dérivaient toujours plein sud. Le regard braqué vers le sol, ils tentaient de repérer une surface susceptible de les accueillir, tout en alimentant le brasero. Ils avaient parcouru six kilomètres et n'avaient survolé que des reliefs accidentés. Les glaciers succédaient aux cônes d'éboulis et autres forêts de conifères.

« On descend », dit Remi.

Sam rajouta une briquette, sans toutefois obtenir le résultat escompté.

« Que se passe-t-il ? demanda-t-elle.

— L'effet de dissipation, je pense. Avec la baisse de la clarté solaire et de la température, le ballon se refroidit plus vite qu'il se réchauffe. »

Sam lâcha un autre pellet dans l'orifice d'alimentation, ce qui ne fit que corriger légèrement leur angle de chute. Non seulement ils perdaient de l'altitude, mais ils prenaient de la vitesse.

« Il faut se décider, dit Sam. Pas de prairie en vue, notre plan B se profile. »

Il désigna derrière Remi un bouquet de conifères qui s'étirait jusqu'à une zone plus ou moins plate mais couverte d'éboulis.

« Autre solution : on brûle nos dernières briquettes en espérant voler assez loin pour trouver un meilleur endroit.

— Nous avons déjà trop forcé notre chance et j'ai hâte de retrouver la terre ferme. Comment veux-tu qu'on s'y prenne ? »

Sam examina la disposition des conifères, estima la distance, la vitesse du ballon, leur angle d'approche, et calcula trois minutes avant l'impact, sachant que leur vitesse de vingt kilomètres à l'heure doublerait à proximité des arbres. Un choc pas forcément mortel pour les occupants d'une voiture. En revanche, sur cette plate-forme, ils n'avaient qu'une chance sur deux d'en réchapper.

« Si seulement on avait un airbag, murmura Sam.

— Que dirais-tu d'un bouclier ? » demanda Remi en tapotant leur plate-forme en bambou.

Sam comprit à mi-mot. « Risqué.

— Bien moins que ce que tu as en tête. Je te connais, Sam. Je lis sur ton visage comme dans un livre ouvert. À combien estimes-tu nos chances ?

— Cinquante pour cent.

— Avec ma solution, on gagnerait quelques points. »

Les yeux de Sam restèrent un instant fixés sur la ligne des arbres, puis revinrent sur Remi. Ils échangèrent un sourire. « Tu es une sacrée bonne femme, dit-il.

— Tu ne m'apprends rien.

— On n'a plus besoin de ça », dit Sam en tranchant les sangles qui retenaient le brasero. Il le balança par-dessus bord. Suivi d'une guirlande d'étincelles, le réchaud toucha le sol, dévala la pente et s'écrasa tout en bas, sur un rocher.

Sam alla se coller contre Remi, déjà agrippée aux filins. Lui-même en saisit un de la main gauche puis, se penchant en arrière, posa la lame de son couteau sur l'un des haubans et scia. Quand il céda, la plate-forme s'inclina légèrement.

Sam passa au deuxième.

« Combien de temps avant l'impact ? demanda-t-il.

— Je ne sais pas…

— À vue de nez !

— Quelques secondes ! »

Il avait tellement frotté la lame de son couteau sur les rochers pour essayer de l'aiguiser qu'elle était à présent ébréchée et toute tordue. Sam serra les dents et redoubla d'efforts.

Le deuxième hauban lâcha. Sam passa au troisième.

« On n'a plus le temps », cria Remi.

*Twang !*

L'autre côté du « panier », qui n'était plus retenu que par un seul câble, vibrait dans le vent à la manière d'un cerf-volant. Suspendue dans l'air, les deux mains serrées sur les haubans, Remi avait calé un pied au bord de la plate-forme. Quant à Sam, il s'accrochait d'une seule main crispée comme une serre.

« Encore un ! hurla-t-il en se remettant à scier. Allez… allez…. »

*Twang !*

À présent, la plate-forme pendait à la verticale sous leurs corps. Sam était sur le point de lâcher son couteau quand il changea d'avis. Il replia la lame contre sa joue et, de la main droite, empoigna un hauban.

Remi était descendue et se tenait à présent plaquée contre la plate-forme. Sam la rejoignit et pencha la tête pour regarder ce qui se passait derrière leur bouclier improvisé. C'est alors qu'un mur vert se précipita vers lui.

Ensuite tout se déroula très vite. Comme prévu, les branches absorbèrent une bonne partie de l'impact mais, à leur contact, la plate-forme se mit à tournoyer, si bien que Sam et Remi furent emportés dans un genre de tunnel vertical, hérissé d'aiguilles et de rameaux qui les fouettaient au passage. Ils rentrèrent le menton, fermèrent les yeux. Sam libéra sa main droite pour essayer de protéger le visage de Remi avec son avant-bras.

D'instinct elle hurla : « Lâche tout ! »

Leur chute se poursuivit de branche en branche puis s'arrêta d'un coup.

Sam voulut parler, mais ne parvint qu'à émettre un son inarticulé. Il réessaya. « Remi !

— Ici, fit-elle d'une voix mourante. En dessous de toi. »

Couché sur le dos, en équilibre entre deux branches, Sam roula prudemment sur lui-même et vit Remi, trois mètres plus bas, étendue sur un tapis d'aiguilles de pin. Son visage était rouge et couvert d'écorchures comme si on l'avait frotté avec une brosse en chiendent. Ses yeux débordaient de larmes.

« Tu es blessée ? » demanda-t-il.

Elle produisit un sourire crispé en levant un pouce tremblant. « Et toi, mon intrépide aéronaute ?

— Laisse-moi souffler un peu et je te le ferai savoir. »

Au bout d'un moment, Sam parvint à descendre de son perchoir.

« Ne bouge pas, dit-il. Reste allongée.

— Si tu insistes. »

Sam avait l'impression de s'être fait tabasser à coups de batte de base-ball par une bande de voyous. Mais à part cela, ses principales articulations et la plupart de ses muscles, bien qu'engourdis, fonctionnaient plus ou moins correctement.

Quand il se laissa tomber près d'elle, Remi posa la main sur sa joue et dit : « On ne s'ennuie jamais avec toi.

— Eh ouais.

— Sam, ton cou. »

Il y porta la main et, quand il la retira, vit du sang sur ses doigts. Il chercha la blessure à tâtons et découvrit une entaille verticale de six centimètres sous son oreille.

« Ça va se refermer, lui dit-il. Et toi, comment te sens-tu ? »

C'est alors qu'il comprit que leurs vêtements rembourrés les avaient sans doute sauvés. Parkas, gros pulls à col roulé et bonnets de laine avaient fait office d'armures et de casques.

« Pas trop mal, étant donné les circonstances.

— C'est grâce à ton idée de bouclier. »

Elle agita la main avec modestie. « Où est notre *Voltigeur* ?

— Coincé dans l'arbre.

— J'ai toujours le bambou ? »

Sam vit le bout du bâton dépasser de son col. « Oui.

— Mon visage est aussi horrible que le tien ? demanda Remi.

— Tu n'as jamais été plus belle.

— Menteur – mais merci quand même. Le soleil se couche. Que faisons-nous ?

— Je vais allumer un feu et après j'irai chercher de gentils villageois qui nous offriront des lits douillets et un repas chaud.

— Ça paraît simple.

— C'est simple. »

Sam se redressa en étirant ses membres. La douleur irradiait partout dans son corps.

« Je ne serai pas long. »

Il ne lui fallut que quelques minutes pour trouver le sac du parachute de secours qu'il avait perdu dans sa chute. En revanche, il chercha longtemps le gros sac de marin et, quand il finit par le dénicher, il ne contenait plus que trois briquettes sur sept.

De retour auprès de Remi, il fut rassuré de la voir assise, le dos calé contre un arbre. Il eut tôt fait d'enflammer un pellet au centre d'un petit monticule de terre. Puis, il laissa les deux autres à portée de main et dit à Remi : « Je reviens tout de suite.

— Je ne bouge pas. »

Il lui donna un baiser et se mit en route.

« Sam ? cria-t-elle.

— Oui, dit-il en se retournant.

— Fais gaffe aux yétis ! »

## 37

## Goldfish Point, La Jolla, Californie

« J'ai une traduction à vous montrer, dit Selma en entrant dans le solarium où Sam et Remi étaient allongés dans des chaises longues.

— C'est fantastique, répondit Remi avec un sourire évanescent.

— Tu l'as lue ? demanda Sam à Selma.

— Oui.

— Alors, s'il te plaît, donne-nous la version condensée. Les médicaments antidouleur que Remi prend en ce moment la rendent un peu… euphorique. »

Mais revenons quelques jours en arrière. À la suite de leur atterrissage en catastrophe, Sam était allé chercher du secours et n'avait pas tardé à en trouver. Ce qui, d'après lui, n'était que justice, après les terribles difficultés qu'ils avaient affrontées. Il ne le savait pas encore, mais ils étaient tombés à un kilomètre de Samagaun, le village le plus septentrional du district de Gorkha.

Dans la pénombre du crépuscule, Sam avait réussi tant bien que mal à descendre au fond de la vallée où un couple de trekkeurs australiens l'avait aperçu et emmené à Samagaun. On eut tôt fait de constituer une équipe de sauvetage. À bord d'un vieux camion Datsun, deux villageois, les Australiens et Sam avaient roulé jusqu'au bout de la piste et fait le reste du chemin à pied. Ils avaient découvert Remi près du feu, à l'endroit où Sam l'avait laissée.

Par précaution, ils l'avaient étendue sur une planche de contre-plaqué qu'ils avaient eu la bonne idée d'emporter dans ce but. Après avoir regagné le village de Samagaun, ils furent accueillis avec empressement par les habitants qui avaient aménagé pour les rescapés une chambre avec deux lits et un poêle à bois. Après qu'ils eurent mangé jusqu'à satiété de l'*aloo tareko* (patates frites) et du *kukhura ko ledo* (poulet au jus de viande), le médecin local les avait examinés sans trouver aucune blessure grave.

Le lendemain matin, ayant appris qu'un ancien du village avait déjà annoncé leur sauvetage par radio, ils avaient contacté Jack Karna par le même moyen de communication. Peu après, ils avaient regagné Gorkha à l'arrière d'un gros 4 × 4, où Jack et Ajay les attendaient pour les ramener à Katmandou.

Jack avait signalé leur disparition aux autorités népalaises peu de temps auparavant. Quand il avait appris leur sauvetage, il en était encore à se battre avec les bureaucrates qui rechignaient à organiser des recherches.

Sous la garde d'Ajay, Sam et Remi avaient passé une nuit à l'hôpital. Sur les radios de Remi, les médecins avaient décelé deux côtes fêlées et une cheville foulée. On leur avait administré des antalgiques et affirmé que leurs écorchures au visage, bien que fort laides, n'étaient que superficielles et finiraient par disparaître.

C'est ainsi que cinq jours après avoir frôlé la mort, ils s'envolaient en direction de la Californie.

Comme Sam le lui avait demandé, Selma leur résuma les dernières nouvelles. « Eh bien, tout d'abord, Jack a confirmé votre hypothèse, madame Fargo. Les symboles gravés sur le bambou sont identiques à ceux qui figurent sur le couvercle du coffre du Theurang. Il était aussi abasourdi que vous. Dès que vous aurez récupéré, appelez-le. Quant aux autres inscriptions, vous aviez encore raison : c'est bien de l'italien. Leur auteur, un dénommé… » Selma parcourut du regard la feuille d'imprimante « Francesco Lana de Terzi…

— Je connais ce nom », la coupa Sam qui, depuis son retour, étudiait assidûment l'histoire des aérostats.

« Raconte-nous, l'encouragea Remi.

— Beaucoup considèrent de Terzi comme le père de l'aéronautique. C'était un jésuite qui enseignait la physique et les mathématiques à Brescia – dans le nord de l'Italie. En 1670, il a publié un livre intitulé *Prodomo*, un ouvrage révolutionnaire pour l'époque, car il s'agit de la première étude mathématique sérieuse sur le transport aérien. On peut dire qu'il a ouvert la voie aux futurs aérostiers, à commencer par les frères Montgolfier en 1783.

— Les Français ? marmonna Remi.

— Exact, confirma Sam. Le premier vol en ballon couronné de succès. Mais ses talents ne s'arrêtaient pas là, car ce type était un authentique génie. Ses travaux ont aussi permis l'invention de la machine à coudre, d'un système de lecture pour les aveugles, avant la méthode Braille.

— Mais il n'a jamais construit d'aéronef, l'interrompit Selma.

— Il a conçu un engin volant qu'il a appelé Vaisseau sous vide – en gros, ce truc ressemblait au dirigeable à ballons multiples que nous avons trouvé, à ceci près que les ballons en tissu étaient remplacés par des sphères de cuivre sous vide. Au milieu du XVIIe siècle, un inventeur nommé Robert Boyle avait fabriqué une pompe – baptisée "engin pneumatique" – capable d'évacuer tout l'air contenu dans un récipient, prouvant par-là même que l'air avait un poids. De Terzi en a tiré une théorie selon laquelle il suffisait d'aspirer l'air de ses sphères en cuivre pour qu'un vaisseau devienne plus léger que l'air environnant et s'envole. Je ne vous infligerai pas un cours de physique mais sachez que cette théorie ne fonctionne que sur le papier.

— Donc le Vaisseau sous vide n'a jamais vu le jour, dit Selma.

— Pas qu'on sache. À la fin du XIXe siècle, un nommé Arthur de Bausset a reçu une aide du Congrès américain pour la construction d'un Vaisseau sous vide en forme de tube, mais cette tentative n'a pas abouti. Quant à de Terzi, il aurait poursuivi ses recherches jusqu'à sa mort, en 1686.

— Où ?

— À Brescia, dit Sam en souriant.

— Après avoir traîné ses guêtres dans l'Himalaya, ajouta Remi. Continue, Selma.

— D'après l'inscription sur le bambou, de Terzi et son équipage chinois – on ignore combien ils étaient – se sont écrasés alors qu'ils essayaient un aéronef dont l'empereur Kangxi avait passé commande. Kangxi l'avait appelé le *Grand Dragon*. Trois personnes survécurent à l'accident, mais seul de Terzi en sortit indemne.

— D'où nos deux momies, dit Remi.

— J'ai vérifié les dates, précisa Selma. Kangxi a régné de 1661 à 1722.

— L'époque correspond, conclut Sam.

— Attendez, vous ne savez pas tout. De Terzi prétend qu'en cherchant de quoi se nourrir, il est tombé sur… Je cite : "Un mystérieux coffre d'un modèle qui m'est inconnu, gravé de symboles à la fois semblables et différents de ceux qu'utilise mon bienfaiteur." »

Sam et Remi échangèrent un sourire.

« À la fin, reprit Selma, de Terzi écrit qu'il va continuer seul vers le nord, dans le but de regagner l'endroit d'où s'est envolé l'aéronef, à savoir Shekar Gompa.

— Tu as vérifié…, intervint Sam.

— Oui. Shekar Gompa n'est plus qu'un champ de ruines, mais il est situé à une soixantaine de kilomètres du plateau où vous avez trouvé la nacelle. De l'autre côté de la frontière tibétaine.

— Continue.

— De deux choses l'une. Soit de Terzi est revenu à Shekar Gompa, et dans ce cas, il a peut-être rédigé ses souvenirs de voyage, soit il a échoué, son corps n'a jamais été retrouvé, et le bambou gravé lui tient lieu de testament.

— Et le mystérieux coffre ? demanda Sam.

— J'ai gardé le meilleur pour la fin, répondit Selma. De Terzi écrit qu'il va emporter le coffre avec lui en guise de... je cite : "De rançon pour libérer mon frère Giuseppe, que l'empereur Kangxi retient en otage jusqu'à mon retour à bord du *Grand Dragon*."

— Il l'a emporté avec lui, murmura Sam. Il a emporté le Theurang au Tibet. »

« J'ai tellement de questions en tête que je ne sais par où commencer, dit Remi. D'abord, avons-nous des documents historiques sur de Terzi ?

— Oui, mais très peu. À ma connaissance du moins, répondit Selma. Et ils racontent tous la même chose : de Terzi a passé sa vie en Italie. C'est là qu'il est mort et enterré. Comme disait monsieur Fargo, il a consacré ses dernières années à peaufiner son Vaisseau sous vide.

— Nous sommes donc confrontés à deux versions contradictoires, dit Sam. Soit il n'a jamais quitté Brescia et le bambou est un canular, soit il a travaillé en Chine pour l'empereur Kangxi.

— Et il est peut-être même mort sur place », ajouta Remi.

Sam vit un sourire malicieux se dessiner sur le visage de Selma. « OK, vas-y, on t'écoute, dit-il.

— Je n'ai rien trouvé sur Internet, mais j'ai appris qu'un professeur de l'université de Brescia donne un cours sur les inventeurs italiens de la Renaissance tardive. Selon leur catalogue en ligne, de Terzi figure en première ligne du programme.

— C'est vraiment plus fort que toi, n'est-ce pas ? dit Remi.

— Je ne vois pas ce que vous insinuez, répondit Selma d'un air guindé. Vous n'avez qu'un mot à dire et vous serez en Italie demain après-midi.

— Et toi, tu n'as qu'un mot à dire pour nous décrocher un rendez-vous par Internet avec cette personne. »

*

*Goldfish Point, La Jolla, Californie*

Le lendemain, en fin d'après-midi, heure italienne, Sam et Remi se présentèrent sur iChat et expliquèrent au professeur Carlotta Moretti qu'ils s'intéressaient – vaguement, bien entendu – au dénommé Francesco Lana de Terzi. Moretti, une brune de trente et quelques années, affublée d'une paire de lunettes rondes, leur sourit sur l'écran de l'ordinateur.

« Je suis ravie de faire votre connaissance à tous les deux, dit-elle dans un anglais teinté d'une pointe d'accent. Voyez-vous, je fais partie de vos admirateurs.

— Par quel miracle ? s'étonna Remi.

— J'ai lu un article sur vous dans le *Smithsonian*. La cave perdue de Napoléon, la caverne dans les Alpes, le col du…

— Du Grand Saint-Bernard, proposa Sam.

— Oui, c'est cela. Veuillez pardonner ma curiosité mais vous allez bien ? Vos visages ?

— Un stupide accident de randonnée, répondit Sam. Rien de grave.

— Ah, tant mieux. Eh bien, je dois dire que j'étais heureuse d'apprendre que vous cherchiez à me joindre.

Mais un peu surprise aussi. Dites-moi ce que vous voulez savoir sur Francesco de Terzi et j'essaierai de vous apporter mon aide.

— Son nom est apparu durant un projet, dit Remi. C'est bizarre, mais on n'a presque rien trouvé sur lui. Et comme vous êtes spécialiste…

— Spécialiste, c'est beaucoup dire, répliqua-t-elle modestement. De Terzi est au programme de mon cours et il me fascine depuis que je suis petite.

— C'est la dernière partie de sa vie qui nous intéresse, en particulier les dix dernières années. Mais au préalable, pouvez-vous nous confirmer qu'il avait un frère ?

— Mais oui. Giuseppe Lana de Terzi.

— Il paraît que Francesco n'a jamais quitté Brescia…

— Non, c'est inexact. De Terzi se rendait très souvent à Milan, à Gênes et ailleurs en Italie.

— Et en dehors de l'Italie ? Aurait-il voyagé à l'étranger ?

— C'est possible, mais je ne peux rien affirmer. D'après certains récits – des témoignages indirects, pour la plupart – il aurait passé quelques années dans des contrées lointaines, entre 1675 et 1679. Mais aucun historien que je connais ne vous le confirmera.

— Ces récits font-ils mention des pays où il se serait rendu ?

— Quelque part en Extrême-Orient, répondit Moretti. En Asie, d'après certains.

— Pourquoi là-bas ? »

Le professeur hésita. « Comprenez-moi bien, ces histoires ne relèvent sans doute que de la pure fantaisie. Il y a trop peu de documents pour soutenir cette thèse.

— Nous comprenons, répondit Sam.

— De Terzi n'arrivait pas à obtenir des subsides pour la construction de son aéronef.

— Le Vaisseau sous vide.

— Oui, tout à fait. Faute de mécènes, il aurait décidé de partir pour l'Orient dans l'espoir d'y trouver de quoi achever son œuvre.

— C'est ce qui s'est passé ?

— Non, pas à ma connaissance.

— Qu'est-il arrivé lorsqu'il est rentré chez lui, en 1679 ? demanda Sam.

— C'était un autre homme, paraît-il. Il avait connu des malheurs durant ses voyages. D'ailleurs, Giuseppe n'a jamais remis les pieds en Italie, et Francesco n'a plus jamais parlé de lui. Peu après, il a quitté l'ordre des Jésuites et s'est installé à Vienne, en Autriche.

— Toujours à la recherche de généreux mécènes ?

— Peut-être. Mais à Vienne, les choses sont allées de mal en pis.

— Comment cela ? insista Remi.

— Il s'est marié et un petit garçon est né. Deux ans plus tard, Vienne fut assiégée par les Turcs. Vous avez entendu parler de la Bataille de Vienne ?

— Vaguement.

— Le siège a duré deux mois. L'Empire ottoman était en guerre contre la Sainte-Ligue, une alliance comprenant le Saint-Empire romain, la République des deux Nations – Pologne et Lituanie –, et la République de Venise. Début septembre 1683, s'est déroulée la bataille finale. Des dizaines de milliers de personnes sont mortes, dont la femme et l'enfant de Francesco de Terzi.

— C'est une bien triste histoire, dit Remi.

— *Sí*. Cette nouvelle perte l'aurait anéanti. N'ayant plus d'attaches familiales, de Terzi a de nouveau disparu.

— Pour aller où ? »

Moretti haussa les épaules. « Encore un mystère. Toujours est-il qu'il refait surface en octobre 1685, à Brescia. Il mourra quelques mois plus tard.

— J'ai une question qui va peut-être vous sembler bizarre, dit Remi.

— Je vous en prie, allez-y.

— Êtes-vous certaine, absolument certaine, que de Terzi est revenu à Brescia en 1685 ?

— C'est une question bizarre, en effet. Je ne peux répondre que non. Rien ne certifie qu'il soit enterré ici, ni même qu'il soit revenu à Brescia pour y mourir, en l'occurrence. Cet épisode, comme les autres, ne repose que sur des témoignages indirects. À moins d'une…

— Exhumation.

— Oui, à moins de l'exhumer et d'obtenir l'ADN de ses descendants, on ne pourra jamais répondre à votre question. Auriez-vous des raisons de croire que… ?

— Pas vraiment. Nous en sommes encore à nous creuser les méninges, l'arrêta Remi.

— Et vous, vous croyez à ces récits ? renchérit Sam.

— Quelque chose en moi veut y croire. C'est tellement excitant, vous ne trouvez pas ? Mais comme je disais, si l'on s'en tient à l'histoire officielle, rien de tout cela n'est vrai.

— Tout à l'heure, vous disiez qu'il y avait peu de documents sur de Terzi. J'en conclus qu'il en existe quelques-uns, dit Remi.

— Des lettres, oui, mais écrites par des amis. Aucune de la main de De Terzi. C'est ce que vous appelez une preuve par ouï-dire, dans votre système juridique, *sí*? Il y aurait bien une autre source, mais j'hésite à la mentionner.

— Pourquoi?

— Elle relève de la fiction. Il s'agit d'un court roman rédigé par la sœur de De Terzi, quelques années après sa mort. Le héros n'est autre que Francesco, bien qu'elle lui ait donné un autre nom. D'aucuns ont pensé qu'elle ne faisait qu'exploiter les rumeurs et profitait de la réputation de son frère pour empocher de l'argent.

— Pourriez-vous nous résumer l'intrigue de ce roman?

— Une histoire à dormir debout, je vous assure. » Moretti rassembla ses idées. « Le héros quitte son foyer en Italie, brave maints dangers et finit dans les geôles d'un tyran régnant sur un pays étrange, lequel l'oblige à construire un engin volant qu'il destine à la guerre. L'engin s'écrase dans une contrée hostile. Le héros en réchappe, ainsi que deux de ses compagnons qui finissent par mourir de leurs blessures. À la suite de quoi, le héros découvre un mystérieux trésor. Les habitants du pays en question lui parlent d'une malédiction attachée à ce trésor. Il ne les écoute pas et, après un pénible voyage, revient à la cour du tyran pour apprendre que son compagnon de voyage a été exécuté.

« Le héros ramène le trésor en Italie mais, entre-temps, sa famille est morte de la peste. Comprenant que la malédiction le poursuit, il repart avec l'intention de restituer le trésor. Et on n'entend plus jamais parler de lui. »

Sam et Remi s'efforcèrent de ne rien laisser paraître.

« Vous n'auriez pas une copie de cette histoire ? demanda Sam.

— Si, bien sûr. Je l'ai en langue italienne, mais je crois posséder une excellente traduction anglaise. Dès que nous aurons raccroché, je vous enverrai la version électronique. »

## 38

*Goldfish Point, La Jolla, Californie*

Sam et Remi chargèrent *Le Grand Dragon* sur leurs iPads, le lurent, puis envoyèrent le fichier par e-mail à Selma, Wendy et Pete. Au moment où Remi entrait l'adresse de la messagerie de Jack, Selma ouvrit iChat et se connecta avec l'ensemble de l'équipe, Jack compris.

« Vous m'avez l'air bien enthousiastes, tous les deux, dit Karna. Ne me faites pas saliver. Qu'avez-vous trouvé ?

— Tu lui dis ? » fit Sam à Remi.

Remi rapporta d'abord leur conversation avec Moretti, puis résuma l'intrigue du *Grand Dragon*.

« Incroyable, dit Selma. Vous l'avez lu tous les deux ?

— Oui, dit Sam. Vous devriez tous l'avoir reçu. Et vous aussi, Jack.

— Oui, je vois le message apparaître.

— L'histoire correspond-elle à l'inscription qui figure sur le bambou ? demanda Wendy.

— Si l'on remplace les parties imaginaires du roman par le testament supposé de De Terzi, on obtient une chronique étonnamment précise. Tout concorde : la chute de l'aéronef, le nombre de survivants, la découverte d'un mystérieux trésor, le voyage de retour... Rien ne manque.

— Pareil pour la chronologie des événements, dit Remi. Entre les témoignages indirects retraçant ses faits et gestes, de Terzi aurait très bien pu se rendre en Chine et en revenir.

— Je suis époustouflé », avoua Karna.

Pete, qui feuilletait le récit sur l'iPad de Sam, intervint : « Vous avez remarqué cette carte imprimée sur la page de garde ?

— Elle retrace l'itinéraire emprunté par le héros pour restituer le trésor, répondit Remi. Jack, vous l'avez devant les yeux ?

— Je suis en train de la regarder. Il semble que de Terzi arrive par l'ouest et s'arrête d'abord dans ce qui est mentionné comme un "château". Probablement à Shekar Gompa.

— L'endroit d'où s'est envolé l'aéronef, commenta Sam.

— Et où Giuseppe est enterré, j'imagine, ajouta Remi.

— Depuis Shekar Gompa, reprit Karna, de Terzi continue vers l'est en direction de la "Grande Cité". Si on se base sur la position de Shekar, cette cité pourrait être Lhassa.

— Pourquoi aller à Lhassa, s'étonna Wendy, alors que l'accident s'est produit à soixante kilomètres au sud de Shekar Gompa ? Je croyais qu'il voulait rendre le trésor !

— Effectivement, répondit Sam, mais dans le roman, il est écrit qu'une fois arrivé au château, un sage lui annonce que le trésor doit retrouver "le pays auquel il appartient". On lui enjoint de partir en quête d'un autre sage vivant dans la Grande Cité de l'ouest. »

Karna saisit au vol le raisonnement de Sam : « Après la Grande Cité, de Terzi repart vers l'est et finit par atteindre… je ne sais pas. Cet endroit est marqué d'un X.

— Shangri-La ? », suggéra Remi.

Karna garda le silence un instant, avant de déclarer : « Désolé, mais je vais devoir vous laisser. Je vous recontacte. »

L'écran iChat passa au noir.


Trente minutes plus tard, le visage de Karna réapparut. « Étant donné que les repères géographiques et le quadrillage de cette carte sont plutôt approximatifs, il faudra que je revérifie, mais voilà déjà mes premières conclusions. Si je prends la distance entre Shekar Gompa et Lhassa comme mesure de référence, il se pourrait que la dernière étape du voyage de De Terzi l'ait conduit dans un secteur connu aujourd'hui sous le nom de Gorges du Tsangpo.

— C'est là que vous aviez situé l'emplacement de Shangri-La, dit Sam.

— En effet. Sam, Remi, vous venez peut-être de résoudre une énigme vieille de six cents ans.

— Ne vendons pas la peau de l'ours, répondit Sam. Combien de temps vous faudra-t-il pour terminer vos vérifications ?

— Je m'y mets tout de suite. Donnez-moi une journée. »

## 39

*Région d'Arunachal Pradesh, nord de l'Inde*

« Jack ! s'écria Remi. Vous l'avez fait ! Franchement, je n'y croyais pas. »

Dès que Karna descendit de son 4 × 4, Remi le serra dans ses bras.

« Heureux de vous accueillir à bord, Jack, dit Sam en lui donnant une poignée de main.

— Et moi d'y être. »

Debout derrière Karna, Ajay les salua d'un aimable signe de tête.

« Vous avez meilleure mine que la dernière fois, dit Karna. Remi, comment va ce pied ? Et vos côtes ?

— Avec de l'ibuprofène, de bonnes chaussures de marche et des bandages adhésifs, j'arrive à me déplacer sans faire la grimace, et c'est déjà bien.

— Excellent.

— On aura du mal à la rattraper, plaisanta Sam.

— Avez-vous eu des problèmes en chemin ? On ne vous a pas suivis ? Vous n'avez remarqué aucun individu suspect ?

— Rien de tout cela », répondit Remi.

Depuis leur dernière conversation avec Charles King, ce dernier ne s'était pas manifesté. Même chose pour ses enfants et Zhilan Hsu. Bien que déroutant, cet état de fait n'était pas pour leur déplaire.

« Jack, comment avez-vous réussi à surmonter votre phobie de l'avion ? demanda Sam.

— Je ne l'ai pas surmontée, répondit Karna. J'ai eu la trouille depuis l'instant où nous avons décollé de Katmandou jusqu'à ce que je débarque au Bangladesh. Mais mon excitation à l'idée de ce qui m'attendait à l'arrivée a dépassé ma peur. Et hop, me voilà. »

De leur côté, Sam et Remi n'étaient là que depuis quelques heures, après avoir parcouru huit cents kilomètres par la route. Posée sur les rives de la Siang, Yingkiong, paisible bourgade de neuf cents âmes, était la dernière zone de population avant la frontière septentrionale de l'Inde. Cent cinquante kilomètres la séparaient de Nyingchi au Tibet. Entre les deux, s'étendait une région totalement sauvage, parmi les plus inhospitalières du monde.

Dix jours s'étaient écoulés depuis leurs derniers échanges sur iChat, laps de temps qu'ils avaient consacré aux préparatifs de l'expédition. Comme promis, Karna les avait rappelés le lendemain, après avoir passé des heures à plancher sur la carte figurant au début du *Grand Dragon*.

Selon lui, en matière de navigation terrestre, de Terzi avait fait montre d'un talent comparable à celui des Sentinelles. Les indications portées sur sa carte étaient si précises que la marge d'erreur – par rapport aux relevés de terrain actuels – était inférieure à un kilomètre et un degré de boussole. Une fois ses calculs terminés, Karna était parvenu à situer Shangri-La à l'intérieur d'une zone de trois kilomètres de diamètre, confirmant par-là même l'hypothèse qui, dès le départ, l'avait conduit à privilégier les gorges de la rivière Tsangpo.

Sur Google Earth, Sam et Remi avaient découvert une région de haute montagne densément boisée, traversée de tumultueux torrents, mais rien qui ressemblât à un champignon.

« Si nous allions boire un verre au bar, que je vous montre de quoi il retourne ? proposa Karna. Il vaut mieux que vous sachiez ce qui nous attend demain matin. »

Ils entrèrent dans une baraque en planches couverte d'un toit incliné en tôle ondulée. Une fois passé le vestibule, on pénétrait dans une salle de restaurant digne des westerns américains des années 1950 : mauvais plancher, long comptoir en J, piliers de bois supportant des solives. Karna leur apprit que des chambres les attendaient à l'étage.

Curieusement, l'endroit était bondé. Ils s'installèrent autour d'une table à tréteaux posée contre un mur où grésillait une enseigne au néon vantant la bière Schlitz, dont ils commandèrent trois verres, bientôt servis glacés.

« Pour l'essentiel, ce que je vais vous dire, je le tiens d'Ajay, mais comme il n'est pas du genre loquace, vous devrez vous fier à ma mémoire. Vous savez déjà qu'il est originaire de cette région. Autant dire que nous sommes entre de bonnes mains. Au fait, Ajay, tu nous as trouvé un moyen de transport ?

— Tout est prêt, monsieur Karna.

— Fantastique. N'hésite pas à me corriger si je m'égare.

414

— Oui, monsieur Karna. »

Karna soupira. « Cela fait des années que je lui demande de m'appeler par mon prénom. En vain.

— Nous avons le même problème avec Selma, répondit Sam.

— Bien. Petite précision en passant, au sujet de l'Arunachal Pradesh, la région où nous sommes en ce moment : tout dépend à qui vous vous adressez, mais certains vous diront qu'elle appartient à la Chine.

— Non ! Ai-je bien compris ? s'écria Sam.

— La Chine revendique officiellement une bonne partie de ce territoire, au prétexte qu'il fait partie du Tibet du Sud. Bien entendu, pour ses habitants et les autorités locales, l'Arunachal Pradesh est un État indien. La frontière qui sépare l'Arunachal Pradesh de la Chine porte le nom de Ligne McMahon. Elle est issue d'un traité entre le Tibet et le Royaume-Uni. Les Chinois ne l'ont jamais reconnue et, jusqu'en 1950, l'Inde a laissé faire les choses. Résultat : les deux pays revendiquent cette région mais ni l'un ni l'autre ne semble décidé à clarifier la situation.

— Qu'est-ce que cela implique, en termes de présence militaire ? demanda Sam.

— Rien. Il y a quelques troupes indiennes dans la région, mais les Chinois restent au nord de la Ligne McMahon. Tout cela n'est pas bien méchant, en fait.

— Tant mieux pour nous, dit Remi.

— Oui, enfin... tout irait bien s'il n'y avait pas l'ANLF – Front de Libération Naga de l'Arunachal –, le tout dernier grand mouvement terroriste de la région. Ces derniers temps, ils ont commis pas mal d'enlèvements. Cela dit, Ajay prétend qu'il n'y a rien à craindre. L'armée aurait pris les mesures nécessaires.

— D'après les cartes, nous allons devoir pénétrer en Chine, puisque notre destination se trouve à trente-cinq kilomètres après la frontière, dit Sam. Je suppose que les postes de contrôle ne sont pas nombreux, étant donné le relief.

— Vous avez raison. La frontière n'est quasiment pas gardée. Chaque année, des centaines de trekkeurs la franchissent sans problèmes. Pour tout dire, le gouvernement chinois ne s'en préoccupe guère, puisque la région ne comporte aucun intérêt stratégique majeur.

— Voilà encore une bonne nouvelle, dit Remi. Maintenant, si vous nous présentiez le revers de la médaille ?

— À part les terribles difficultés dues au terrain accidenté, vous voulez dire ?

— Oui.

— Le revers de la médaille c'est que, malgré tout, nous allons pénétrer illégalement en Chine, et si par malheur ils nous interceptent, ce sera la prison.

— Nous avons déjà envisagé cette possibilité, répondit Sam. Faisons de notre mieux pour l'éviter, un point c'est tout.

— Très bien. Dans ce cas, il ne me reste plus qu'à vous parler des serpents et des insectes venimeux. »

Après un rapide dîner à base de poulet tandoori, Sam et Remi se retirèrent dans leur chambre, meublée dans le style western fauché. La température extérieure avoisinait les 15 °C, ce qui leur aurait convenu si l'air n'avait pas été chargé d'humidité. Au coucher du soleil, le thermomètre chuta de quelques degrés et, recrus de fatigue, ils s'endormirent à 20 heures.

Le lendemain matin, Ajay les réveilla par de légers coups frappés à la porte. Quand il l'entendit murmurer leurs noms, Sam, encore bouffi de sommeil, se leva à tâtons dans le noir pour aller lui ouvrir.

« Café, monsieur Fargo, annonça Ajay.

— Pas de thé ? Quelle agréable surprise ! Au fait, appelez-moi Sam.

— Oh non, monsieur.

— Quelle heure est-il ?

— 5 heures du matin.

— Oups, murmura Sam en se retournant vers Remi, enfouie sous les couvertures. Madame Fargo n'est pas franchement du matin. Ajay, voudriez-vous nous apporter deux tasses supplémentaires ?

— Bien sûr. Je vais même vous apporter la cafetière. »

L'équipe se rassembla dans la salle de restaurant trente minutes plus tard. Quand ils eurent mangé, Karna dit : « On ferait mieux d'y aller. Notre cercueil volant ne va pas tarder.

— Vous avez dit "cercueil volant" ? demanda Remi.

— Le nom usuel est hélicoptère. »

Sam gloussa. « Après ce que nous avons vécu, nous serions mal placés pour critiquer cette appellation. Vous y arriverez ? »

Karna lui montra la balle anti-stress qu'il était en train de malaxer. Le caoutchouc portait déjà de profondes marques de doigts. « Je survivrai. La balade sera courte. »

Ils transférèrent leurs sacs à dos bourrés de matériel dans un terrain vague situé à la sortie de Yingkiong.

« Le voilà », dit Ajay en montrant le sud. Un hélicoptère vert olive approchait au-dessus de la Siang.

« Je le trouve drôlement vieux », observa Karna.

Quand l'appareil ralentit et se plaça en vol stationnaire au-dessus d'eux, Sam remarqua sur la portière latérale une cocarde aux couleurs de l'armée de l'air indienne – orange, vert et blanc –, malgré la couche de peinture dont on avait voulu la recouvrir. Le dos tourné, ils attendirent que la poussière soulevée par les rotors retombe.

« Ajay, c'est quoi cet engin ? demanda Karna.

— Un hélicoptère de service léger Chetak, monsieur. Très fiable. Quand j'étais soldat, j'ai souvent volé avec.

— Il date de quand ?

— 1968.

— Nom de Dieu !

— Si je vous l'avais dit, vous ne seriez pas venu, monsieur Karna.

— Ça oui, c'est bien vrai. Bon, maintenant que je suis là, il va bien falloir que je monte dans ce tas de ferraille », maugréa Karna en pétrissant de plus belle sa balle anti-stress.

On hissa le matériel à bord, puis chacun s'installa sur un siège. Ajay vérifia les harnais cinq-points, ferma la porte coulissante et fit un signe de tête au pilote.

L'hélico prit son essor, le nez pointé vers le sol, et s'éloigna à vive allure.

Le pilote suivit le cours sinueux de la Siang, autant pour faciliter la navigation que pour accroître leurs chances en cas d'accident. Ajay crut bon d'expliquer que les rares hameaux existant au nord de Yingkiong se trouvaient au bord de la rivière et que, si jamais le Chetak s'écrasait, il y aurait forcément quelqu'un pour prévenir les secours.

« Oh, mais c'est merveilleux ! hurla Karna au-dessus du fracas du moteur.

— Serrez donc votre balle, Jack, répondit Remi. Ajay, vous connaissez ce pilote ?

— Oh oui, madame Fargo, très bien. Nous avons servi ensemble dans l'armée. Aujourd'hui, Gupta possède sa propre entreprise – il transporte des marchandises dans les zones les plus reculées de l'Arunachal Pradesh. »

Le Chetak filait vers le nord, à quelques dizaines de mètres au-dessus des flots boueux de la Siang. Très vite, ils survolèrent un paysage où alternaient vallées encaissées et arêtes déchiquetées, le tout recouvert d'une jungle épaisse qui se déroulait en continu, comme un gigantesque tapis vert. Parfois, au passage d'une gorge, les eaux paresseuses de la Siang se transformaient en torrent tourbillonnant et projetaient des vagues d'écume sur les rochers.

« Rapide de classe IV, cria Sam, penché sur son hublot.

— Une broutille, répondit Karna. Vous verrez, les gorges du Tsangpo sont autrement plus impressionnantes. On les surnomme l'Everest des rivières. Certaines sections sont hors classification.

— Quelqu'un a-t-il tenté de les franchir ? demanda Remi.

— Oh oui, des tas de fois. Surtout des kayakistes de l'extrême, n'est-ce pas, Ajay ? »

Ajay acquiesça. « Beaucoup de morts. Jamais retrouvé les corps.

— Ils n'ont pas été emportés vers l'aval ? s'étonna Sam.

— En général, les cadavres restent coincés dans les rapides et finissent broyés au fond de l'eau, ou alors ils dévalent les gorges et quand ils arrivent en bas, il ne reste plus grand-chose d'eux. »


Après quarante minutes de vol, Gupta se tourna vers ses passagers pour annoncer : « On arrive sur le village de Tuting. Préparez-vous à l'atterrissage. »

Sam et Remi furent surpris de constater que Tuting possédait une piste en terre partiellement couverte par la jungle. Ils s'y posèrent. En descendant de l'hélicoptère, ils aperçurent des toits dépassant de la cime des arbres, sur un versant de la vallée. Le village de Tuting, supposèrent-ils.

« On continue à pied », lança Karna.

Sam, Remi et Karna s'employaient à décharger leurs sacs quand Ajay, après avoir discuté avec le pilote, les interpella : « Attendez un instant. Gupta a une proposition à vous faire. Il m'a demandé à quelle distance de la frontière vous comptiez vous rendre. Il veut bien vous y emmener, moyennant dédommagement.

— Les Chinois ne l'inquiètent pas ? demanda Sam.

— Pas vraiment. Il dit qu'ils n'ont pas de radars dans la région et, entre ici et notre destination, les pentes sont tellement raides que personne n'y habite. Il croit que l'appareil passera inaperçu.

— Eh bien, j'avoue que c'est une perspective assez plaisante, comparée à six jours de marche aller-retour, observa Karna. Combien veut-il ? »

Ajay et Gupta échangèrent quelques mots en hindi. « Deux cent mille roupies, annonça Ajay. Dans les quatre mille dollars américains.

— Nous n'avons pas cet argent sur nous, dit Sam.

— Gupta s'en doute. Il dit qu'il accepte volontiers les cartes de crédit. »

Le marché fut vite conclu. Peu après, Gupta transmettait par radio le numéro Visa de Sam à sa base d'Itanagar.

« C'est surréaliste, dit Sam. On est là, au milieu de nulle part, à regarder un pilote indien débiter notre carte de crédit.

— Gupta dit que le paiement est accepté, lança Ajay. Nous décollerons dès que vous serez prêts. »

C'est ainsi qu'ils repartirent le long de la Siang. Lorsqu'ils laissèrent derrière eux le hameau de Gengren, ils surent que la frontière était proche.

« Nous passons la Ligne McMahon, cria Gupta.

— Voilà, c'est fait, dit Sam. On est en Chine. »

Le franchissement tant redouté ne déclencha aucune réaction particulière. Seul le paysage changea. Comme Gupta l'avait prédit, les reliefs se firent plus impressionnants, avec des pics en dents de scie, des vallées vertigineuses et des forêts encore plus denses. Quant à la Siang, elle se mit à cracher vers le haut des parois de puissants jets d'écume couronnés d'un nuage de brume. Ses eaux dévalaient les gorges à une telle vitesse que Sam et Remi les comparèrent à un toboggan aquatique de dimension gigantesque. Gupta prenait garde à ne pas trop s'en éloigner tout en restant en dessous de la ligne de crête.

« Quinze minutes », annonça-t-il.

Sam et Remi sourirent à l'idée qu'ils touchaient enfin au but. Ils avaient parcouru tant de kilomètres hérissés d'obstacles en tous genres et voilà qu'à présent, ils n'étaient qu'à quelques minutes de la fin du voyage... Du moins l'espéraient-ils.

Les mâchoires serrées, le poing crispé sur sa balle anti-stress, Karna fixait le sol, le front contre le hublot.

« Ça va, Jack ? demanda Sam.

— Mieux que jamais, mon vieux. On y est presque ! »


« On entre dans la zone-cible », déclara Gupta.

Grâce aux coordonnées que Ajay lui avait fournies, il savait que la zone de recherche couvrait une largeur de trois kilomètres. Le terrain qu'ils survolaient à présent était dominé par d'étranges formations rocheuses, comme une forêt d'obélisques aplatis au sommet, de diverses hauteurs allant de quelques centaines à mille mètres, au pied desquels le Tsangpo venait se fracasser, puis se diviser tel un ruban blanc contournant les falaises à pic.

« Je n'ai pas vu de kayakistes, observa Sam. Ni personne d'autre, d'ailleurs. »

Karna leva les yeux de la carte qu'il étudiait. « Ç'aurait été surprenant, répondit-il. Vous avez vu le terrain. Seuls les plus déterminés – les plus dingues – s'aventurent ici.

— Doit-on prendre cette déclaration comme une insulte ou un compliment ? murmura Remi à Sam.

— Si nous revenons victorieux et vivants, c'est un compliment. »

Karna cria à l'intention d'Ajay : « Demande à Gupta s'il peut nous placer à la verticale de ces pitons, là-bas. Sauf erreur, nous sommes au centre de la cible. »

Ajay transmit sa requête. Gupta réduisit la vitesse à trente nœuds et se mit à tourner autour de chaque obélisque, assez bas pour que ses passagers puissent les observer précisément. Collée à la vitre, Remi prit une série de photos en rafale.

« Là-bas ! » hurla Jack en pointant le doigt.

Une centaine de mètres plus loin, une colonne un peu différente des autres se dressait vers le ciel. Haute d'environ trois cents mètres, elle s'évasait à son sommet pour atteindre une largeur de cinq cents mètres. Ses parois de granit disparaissaient sous les lianes, les feuillages et d'immenses plaques de mousse.

« Vous voyez ça ? dit Karna en traçant une forme sur son hublot. Commencez par la base et montez… La colonne s'élargit, encore et encore, et là, à trente mètres du sommet, elle s'évase brusquement. Dites-moi que vous le voyez aussi ! »

Il fallut à Sam et Remi plusieurs secondes pour reconstituer l'image mais, peu à peu, des sourires s'étalèrent sur leurs visages.

« Un champignon géant », dit Remi.

# 40

## *Gorges du Tsangpo, Chine*

Après plusieurs tentatives avortées à cause du vent qui soufflait en rafales, Gupta dut se placer à l'oblique pour franchir le chapeau du champignon. Non loin du bord de la falaise, Karna repéra une petite clairière dans la jungle. Gupta ralentit, fit du surplace quelques minutes, puis toucha terre. Quand les rotors cessèrent de tourner, l'équipe descendit, et déchargea l'équipement.

« Cela ne te rappelle pas un truc ? demanda Sam à Remi.

— Bien sûr que si. »

Ce plateau ressemblait étonnamment aux paysages paradisiaques qu'ils avaient observés depuis le ciel dans le nord du Népal.

Sous leurs pieds, le tapis de mousse offrait une palette de nuances allant du vert foncé au jaune. Des plaques de lichen parsemaient les rochers de granit disséminés un peu partout. Devant eux, une jungle épaisse se dressait, pareille à un mur percé de sentiers qui s'enfonçaient dans la végétation comme des tunnels dont les bouches ovales semblaient béer d'étonnement ; avec en fond sonore l'entêtant bourdonnement des insectes et le pépiement d'oiseaux invisibles. Dans un arbre voisin, un singe suspendu tête en bas les observa quelques secondes, avant de déguerpir.

— Dieu merci, dit Karna, la zone de recherche est restreinte. Je propose qu'on se sépare en deux groupes de manière à couvrir un maximum de terrain.

— Ça marche, acquiesça Sam.

— Dernière chose », reprit Karna en s'agenouillant près de son sac. Il en sortit une paire de revolvers .38 qu'il remit à Sam et Remi. « J'en ai gardé un pour moi, bien sûr. Quant à Ajay… »

D'un holster passé à l'arrière de sa ceinture, Ajay retira un Beretta semi-automatique qu'il rengaina aussitôt.

« Doit-on s'attendre à des ennuis ? s'enquit Remi.

— Nous sommes en Chine, ma chère. Tout est possible. On peut tomber sur des bandits, des terroristes transfrontaliers, l'armée…

— Si l'armée chinoise se manifeste, ces pistolets à bouchon ne feront que les énerver davantage.

— On avisera en cas de problème. De plus, nous n'aurons peut-être pas besoin de rester ici bien longtemps. Si nous trouvons ce que nous cherchons, nous repasserons la frontière dans l'autre sens avant la tombée de la nuit. »

Sam acquiesça de nouveau. « Remi et moi prendrons vers l'est, proposa-t-il à Jack. Avec Ajay, vous fouillerez de l'autre côté. On se retrouve ici dans deux heures. Des objections ? »

Il n'y en eut aucune.

Après avoir vérifié le bon fonctionnement des radios portatives, le groupe se divisa. Équipés de lampes frontales et de machettes, Sam et Remi s'engagèrent dans une trouée végétale.

Au bout de trois mètres, la lumière baissa considérablement. Sam dut se ménager un passage à coups de machette. Quand il eut tranché les lianes qui les bloquaient, ils prirent le temps de regarder la jungle autour d'eux.

« Je n'ose imaginer la quantité de pluie qui doit tomber ici chaque année, dit-il.

— Deux mètres quatre-vingts, répondit Remi en souriant. Comme je sais que tu adores ce genre de détails, j'ai regardé avant de partir.

— Merci pour l'info. »

Les parois et le plafond du tunnel végétal étaient constitués d'une telle masse de plantes grimpantes, inextricablement emmêlées, qu'on ne voyait rien au-delà.

« Ça ne me dit rien qui vaille, dit Remi.

— Moi non plus. »

Sam enfonça la pointe de sa machette entre deux racines qui poussaient en hauteur. Le métal produisit un bruit sec. « De la pierre », murmura-t-il.

Remi essaya de l'autre côté et obtint le même bruit. « Nous sommes dans un vrai tunnel. »

Sam décrocha la radio de sa ceinture et appuya sur le bouton Talk. « Jack, vous m'entendez ? »

Parasites.

« Jack, répondez.

— Je suis là, Sam. Que se passe-t-il ?

— Êtes-vous sur un sentier ?

— On vient de s'y engager.

— Donnez un coup de machette sur le côté.

— OK... » *Clang !* Jack revint en ligne : « Des murailles. C'est fascinant.

— Rappelez-vous, dit Sam, l'autre jour vous disiez que Shangri-La était peut-être un temple ou un monastère. Eh bien, je crois que vous aviez raison.

— Ça se pourrait bien. Incroyable ce que la nature peut faire quand on la laisse tranquille pendant mille ans ! Bon, cela ne change rien à nos plans, n'est-ce pas ? On va tenter d'explorer le périmètre et on se retrouve dans deux heures.

— OK. À tout à l'heure. »


Sachant à présent qu'ils se trouvaient dans un espace construit par l'homme, Sam et Remi s'efforcèrent d'identifier les structures architecturales, sous les lianes et les racines qui envahissaient le moindre centimètre carré. Sam ouvrit la marche en donnant des coups de machette qui, de temps à autre, et malgré ses précautions, venaient heurter des montants de pierre.

Un genre de renfoncement apparut devant eux. Ils y firent halte.

« Éteins ta lampe », dit Sam en coupant la sienne.

Remi s'exécuta. Quand leurs yeux furent habitués à l'obscurité, ils virent se dessiner des rais de lumière pâle à travers la végétation.

« Des fenêtres, dit Remi. Les occupants de cet endroit devaient bénéficier d'une vue extraordinaire, à l'époque. »

Des marches apparurent devant eux, qu'ils grimpèrent jusqu'à un palier. L'escalier formait un coude
vers le premier étage. Ils passèrent une arche et pénétrèrent dans une vaste salle au plafond tapissé d'une
épaisse couche de lianes enchevêtrées formant voûte.
Six solives vermoulues couraient sur toute la largeur
de la Salle du Trône, comme ils la surnommèrent.
Trop rongées pour supporter quoi que ce fût, elles
ne tenaient que grâce aux lianes qui les enserraient.
Plus loin, ils aperçurent une autre volée de marches,
plongée dans l'obscurité.

Sam et Remi s'éloignèrent l'un de l'autre pour explorer les lieux avec leurs lampes frontales. Enchâssés
dans le mur du fond, s'alignaient plusieurs bancs de
pierre ; devant eux, six fosses rectangulaires s'ouvraient
dans le sol pavé.

« On dirait des baignoires, s'étonna Remi.

— Ou plutôt des tombes. »

Remi s'agenouilla et, du bout de sa machette, tapota
les parois d'une fosse, obtenant le son caractéristique
du métal qui cogne contre la pierre.

« J'en vois d'autres par ici », dit Sam en marchant
vers le mur opposé.

À cet endroit, d'autres bancs de pierre étaient disposés en demi-cercle autour d'un bassin de deux mètres
de diamètre. Remi essaya d'en atteindre le fond avec sa
lame, sans y parvenir. Sam ramassa un éclat de pierre
détaché d'un banc et le jeta dans le trou.

« D'après le bruit, il doit faire dans les trois mètres
de profondeur », dit Sam en s'accroupissant. Le faisceau de sa lampe balaya un réseau de lianes et de
racines. « Ohé ! » cria-t-il. Pas d'écho.

« Trop de végétation », supposa Remi.

Sam allait lancer un autre caillou quand Remi l'arrêta : « Qu'est-ce que tu fais ?

— J'essaie de comprendre. Comme ce puits n'apparaît pas à l'étage du dessous, je me dis qu'il est sûrement caché derrière un mur et qu'il a une fonction particulière.

— Je t'en prie. »

Sam se pencha au-dessus du vide et balança le caillou, avec plus de force cette fois. Le projectile disparut dans l'obscurité, heurta le fond, puis parut rebondir et poursuivre sa chute avant d'atterrir sur une surface solide.

« Bonne pioche, dit Remi. Ce puits doit mener quelque part. Veux-tu que… »

La radio grésilla. Entre deux séries de parasites, ils perçurent quelques bribes de phrases trop hachées pour qu'ils en comprennent le sens.

« J'ai cru reconnaître les voix de Gupta et d'Ajay », dit Remi.

Sam appuya sur le bouton Talk. « Ajay, vous m'entendez ? Ajay, répondez ! »

Parasites. Ce fut Jack qui se manifesta : « Sam… Gupta a repéré un… il décolle.

— Plus rien », dit Remi.

Ils firent demi-tour et dévalèrent les marches. Bien que Remi eût du mal à suivre à cause de sa cheville douloureuse, ils réussirent à s'engouffrer dans le tunnel végétal qu'ils avaient emprunté pour entrer.

« À ton avis, qu'est-ce qu'il a vu ? demanda Remi en claudiquant derrière Sam.

430

— Une seule chose est susceptible de provoquer une telle panique, lui répondit Sam par-dessus son épaule. Un hélicoptère.

— C'est ce que je craignais. »

Quand ils aperçurent l'ovale lumineux de la sortie, ils ralentirent et firent le reste du chemin en marchant prudemment. Dans la clairière, les rotors du Chetak tournoyaient déjà. Ils virent Gupta penché sur les commandes, en train d'effectuer les manœuvres de décollage avec des gestes précipités. Soudain, il attrapa son casque et le colla sur sa tête.

Sa voix retentit dans la radio de Sam : « Désolé, je vais essayer de me cacher quelque part avant qu'ils arrivent. Dès qu'ils seront partis, je reviendrai vous chercher. »

Gupta leva le pas collectif. Le Chetak décolla à la verticale et, quand il fut à dix mètres au-dessus du sol, s'inclina vers l'avant et s'éloigna en translation.

Du coin de l'œil, Sam et Remi virent Karna et Ajay surgir d'un tunnel. Sam attira leur attention en agitant les bras puis, tout à coup, leur fit signe de reculer. Ils obéirent et repassèrent à couvert.

Quatre secondes seulement après qu'ils eurent perçu le battement des pales, un hélico vert olive surgit au bout du plateau rocheux. Sam et Remi le reconnurent sur-le-champ à la forme particulière de son nez et aux lance-roquettes fixés sous ses flancs : un Harbin Z-9 de l'armée chinoise.

« Revoilà nos vieux ennemis », marmonna Remi.

Pour plus de sûreté, ils firent encore quelques pas en arrière.

Le Z-9 se plaça à la verticale du plateau, puis il pivota d'un quart de tour, révélant une porte ouverte qui leur rappela un souvenir récent, puis un autre encore : un artilleur penché sur le même modèle de mitrailleuse. Le Z-9 se posa en glissant de côté.

« Faisons demi-tour, Sam, dit Remi. Il faut se cacher.

— Attends un peu. »

Une silhouette s'encadra dans l'ouverture de l'appareil.

« Oh, non », murmura Remi.

Ils avaient tous les deux reconnu la morphologie particulière de Zhilan Hsu.

Un fusil-mitrailleur sanglé sur l'épaule droite, elle sauta sur le sol avec agilité, suivie de deux personnes que Sam et Remi n'eurent aucun mal à remettre. Russell et Marjorie King portaient chacun le même genre d'arme que leur mère.

« Chaud devant, Ken et Barbie entrent en scène », dit Sam.

Zhilan se tourna vers ses enfants, leur dit quelque chose, puis longea l'hélico pour rejoindre l'homme qui tenait les commandes. La porte du cockpit s'ouvrit, révélant un Chinois d'une quarantaine d'années. Sam sortit une paire de jumelles et zooma sur la scène.

« Je pense que ce type est le fameux contact chinois de la famille King, dit-il. Et c'est bien un militaire de haut rang. Colonel ou général.

— Y a-t-il d'autres soldats à l'intérieur ?

— Non, mis à part l'artilleur. Ils sont bien assez nombreux pour s'occuper de nous, après tout. Mais je ne comprends pas pourquoi le moteur tourne toujours.

— Je me demande bien comment ils ont fait pour nous trouver ?

— Aucune idée. Trop tard pour s'en inquiéter. »

L'officier chinois serra la main de Zhilan, puis il referma sa porte. Le moteur du Z-9 grimpa dans les aigus, l'hélico décolla, pivota encore d'un quart de tour et s'éloigna.

« Nos chances viennent d'augmenter, dit Sam.

— Qu'est-ce que fabrique Zhilan ? »

Sam braqua ses jumelles sur elle, juste à temps pour la voir sortir un téléphone de sa poche. Elle pianota, puis ses enfants et elle regardèrent l'hélicoptère disparaître au loin.

Une explosion déchira le ciel. Le Z-9 disparut dans un éclair orange et rouge en forme de champignon. Ses débris incandescents dégringolèrent derrière le plateau, avalés par le précipice.

Sidérés par ce soudain déchaînement de violence, Sam et Remi restèrent bouche bée. « Cette femme est impitoyable…, finit par articuler Remi.

— King fait le ménage derrière lui, dit Sam. Il ne veut laisser aucune trace de ses activités illégales. Je suppose qu'il a déjà dû fermer son site de fouilles et tout ce qui va avec. Il ne lui restait plus qu'à se débarrasser de son contact.

— Nous sommes les derniers témoins, répondit Remi. Tu crois qu'on peut les atteindre à cette distance ?

— Aucune chance. Nos revolvers à canon court sont inefficaces au-delà de six mètres. »

Zhilan avait échangé son téléphone portable contre une radio portative qu'elle colla contre sa joue.

Sam entendit sa propre radio grésiller, puis une voix résonner dans l'écouteur. « Vous le tenez ?

— Je le tiens. » C'était Ajay qui venait de répondre. « Amenez-le par ici. »

Sam et Remi regardèrent à droite. L'un derrière l'autre, Jack Karna et Ajay émergèrent du tunnel. Ce dernier braquait son arme sur la nuque de Jack. De l'autre main, il le tenait par le col de sa veste.

Les deux hommes s'arrêtèrent au milieu de la clairière, à une douzaine de mètres de l'endroit où se terraient Sam et Remi.

« Pourquoi tu fais ça, Ajay ? demanda Karna.

— Je suis désolé, monsieur Karna. Vraiment désolé.

— Mais pourquoi ? répéta Karna. On est amis. On se connaît depuis…

— Ils sont venus me voir à Katmandou. Ils m'ont offert plus d'argent que je ne pourrais jamais en gagner même si je vivais trois cents ans. Avec ça, j'enverrai mes enfants à l'université, j'achèterai une nouvelle maison pour ma famille. Mais j'ai sa parole. Elle m'a juré qu'elle ne vous ferait pas de mal.

— Elle t'a menti », répliqua Karna puis, élevant le ton pour s'adresser à Zhilan, il ajouta : « J'ai rencontré vos gosses il y a quelques mois, à Lo Manthang. Mais nous n'avons pas été présentés dans les formes.

— Je m'appelle…, dit Zhilan.

— La Femme Dragon, je sais, la coupa-t-il. Vous arrivez un peu tard, voyez-vous. Le Theurang n'est plus ici.

— Vous mentez. Ajay, est-ce que c'est vrai ?

— Nous démarrons à peine les recherches, madame. Monsieur Karna et les Fargo ont l'air convaincus que nous sommes à Shangri-La.

434

— À propos des Fargo, cria Zhilan… Allez, sortez tous les deux ! Votre hélicoptère est parti ! Montrez-vous ! Si vous m'aidez à trouver l'Homme d'Or, je vous ramènerai sains et saufs à Yingkiong. Vous avez ma promesse.

— Vous oubliez que Sam et Remi vous ont déjà vue à l'œuvre, dit Karna. Ils savent ce que valent vos promesses.

— Vous avez raison, répliqua Zhilan. Monsieur et madame Fargo ! Si vous ne sortez pas, je tue votre ami !

— Sam, il faut qu'on l'aide, chuchota Remi.

— C'est ce qu'elle attend, répondit-il.

— On ne peut pas la laisser…

— Je sais, Remi.

— Ils ne vous entendent pas, dit Karna. Toute cette végétation derrière moi dissimule une immense bâtisse, un temple si vaste qu'il faudrait des mois pour le fouiller. Ils sont à l'intérieur et je doute même qu'ils sachent que vous êtes ici.

— Ils ont dû m'entendre sur la radio.

— On ne capte rien là-dedans. »

Zhilan parut hésiter. « Ajay, tu confirmes ?

— Oui, les ondes radio passent très mal. Et le temple est vraiment très grand. Les Fargo ne vous ont peut-être pas entendus arriver.

— Alors, on va aller les chercher, dit Zhilan.

— En plus, ajouta Karna, à supposer qu'ils soient en train de nous regarder, ils savent maintenant que jamais je ne vous laisserai emporter le Theurang. J'ai passé toute ma vie à le chercher. Je préfère qu'ils le détruisent. Et tuez-moi si ça vous chante. »

Zhilan se tourna vers Russell pour lui glisser un mot à l'oreille. Sans l'ombre d'une hésitation, le jeune homme mit Karna en joue.

Par réflexe, Sam hurla : « Jack, à terre ! », et le regretta aussitôt.

Le fusil de Russell recula brusquement. Du sang gicla du cou de Karna, lequel se recroquevilla avant de s'écrouler. Une deuxième rafale atteignit Ajay en pleine poitrine. Projeté en arrière, il retomba raide mort.

« Ils sont là-bas ! brailla Zhilan. Dans ce tunnel ! Allez les chercher ! »

Russell et Marjorie partirent en courant tandis que leur mère s'approchait du corps de Karna.

Sam saisit Remi par les épaules. « Va-t'en. Cache-toi !

— Et toi ?

— Je te suis. »

Remi tourna les talons et s'éloigna en boitillant le long du tunnel. Jouant le tout pour le tout, Sam leva son revolver et tira sur les jumeaux. Il savait pertinemment qu'il ne les toucherait pas, mais sa tactique fut tout de même payante. Russell et Marjorie se séparèrent et plongèrent derrière des rochers.

Sam profita de ce répit pour rejoindre Remi.

Il avait parcouru la moitié du tunnel quand il entendit des pas derrière lui. « Ils sont rapides, ces petits salauds », marmonna-t-il en galopant. Remi, qui venait d'atteindre l'extrémité du tunnel, vira sur la gauche et disparut entre les lianes.

Sam entendit des balles ricocher sur la paroi de gauche. Il se projeta vers la droite, percuta le mur et se retourna pour voir deux lampes frontales darder leurs rayons dans sa direction. Il les prit pour cible, tira et reprit sa course. Cinq enjambées plus tard, il retrouvait Remi tapie au pied d'un mur.

« Viens… »

Dans la clairière, un coup de feu retentit, suivi d'un autre un moment plus tard.

Sam prit Remi par la main et l'entraîna dans l'escalier. Des balles criblèrent les marches derrière eux. Ils avaient dépassé le palier quand la cheville de Remi tourna. Sa jambe se déroba. Elle s'étala par terre en gémissant.

« Tes côtes ? demanda Sam.

— Oui… aide-moi. »

Sam la releva et la soutint jusqu'au sommet de l'escalier. Avant d'entrer dans la Salle du Trône, Remi marmonna entre ses dents : « On leur tend une embuscade ?

— Ils sont mieux armés que nous et je doute qu'ils osent gravir l'escalier. Tu vas rester ici un instant. Reprends ton souffle. Moi, je retourne là-haut. »

Il venait de poser le pied sur la première marche quand Remi hurla : « Sam ! »

Alerté, il fit volte-face et vit Remi passer l'entrée, recroquevillée sur elle-même. Elle se laissa tomber dans un renfoncement. C'est alors que Sam aperçut, au fond, les deux silhouettes qui montaient l'escalier. Les jumeaux s'apprêtaient à gravir la dernière volée de marches.

« Tu t'es planté, Sam », marmonna-t-il entre ses dents.

Il tira deux fois coup sur coup, les balles ratèrent leurs cibles mais percutèrent le mur derrière Russell et

Marjorie, produisant des étincelles qui les poussèrent à faire profil bas.

Puis il entendit la voix de Remi. « Cours, Sam ! Je vais me débrouiller.

— Non !

— Ne discute pas ! »

Sam estima la distance et la trajectoire qu'il devrait parcourir jusqu'à l'entrée de la salle. Il n'y arriverait pas. Russell et Marjorie l'abattraient avant.

« Bordel ! » maugréa-t-il.

Soudain, les jumeaux se redressèrent sur les marches. Un éclair orange jaillit de leurs fusils-mitrailleurs.

Sam fit demi-tour et s'élança dans l'escalier.


Blottie dans le noir, au fond d'une tombe, Remi était justement en train de penser qu'elle aurait dû choisir une meilleure cachette lorsque les détonations retentirent.

Il y eut un moment de silence, puis elle entendit Russell chuchoter : « Elle est dans cette salle. Tu te charges d'elle. Moi, je m'occupe de lui.

— Morts ou vifs ? demanda tranquillement Marjorie.

— Morts. Mère a dit qu'on était au bon endroit. Le Theurang est ici. On supprime les Fargo et après, on aura tout le temps de chercher. Vas-y, fonce ! »

Sans perdre de temps à réfléchir, Remi s'extirpa de la fosse, courut vers le puits, respira un bon coup et sauta.

À l'étage du dessus, Sam venait de pénétrer dans un incroyable labyrinthe, une enfilade de pièces reliées par des couloirs envahis de racines et de lianes, toujours plus épaisses, qui s'entrecroisaient comme de monstrueuses toiles d'araignées. Le soleil qui filtrait au travers nimbait cette étrange architecture végétale d'une clarté jaunâtre.

Ayant oublié sa machette à l'entrée du tunnel, Sam devait avancer en se faufilant parmi les plantes.

Derrière lui, il entendit crisser des bottes.

Il s'arrêta net.

Les pas se rapprochaient. Sam dressa l'oreille pour déterminer leur provenance.

« Fargo ! beugla Russell. Mon père veut seulement le Theurang. Il ne le détruira pas. Vous m'entendez, Fargo ? »

Sam se déplaça vers la gauche et, sans bruit, passa sous une racine qui barrait l'entrée d'une autre pièce.

« Il est d'accord avec vous, hurla Russell. L'Homme d'Or doit être exposé dans un musée. Vous aurez vos noms sur la plaque. Vous imaginez ? Vous serez célèbres !

— Rien à battre de la célébrité, imbécile », dit Sam à mi-voix.

À sa droite, au fond du couloir, il entendit une liane craquer puis un juron étouffé : « Merde ! »

Sam s'accroupit en retrait derrière un mur et fit passer le .38 dans sa main gauche. Quand il pointa le nez dans le couloir, il vit une ombre se précipiter vers lui. Il fit feu. Russell trébucha, faillit tomber mais, retrouvant son équilibre, se jeta sur la droite et s'engouffra dans une pièce.

Sam reprit sa progression le long du couloir, enjamba une racine et entra dans la salle suivante où il s'arrêta pour ouvrir le barillet du .38.

Une seule balle.

Remi atterrit brutalement au fond du puits. Elle eut beau rouler sur l'épaule pour atténuer l'impact, une terrible douleur lui déchira la cage thoracique. Elle ravala son cri et resta sans bouger, dans le noir total. *Je dois être au sous-sol*, songea-t-elle.

Tout en haut, retentit la voix de Marjorie. « Remi ? Sortez de là. Je sais que vous êtes blessée. Sortez, je vous aiderai. »

*Dans tes rêves, ma vieille*, pensa Remi.

Protégeant la lampe frontale entre ses mains, elle l'alluma et jeta un rapide coup d'œil autour d'elle. Dans son dos, un mur ; devant, un tunnel assez large qui s'enfonçait à l'oblique dans le sol. Avant d'éteindre, elle aperçut une série d'ouvertures voûtées dans les parois de la galerie.

Elle se mit à quatre pattes et, quand elle eut parcouru quelques mètres, se risqua à rallumer sa lampe. La main plaquée sur les côtes, elle se releva et passa un seuil au hasard. À sa gauche, s'ouvrait un passage voûté.

Un choc sourd se répercuta dans le tunnel, suivi d'un grognement de douleur. Quand Remi passa la tête au coin, un faisceau de lumière pivota dans sa direction. Elle leva son pistolet, visa et tira deux fois. Marjorie répliqua aussitôt.

Remi se rejeta en arrière, fit volte-face et franchit le seuil suivant.

Conscient que Russell le guettait de l'autre côté du couloir, Sam réfléchissait en contemplant son revolver presque vide.

Une seule balle, songeait-il. Russell, lui, devait être armé jusqu'aux dents. Pour être sûr de faire mouche, Sam devrait l'attirer tout près, à trois mètres grand maximum.

Gardant bien à l'esprit le tracé du couloir, Sam marcha jusqu'au fond de la salle, tourna à gauche, passa une voûte, tourna à droite, franchit encore un seuil et, enfin, pointa le nez au coin du couloir.

En face de lui, Sam entendit un craquement. Russell.

Son revolver à hauteur de la taille, Sam recula et, quand il arriva au niveau de l'arche suivante, il pivota sur place et franchit le seuil.

Russell était debout au milieu du couloir. Sam n'eut pas le temps de tirer car l'autre disparut dans une pièce. Sam calcula son coup : deux grandes enjambées, un pas de côté. Il se retrouva nez à nez avec Russell.

Sam savait déjà que son adversaire était plus fort et plus jeune que lui, mais il découvrit en prime qu'il était aussi plus rapide. Sans lui laisser le temps de presser la détente, Russell releva brusquement le canon de son fusil pour cogner Sam sous le menton. Il esquiva. L'arme lui érafla la joue. Un éclair rouge passa devant ses yeux. D'instinct, il fonça tête baissée, attrapa Russell à bras-le-corps pour l'immobiliser et le força à reculer jusqu'à ce que Russell bloque le mouvement, un pied planté dans le sol. Puis il voulut pivoter pour renverser Sam qui parvint à rester assez stable pour lever le genou et frapper son adversaire à l'aine. Russell grogna de douleur. Sam lui balança un deuxième coup de genou puis un troisième. Russell vacilla, mais resta debout.

Agrippés l'un à l'autre, ils passèrent dans une autre pièce, rebondirent contre un mur, basculèrent dans la suivante. C'est alors que Russell pencha la tête en arrière en rentrant le menton. Sam pensa *Coup de boule*, tenta de se détourner mais trop tard. Le front de Russell heurta violemment son arcade sourcilière. De nouveau, un voile rouge se déploya devant ses yeux, puis des taches noires l'aveuglèrent. Deux profondes inspirations lui évitèrent de s'évanouir. Il serra les dents et quand il recouvra une vision normale, chercha à répliquer. Mais Russell était trop grand pour que Sam espère lui rendre la pareille. Alors il visa la clavicule. Pendant que Russell glapissait de douleur, Sam lui porta encore deux coups similaires. Le fusil-mitrailleur tomba sur le sol.

Toujours agrippés l'un à l'autre, ils se remirent à tourner comme une toupie, Russell essayant de s'arracher à l'emprise de Sam ou de l'entraîner contre un mur.

Soudain, Sam sentit que son adversaire allait perdre l'équilibre à force de reculer sans voir où il mettait les pieds. Se souvenant de ses cours de judo, il décida de profiter de l'opportunité. Il monopolisa toute la force qu'il lui restait, la fit passer dans ses jambes et poussa comme un bulldozer en calant ses pieds sur les racines.

442

L'élan exercé finit par les entraîner vers le couloir, sous une arche, contre un mur. Sam poussait toujours.

Finalement, Russell bascula contre un épais rideau de lianes et de plantes grimpantes. Sam entendit les tiges craquer autour d'eux. Derrière l'épaule de Russell, il aperçut la lumière du jour. Sam lâcha son adversaire et d'un coup de tête au sternum le projeta en arrière. Russell disparut à travers le rideau végétal. Entraîné par son propre élan, Sam perdit pied et s'envola.

Il vit défiler le ciel, les murs de granit, le torrent qui bouillonnait en contrebas et…

Le choc fut si brutal qu'il en eut le souffle coupé. D'abord, il prit le temps de respirer profondément puis, ouvrant les yeux, remarqua un tube d'acier noir devant son nez.

Fusil, songea-t-il, engourdi, avant de s'apercevoir qu'il s'agissait de son propre revolver.

Vautré à plat ventre sur la fourche d'un arbre moussu, il tourna péniblement la tête dans l'espoir de comprendre ce qui venait de lui arriver. Russell et lui étaient tombés par l'une des fenêtres du temple. L'arbre, en partie encastré dans la muraille, plongeait ses racines dans la roche, au bord du précipice, trois cents mètres au-dessus des gorges du Tsangpo.

Sam perçut un gémissement, tendit le cou, et vit Russell couché sur le dos, au pied de l'arbre. Ses yeux grands ouverts étaient braqués sur Sam.

Le visage contracté par la souffrance, Russell parvint à se redresser sur son séant, sa main droite glissa le long de sa jambe et, quand elle arriva au niveau de la cheville, passa sous l'ourlet de son pantalon. Un holster était sanglé à sa botte. Russell saisit le revolver par la crosse.

« Ne faites pas ça, Russell, dit Sam.

— Je vais te crever. »

Bras tendu, Sam aligna la mire du 38 sur la poitrine de Russell. « Arrêtez. »

Russell dégrafa le holster, sortit son arme.

« Dernière sommation », dit Sam.

Russell leva le revolver.

La balle de Sam l'atteignit en plein cœur. Russell eut un hoquet, puis tomba en arrière, ses yeux vitreux fixés sur le ciel.


Pour se propulser à travers l'ouverture voûtée, Remi suivit le faisceau tremblotant de sa lampe frontale. Sur ses talons, Marjorie tira une rafale. Des éclats de pierre se détachèrent des murs. Remi pivota sur elle-même, pressa la détente à deux reprises sans viser et se remit à courir.

Hors d'haleine, elle essaya de se repérer. La bouche du puits était en haut des marches, sur sa gauche. Remi prit à droite et clopina droit devant elle, guidée par le halo de sa lampe. Soudain, une tache noire circulaire apparut dans le sol. Un autre puits. Elle voulut le contourner mais de nouveau sa cheville se déroba. Elle tomba au fond du trou.

Heureusement, cette chute fut moins cruelle que la précédente, le puits était moins profond. Néanmoins elle tomba brutalement sur les fesses. Le terrible élancement qui lui traversa le corps lui arracha un cri. Elle roula sur elle-même et chercha son arme à tâtons.

En vain. Il fallait qu'elle trouve autre chose pour se défendre… n'importe quoi. Marjorie arrivait.

Soudain, sous le faisceau de sa lampe, une forme apparut. Elle le reconnut d'instinct, avant même de comprendre de quoi il s'agissait : bois noir, laque noire, surface lisse…

Elle tendit la main pour ramener le coffre à elle. Le cône de lumière vive révéla quatre symboles, quatre caractères lowa séparés par les traits d'un cartouche.

« Je te tiens ! »

Marjorie atterrit comme un chat auprès de Remi et leva le bras pour récupérer le fusil qu'elle avait fait passer dans son dos pour mieux sauter.

« Pas encore ! » cria Remi.

Elle saisit le coffre du Theurang à deux mains, le souleva au-dessus de sa tête et l'abattit sur le front de Marjorie, laquelle, éblouie par la lampe frontale, n'avait pas vu venir le coup.

Le visage de Marjorie devint flasque, du sang jaillit, ses yeux se révulsèrent. Elle bascula sur le dos et ne bougea plus.

Accablée de vertiges, Remi recula, et chercha un appui contre la paroi du puits. Elle ferma les yeux.


Peu après, alertée par un bruit, elle reprenait petit à petit connaissance.

« Remi ? Remi ? »

Sam. « Je suis là ! cria-t-elle. En bas. »

En trente secondes, le visage de Sam apparut à la margelle du puits. « Tu vas bien ?

— J'aurai peut-être besoin d'un petit check-up, mais je survivrai.

— Ce coffre me rappelle un truc. Pas toi ? »

Remi tapota gentiment le cube de bois. « Je viens de tomber dessus. Simple coup de bol.

— Marjorie est morte ?

— Je ne crois pas, mais elle a reçu un sacré coup. Elle ne sera peut-être plus jamais la même.

— C'est pas plus mal. Prête à refaire surface ? »

Avant de rejoindre Remi, Sam avait récupéré l'arme de Russell mais, ne sachant pas exactement où se trouvait Zhilan, il avait préféré regagner le tunnel principal, et en chemin avait découvert le deuxième puits.

Trente minutes plus tard, Sam et Remi joignaient leurs forces pour hisser le corps inanimé de Marjorie hors du puits. Sam confia le fusil à Remi, souleva Marjorie et la jeta sur son épaule.

« Fais attention à la Femme Dragon, dit-il. Si jamais tu l'aperçois, tu tires d'abord, tu l'interroges ensuite. »

Ils allaient émerger du tunnel quand Remi s'arrêta net. « Tu entends ça ?

— Oui… j'entends quelqu'un siffler. » Un sourire se dessina sur le visage de Sam. « C'est *Rule Britannia* ! »

Intrigués mais néanmoins prudents, ils passèrent la tête dehors et virent Jack Karna, assis contre un rocher à six mètres d'eux. Dès qu'il les aperçut, il cessa de siffler pour leur faire de grands signes.

« Taïau, les Fargo. Ah mais oui, ça rime. Trop fort. »

Sam et Remi le considérèrent, abasourdis. En s'approchant, ils remarquèrent les grosses compresses de gaze qui débordaient du foulard noué autour de son cou et le Beretta d'Ajay posé dans son giron.

Trois mètres plus loin, Zhilan Hsu était étendue sur le dos, la tête sur la parka d'Ajay roulée en boule. Des compresses ensanglantées enveloppaient chacune de ses cuisses. Parfaitement consciente, elle leur décocha un regard assassin, mais s'abstint de tout commentaire.

« Jack, je pense que vous nous devez une explication, dit Remi.

— Assurément. J'ai constaté à mes dépens que Russell savait tenir un fusil, mais n'avait rien d'un tireur d'élite. Je crois qu'il a voulu faire coup double en essayant de nous abattre Ajay et moi avec la même balle. Elle a traversé ce muscle... comment l'appelle-t-on, entre l'épaule et le cou ?

— Le trapèze ? proposa Sam.

— Oui, c'est cela. Cinq centimètres plus à droite, j'étais fichu.

— Vous avez mal ? demanda Remi.

— Évidemment, je souffre le martyre. Dites donc, que tenez-vous là, charmante Remi ?

— Une bricole qui traînait dans le temple. »

Remi déposa le coffre à côté de lui. Karna sourit en tapotant le couvercle.

« Et elle ? demanda Sam.

— La Femme Dragon ? Rien que de très banal, voyez-vous. Elle m'a cru mort et a baissé sa garde. J'en ai profité pour prendre l'arme d'Ajay et je l'ai blessée à la jambe droite. Et pour faire bonne mesure, j'ai tiré aussi dans la gauche. Ça lui a coupé la chique, pas vrai ?

— J'ai tendance à penser comme vous. »

Sam s'approcha de Zhilan, s'accroupit, et posa Marjorie sur le sol. Zhilan tendit la main pour toucher le visage de sa fille. Sous le regard médusé de Sam et Remi, ses yeux s'emplirent de larmes.

« Elle est vivante, lui dit Sam.

— Et Russell ?

— Non.

— Vous l'avez tué ? Vous avez tué mon fils ?

— Il ne m'a pas laissé le choix, dit Sam.

— Vous êtes un homme mort, Sam Fargo.

— Si cela peut vous consoler. Mais avant d'assouvir votre vengeance, songez que nous aurions très bien pu abandonner Marjorie à son sort. Or, nous l'avons ramenée. Quant à Jack, il vous a laissé la vie sauve. C'est votre mari qui est la cause de cette pénible situation. C'est lui qui vous a envoyés, vous et vos enfants, faire le sale boulot. Et maintenant, votre fils est mort.

« Nous allons tous partir d'ici. Dès que nous trouverons un téléphone, nous appellerons le FBI pour tout leur raconter. À vous de choisir entre vous présenter devant la justice en tant que témoin, ou sur le banc des accusés, à côté de votre mari. Quoi que vous décidiez, vous irez en prison, mais si vous vous montrez raisonnable, Marjorie aura peut-être une chance de s'en sortir.

— Quel âge a-t-elle ? demanda Remi.

— Vingt-deux ans.

— Elle a une longue vie devant elle. Maintenant, son avenir est entre vos mains. Soit vous lui permettez de vivre libre, débarrassée de l'emprise paternelle, soit vous l'envoyez derrière les barreaux. »

Le regard haineux de Zhilan s'effaça brusquement. Les traits de son visage s'affaissèrent, comme si elle venait de déposer un lourd fardeau. « Que dois-je faire ? dit-elle.

— Témoigner devant le FBI, leur raconter tout ce que vous savez sur les trafics de Charles King – les forfaits dont il s'est rendu coupable et qu'il vous a ordonné de commettre pour son compte.

— Je sais que vous êtes une femme intelligente, renchérit Remi. Je parie que vous avez pris vos précautions et monté un gros dossier à charge contre King. Je me trompe ?

— Répondez », ordonna Sam.

Après un instant d'hésitation, Zhilan acquiesça d'un signe de tête.

« À la bonne heure. Jack, je crains que nous n'ayons égaré nos radios.

— J'ai la mienne sur moi.

— Essayez donc de contacter Gupta. Il est grand temps de partir. »

# Épilogue

*Katmandou, Népal, quelques semaines plus tard*

Les rescapés s'éloignèrent du temple montagnard de Shangri-La sans autre difficulté. Fidèle à sa parole, Gupta était resté dans les parages en attendant leur appel. Dès que Jack eut réussi à le joindre, le Chetak vint les récupérer et, quatre heures après avoir quitté l'espace aérien chinois, il les déposa à l'aérodrome d'Itanagar.

Comme ils étaient les seuls témoins des derniers événements et de l'explosion qui avait anéanti l'équipage du Z-9, le gouvernement chinois ne fut pas informé de leur incursion sur son territoire. Selon la version officielle, Gupta et ses passagers étaient partis faire une simple balade en hélico, histoire d'admirer le paysage.

Après un court passage par l'hôpital d'Itanagar, Sam et Remi furent déclarés sains et saufs. Marjorie resta une nuit en observation, le coup porté par Remi ne lui avait causé qu'une légère commotion. Elle avait la tête aussi dure que celle de son père.

Karna demanda à Gupta de panser son cou transpercé par la balle mais refusa de passer entre les mains d'un médecin tant qu'il n'aurait pas remis les pieds au Népal.

Après de longues tractations, Rube Haywood consentit à transférer Zhilan Hsu et Marjorie à Washington dans la plus grande discrétion. Des agents du FBI les attendaient à leur descente d'avion. Lorsqu'ils l'interrogèrent, Zhilan Hsu révéla tout ce qu'elle savait sur Charles King. Selon Rube, le FBI et le ministère de la Justice avaient constitué une unité spéciale, chargée de faire toute la lumière sur les entreprises illégales du milliardaire, lequel risquait fort de passer le restant de ses jours en prison.

Le gouvernement népalais confia le coffre à la communauté scientifique du pays. On le plaça sous haute surveillance, le temps que l'anthropologue Ramos Shadar et ses confrères en étudient le contenu. Décision fut prise de ne rien révéler au sujet de l'Homme d'Or et du temple de Shangri-La, jusqu'à ce que le mystère soit entièrement élucidé.

Le grand moment était enfin arrivé.

« À la vôtre ! » lança Remi en levant sa coupe de champagne.

Les autres convives – Sam, Jack Karna, Adala Kaalrami, Sushant Dharel et Ramos Shadar – l'imitèrent et trinquèrent tous ensemble.

« Chers amis, il est temps pour moi de tout vous expliquer, dit Shadar en souriant. Je devine votre impatience.

— On va voir le Theurang », murmura Remi.

Ils gravirent les marches de l'estrade aménagée dans la grande salle d'exposition dallée de marbre de l'université de Katmandou. La cérémonie officielle et la conférence de presse étaient prévues pour le lendemain soir, mais Sam, Remi et les autres s'étaient vu accorder le privilège d'une avant-première.

« À qui revient l'honneur de soulever le couvercle ? » demanda Shadar d'un air amusé. Sachant ce qu'il y avait à l'intérieur, il savourait d'avance les réactions de ses compagnons.

« Sans la moindre hésitation, je vote pour Jack, répondit Sam. C'est lui qui le mérite le plus.

— Monsieur Karna, dit Shadar en désignant le coffre. Je vous en prie. »

Les yeux humides, Karna le remercia d'un signe de tête et s'avança vers l'objet caché derrière un rideau de velours. D'un geste lent, qui trahissait l'émotion et le respect, il saisit la cordelette et tira.

Le coffre du Theurang était déjà ouvert et son couvercle posé à côté de lui. Chacun, sauf Shadar, y plongea son regard émerveillé.

Couché en position fœtale, ils virent un squelette presque complet dont les os recouverts d'or scintillaient sous les plafonniers. Ils accueillirent ce spectacle hallucinant dans un silence total.

Au bout de quelques secondes, Jack Karna trouva la force d'articuler : « Pourquoi est-il si petit ?

— On dirait un enfant, murmura Remi. Un enfant de trois ans à peine.

— Il doit mesurer un mètre, pas davantage », hasarda Sam.

Shadar sourit de toutes ses dents. « Un mètre et cinq centimètres, très exactement. Pour un poids estimé de vingt-deux kilos. Son cerveau n'était pas plus gros qu'une balle de base-ball.

— C'est sûrement un faux », intervint Adala Kaalrami qui ne s'était pas encore exprimée.

Shadar secoua la tête. « Croyez-le si vous voulez, mais vous avez devant les yeux un être humain âgé de trente ans. Nous en sommes arrivés à cette conclusion après l'examen de sa dentition et de sa structure osseuse.

— Un nain ? supposa Sam.

— Nullement, répondit Shadar. Il s'agit d'une espèce humanoïde ayant vécu durant une période comprise entre 85 000 et 15 000 ans avant notre ère. Quand mes ancêtres ont découvert ce fossile enfoui dans une grotte, ils l'ont serti d'or fin et déclaré objet sacré.

— Et cet homme a été vénéré pendant plus d'un millénaire », ajouta Sam.

Un éclat malicieux fit étinceler les yeux de Shadar. « Cet homme, comme vous dites, n'en était pas un », articula-t-il.

Il y eut une seconde de flottement.

« Mais bien sûr ! s'écria Remi. La Source de toute vie. La Mère de l'humanité. Le Theurang était une femme. Je comprends mieux qu'ils lui aient voué un culte. »

Sam lui jeta un regard en coin. « Pourquoi faut-il que les femmes aient toujours le dernier mot ? »

Le Livre de Poche s'engage pour
l'environnement en réduisant
l'empreinte carbone de ses livres.
Celle de cet exemplaire est de :
350 g éq. $CO_2$
Rendez-vous sur
www.livredepoche-durable.fr

PAPIER À BASE DE
FIBRES CERTIFIÉES

Composition réalisée par Belle Page

Imprimé en France par CPI
en mai 2017
N° d'impression : 3023436
Dépôt légal 1re publication : juillet 2017
LIBRAIRIE GÉNÉRALE FRANÇAISE
21, rue du Montparnasse - 75298 Paris Cedex 06

24/4571/5